남북전쟁에서 경제대공황까지

드라마에 비친 미국

국립중앙도서관 출판시도서목록(CIP)

드라마에 비친 미국 : 남북전쟁에서 경제대공황까지 / 지은이: 박정만.
-- 서울 : 한국외국어대학교출판부, 2013
p. ; cm

ISBN 978-89-7464-849-7 03940 : \16000

미국사[美國史]

942-KDC5
973-DDC21 CIP2013011611

남북전쟁에서 경제대공황까지

드라마에 비친 미국

박정만

HUEBOOKs

목 차

서문

미국연극사학자 윌머(S. E. Wilmer)와 윌메스(Don B. Wilmeth)는 그들의 공저 『연극, 사회, 국가: 미국 정체성의 무대화』(*Theatre, Society and the Nation: Staging American Identities*, 2002)에서 시대의 역사와 문화를 반영하는 거울로서 연극과 극문학이 갖는 사회적 역할을 강조한다. 그들에 따르면 연극은 한 사회의 정치 환경의 변화 및 국가·문화 정체성과 관련된 담론이 형성되고 재편되는 역사적 순간들을 포착하고, 나아가 당대 사회가 직면한 과제와 나아갈 방향을 가늠케 하는 시금석의 역할을 수행한다. 이를 전제로, 윌머와 윌메스는 건국의 시대에서 시작해서 서부개척 시대와 시민운동 시대를 거쳐 뉴밀레니엄으로 일컬어지는 동시대에 이르기까지 미국 역사의 중요한 순간들을 포착하고, 문화사적 맥락 속에서 각 시대의 연극과 극문학이 어떻게 반응하는지를 탐구한다. 아울러, 각 시대의 관객 대중이 사회의 거울인 연극과 극문학을 통해 당대의 현실과 직면하고 이에 대해 비판적 시각을 표출하는 양상을 입체적으로 분석한다.

주목할 것은 윌머와 윌메스가 연극과 극문학을 바라보는 입장이다. 이들은 연극과 극문학을 전적으로 엔터테인먼트 혹은 문학 장르로 취급했던 전통적 시각에서 탈피하여, 연극과 극문학에 '사회적 유용성'이라는 새로운 기능성을 부여한다. 즉, 연극과 극문학을 일상의 노동과 스트레스로부터 도피하기 위한 하룻밤의 여흥거리 정도로 취급한 것이 지금까지의 시각이었다면, 윌머와 윌메스는 연극과 극문학에서 보다 근본적인 사회적 효용가치를 발견하는 것이다.

최근 들어 인문학의 위기라는 말들을 자주 듣게 된다. 실용적 가치가 삶의 지배원리가 되어버린 작금의 세태 속에서 실용성과 거리가 멀게만 느껴지는 인문학이 점차 설 자리를 잃어가고 있는 것은 부인할 수 없는 현실이다. 최근 학계에서 유행처럼 번지고 있는 학제간(interdisciplinary) 연구니 통섭(consilience) 연구니 하는 기치와 방향성은 인문학의 고유 영역들이 실용성의 측면에서 자생력을 상실하고 있는 현실에 대한 방증이겠고, 또 이러한 딜레마로부터 벗어나 협력이라는 수단을 동원해서라도 생존해보고자 하는 자구책 모색 노력의 피력이라 하겠다. 이 지점에서 던질 수 있는 질문이 있다. 과연 인문학은 특히 문학은 실용성에 있어서 빵점짜리 학문이라는 오명으로부터 영원히 벗어날 수 없는 것인가?

본 저작은 애초 이러한 의문에서 처음 기획되어졌고, 서두에 언급한 윌머와 윌메스가 연극과 극문학을 바라보는 통찰력 있는 시각에서 힌트를 얻어 수년에 걸쳐 진행되었다. 결과적으로 본 저작은 영문학자이자 연극사학자로서 필자가 평소가 품고 있던 질문, 즉 연극과 극문학이 엔터테인먼트와 문학이라는 고유 성격의 한계를 뛰어넘어 사회와 소통하는 기능체가 될 수는 없는지, 나아가 관객과 독자가 사회를 바라보고 인식하는 매개체로 활용됨으로써 사회적 유용성을 확보할 수 있는 것인지에 대한 필자의 궁금증에 대한 답변이다. 여기에 윌머와 윌메스의 방법론을 '임상적'으로 적용하고 대입시킴으로써 이에 대한 긍정적인 대답을 얻을 수 있었다.

이 책은 1860년부터 1930년까지 미국 역사를 10년 단위로 쪼개 8개 부분으로 나누고 각 시대를 특징짓는 역사적 순간들을 포착한다. 그리고 각 시대의 역사적 사건과 관련된 극문학을 선정해 지면과 무대 영역을 통해 이 문학텍스트가 당대의 시대적 맥락과 어떻게 조우 혹은 소통하고 있는지 문화사적 관점에서 분석하고 기술하였다. 각 시대를 대표하는 극문학 텍스트 선정에 있어 우선적으로 고려된 기준은, 한국 영문학계에서 좀처럼 소개되거나 다루어지지 않았던 새로운 텍스트를 제공해야 한다는 것이었다. 자연스럽게 이 책에서 소개하는 해당 극문학 텍스트에 대한 비평적 분석은 한국 영문학계에서 최초로 시도되는 것들이다. 요약하면, 이 책은 한국의 영문학도들에게 새로운 문학연구 대상 텍스트와 이에 대한 학술적 글쓰기 사례를 제공한다는 점에서 의의가 있다 하겠다. 아울러, 이 책은 미국드라마 연구에 있어서 문학 텍스트와 문화사적 컨텍스트 사이의 '간극읽기'라는 새로운 연구방법론의 모델을 제시한다는 점에서도 의의가 있다. 이는 앞서 언급한 문학과 문화사 간의 학제간 및 통섭 연구의 실증적 방법에 대한 예시라는 말로 가름해도 좋을 것이다.

이 책을 구성하는 여덟 개의 장은 필자가 수년간 연구를 통해 국내 학술지에 게재했던 개별 논문들을 취합하고 수정하여 엮어낸 것이다. 개별 논문들을 '드라마에 비친 미국'이라는 공통된 주제로 묶어냄으로써 1860년대 남북전쟁 시기에서부터 1930년대 경제공황 시기까지 미국의 역사를 문학과 문화사를 넘나드는 입체적 관점에서 통시적으로 고찰하는 기회를 마련했다는 점은 이 책의 일차적 성과라 하겠다. 아울러 각 장마다 학술지 게재논문에 없었던 화보자료를 삽입하였는데, 이는 해당 극문학과 문화사적 맥락 간의 연결고리를 독자들이 보다 쉽게 이해할 수 있도록 하려는 배려 차원에서 의도된 것이다. 여덟 장으로 구성된 이 책은 영문학 관련 학부 및 미국드라마를 전공하는 대학원 학생들을 위한 교재로 활용하려는 목적도 지닌다. 각 장은 해당 극문학 텍스트의 강독 및 토론을 포함하여 2주 분량의 수업보조 자료로 활용되어져, 전체적으로 16주 수업의 분량을 소화할 수 있도록 기획되었다. 수업 운영상의 형편과 필요에 따라 일부 장을 취사선택해 활용해도 좋을 것이다. 아울러, 이 책은 영문학 전공자뿐만 아니라, 일반 대중을 위한 미국문화사 교양서로서도 손색이 없을 것이다. 언급한 화보자료와 함께, 해당 극문학 텍스트 및 문화사적 사건에 대한 상세한 설명과 주해는 미국문화사에 대한 일반 독자대중의 이해를 도울 것이다.

아무쪼록 이 책을 통해 영문학 전공자와 일반대중 모두가 지식습득의 기쁨과 함께 미국문화사에 대한 이해를 넓히는 계기를 마련하기를 바란다. 아울러, 강의와 연구로 바쁜 속에서도 물심양면 내조를 아끼지 않는 주현, 그리고 해맑은 웃음과 특유의 명랑함으로 집필작업에 힘을 보태준 가원에게 감사의 마음을 전한다.

왕산 연구실에서

박 정 만

Dion Boucicault, *The Octoroon* (1859)

이 글은 2007년 11월 전북대학교에서 열린 한국현대영미드라마학회 가을학술대회에서 발표되고, 『미국학논집』 39권 3호(2007년)에 게재된 논문 「정치적 논란에서 상업적 성공으로: 『옥토룬』에서 표출되는 부시코트의 정치성」을 다듬어 정리한 것이다.

〈그림 1〉 드윗출판사(The De Wit Publishing House)
『옥토룬』에 실린 삽화 (연도 미상).
출처: 캘리포니아주립대학교 도서관

1860년대 남북전쟁과 흑인노예 문제:

디온 부시코트, 『옥토룬』

1. 들어가며

미국 남북전쟁(Civil War, 1861-1865)의 핵심 쟁점 중 하나는 흑인노예 문제였다. 그럼에도 전쟁을 전후하여 집필되거나 공연된 극 중 흑인노예 문제를 다룬 극은 드물었고, 그나마 진지한 논쟁점으로 부각되기보다 하룻밤 여흥거리의 소재로 쓰이는 경우가 대부분이었다. 이 시기 흑인노예 문제를 다룬 대표 작품 『톰 아저씨의 오두막집』(*Uncle Tom's Cabin*) 역시 이러한 의도로 극화된 경우에 속했다(Merserve 94).[1]

비슷한 시기 흑인노예 문제를 다룬 또 다른 극으로 디온 부시코트(Dion Boucicault, 1820~1890)의 1859년 작 『옥토룬』(*The Octoroon; or, Life in Louisiana*)이 있다. 매인 레이드(Mayne Reid)의 1856년 원작 소설 『쿼드룬』(*The Quadroon*)을 각색한 것으로 남부 루이지애나 주 플랜테이션 농장을 배경으로 하는 이 극은 백인으로 살아오던 한 여인이 자신의 정체성이 흑백혼혈로 밝혀지면서 겪게 되는 좌절, 고뇌, 비극적 죽음을 다룬다.[2]

『옥토룬』이 주목을 받는 몇 가지 이유가 있다. 첫째, 이 극이 흑인노예 문제를 놓고 남북대립이 절정이던 시기에 상연된 점이다. 둘째, 흑인노예 문제라는 시기적으로 민감한 사안을 다루었기에 초연 때부터 이 극이 작가의 정치적 입장을 두고 비평가들 사이에 논란이 된 점이다. 셋째, 동시대 다른 극들, 특히 조지 에이킨(George A. Aiken)이 『톰 아저씨의 오두막집』을 극으로 각색하는 데 있어 원작의 정치적 색채를 축소시킴으로써 상업적 흥행을 거둔 경우와 달리, 흑인노예 문제를 정면으로 다루었음에도 『옥토룬』이 남북 모두에서 흥행에 성공했으며 심지어 미국 연극사의 원류인 영국 무대에까지 수출된 점이다. 백여 년이 지난 20세기 후반에 이르러 『옥토룬』은 미국 최고의 반(反)노예 극(antislavery play)이자 19세기 후반 미국 멜로드라마의 전형으로 평가받게 되었다(Wilson 207, 208-9). 부시코트의 전기를 쓴 리차드 파우키스(Richard Fawkes)는 『옥토룬』으로 인해 '동시대 드라마'(contemporary drama)라는 용어가 생겨났다고 말하면서 이 작품이 미국 드라마사에서 차지하는 중요성을 지적했다(81). 아울러, 시기적으로 민감한 이슈가 성공적인 극의 소재가 될 수 있다는 가능성을 연 점에서도 『옥토룬』의 흥행이 미국 연극사에서 갖는 의미는 크다. 미국 코미디 시장에서 정치적 이슈가 인기 있는 풍자와 가십의 소재로 자주 사용되고 있는 오늘날의 상황을 감안한다면, 『옥토룬』이 가지는 이러한 의미는 결코 작지 않다.

『옥토룬』 공연이 정치적·지역적 논란에도 불구하고 상업적 성공을 거둔 것은 극작가이자 연출가인 부시코트의 전략적 승리로 이해된다. 또한 『옥토룬』을 흥행으로 이끌기 위해 부시코트가 감행한 성공전략 이면에서 정치적·지역적 감정을 초월하는 부시코트의 또 다른 차원의 정치성이 발견된다. 이런 점은 당시 신문지상에 실린 『옥토룬』의 공연리뷰 및 관련기사 내용에 근거하여 이 극에 대한 비평가들과 일반대중의 최초 반응이 극의 흥행에 이를 시점까지 어떻게 변화하고 있는지 추이

함으로써 설명된다. 이러한 접근은 드라마 텍스트 자체에 대한 분석이라기보다 드라마 텍스트, 공연 환경, 동시대 역사적 상황을 아우르는 맥락 연구가 될 것이다.

2. 『옥토룬』의 정치성 논쟁

『옥토룬』이 뉴욕 관객에게 첫 선을 보인 것은 1859년 12월 6일이다.[3] 당대 비평가들의 눈에 비친 『옥토룬』 텍스트와 공연은 다분히 정치적 색채가 농후했다. 당시 미국은 북부의 공화당(Republican)과 남부의 민주당(Democrat)이 각각 흑인노예제 폐지와 옹호를 표방하며 첨예하게 대립 중이었고, 이러한 지역적·정치적 대립은 불과 몇 년 후 남북전쟁이라는 극단적 상황으로 치닫게 될 것이었다. 이런 상황에서 시기적으로 민감한 흑인노예 문제를 다룬 점, 흑인노예제의 아성인 남부 플랜테이션 농장을 배경으로 이 지역 노예들의 실상을 극화한 점, 그리고 극화된 남부인의 삶을 북부 정서의 거점인 뉴욕에서 선보인 점에서, 『옥토룬』 초연은 남북 모두에게 주목 대상이었다. 아울러, 시기가 시기인 만큼, 그리고 극의 주제가 민감한 것인 만큼 이 공연은 남북 모두에게 유용한 지역적·정치적 선전물(propaganda)로 이용될 여지도 컸다. 실제로 당시 비평가들은 『옥토룬』 공연을 두고 북부의 입장을 대변하는 노예제 폐지론 텍스트로, 혹은 남부의 노예제 옹호론 텍스트로 해석하는 등 엇갈린 반응을 보였다. 『옥토룬』 공연의 정치적 의도와 해석을 둘러싼 비평가들의 공방은 극의 초연 때부터 표면화되었다.

『옥토룬』 초연 하루 전인 12월 5일, 남부 민주당 옹호지 『뉴욕 헤럴드』(*New York Herald*)는 「무대 안팎의 노예 폐지론자」(“Abolitionist On and Off the Stage”)라는 제목의 글을 실었다. 기사는 『옥토룬』 공연을 “노예 폐지론 텍스트"(abolitionist text)라 비난하면서 "노예 문제는 어떤 식으로든 극작가가 건드려서는 안 될" 사안이며 "노예제 옹호나 폐지를 주장하는 어떤 극도 상연되지 말아야 할" 것임을 촉구했다. 12월 17일자 『스피릿 오브 더 타임즈』(*Spirit of the Times*)는 "지역적 증오에서 잉태된"(conceived in the spirit of sectional hate) 『옥토룬』은 "북부에겐 수치, 남부에겐 모욕"(disgrace to the North, a libel on the South)이라 성토하면서 이 극의 정치성 의혹을 이어갔다(Bloom 87; Wolter 159 재인용). 한편 12월 15일자 『뉴욕 타임즈』(*New York Times*)는 「옥토룬」("The Octoroon")이라는 제목의 리뷰를 통해 극의 집필 의도를 성급히 단정하지 말라고 독자들에게 경고하면서 극작가의 정치성에 대한 의혹을 일축했다. 『옥토룬』을 "루이지애나 주민의 삶에 대한 사심 없이 중립적인 묘사"로 평가한 이 리뷰는 『옥토룬』을 정치선전물로 만드는 것은 작가의 의도가 아니라 이 극이 처한 역사적 상황이라 강조했다. 그리고 역사적 상황이 대중으로 하여금 극의 한 대목 한 대목을 지역 갈등이 팽배한 현실과 결부시켜 해석하도록 하고, 결과적으로 작가의 애초 의도와 상관없는 정치적 의미를 극에 부여하도록 만드는 주범이라 결론지었다.

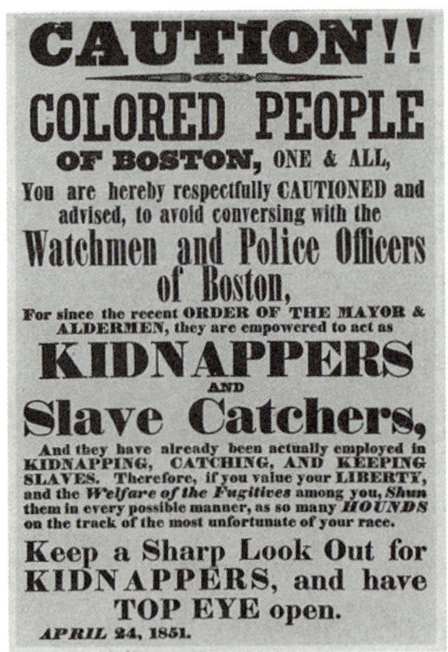

〈그림 2〉 노예포획을 일삼는 경찰에 대한 경계를 흑인들에게 촉구하는 전단 (1851년 보스턴). 출처: 위키피디아

『옥토룬』의 정치성이 역사적 상황에서 '후천적'으로 발생한 것이라는 『뉴욕 타임즈』의 주장은 근거 있는 지적이다. 1850년 미국 연방의회는 도망친 흑인노예를 체포하여 백인주인에게 되돌려 보낼 것을 골자로 하는 '도주

노예 송환법'(Fugitive Slave Acts)을 통과시켰다.[4] 송환법이 의회를 통과함에 따라 남부에 대한 북부의 반감이 고조되었고 북부에서는 노예제에 대한 반감이 증폭되었다. 1859년 10월 16일에는 강경파 노예 폐지론자 존 브라운(John Brown)이 버지니아 주(현재 웨스트버지니아 주) 하퍼스항(Harpers Ferry)에 있는 연방군 병기창을 습격하는 사건이 있었다. 그는 반란·모반·살인 혐의로 12월 2일 교수형에 처해졌는데, 이것은 『옥토룬』의 뉴욕 초연을 불과 나흘 앞둔 때였다. 『옥토룬』 초연일은 공교롭게도 뉴욕시장 선거일이기도 했는데, 여기서 친(親)남부 연방인사인 민주당의 페르난도 우드(Fernando Wood)가 재선에 성공했다. 또한 이 시기는 이듬해인 1860년 대통령 선거와 함께 향후 흑인노예 폐지를 공식선언할 공화당 소속 정치인 애이브라햄 링컨(Abraham Lincoln)의 등장을 앞두고 있었다. 한마디로, 노예제의 정당성 여부를 둘러싼 남북갈등이 팽배했던 시기에 등장한 『옥토룬』은 흑인노예 문제를 다룬다는 이유 하나만으로도 정치적 의혹과 공방의 대상이 되기에 충분했다.

반면, 부시코트는 『옥토룬』에 자신의 정치적 의도가 개입되었다는 의혹을 극구 부인했다. 실제로 그는 공연이 한창이던 1860년 2월 9일, 『뉴욕 타임즈』를 통해 의혹에 대한 해명 내용을 담은 편지 두 통을 내보냈다. 「옥토룬 고향에 가다」("The Octoroon Gone Home")라는 제목으로 소개된 이 편지들은 각각 루이지애나 주지사와 그가 '신사여러분'(gentleman)이라고 칭한 불특정 대중에게 보내는 것이었다. 우선, 루이지애나 주지사에게 보내는 편지에서 부시코트는 『옥토룬』이 "플랜테이션 농장의 삶에 대한 묘사"(picture of plantation life)로 의도된 것이며 그 이상, 이하도 아님을 거듭 강조했다.

> 주지사님: "옥토룬, 혹은 루이지애나의 삶"이라는 제목의 극화된 작품 한 편을 당신 앞에 내놓게 된 것은 제겐 더없는 영광

입니다. 이 작품은 그간 루이지애나 지역에서 상연되어 왔고 남부의 많은 명망 높은 가족들도 이 공연을 보아왔습니다. 이러한 성원에 힘입어 이제 저는 양지바른 남부에 대해 그처럼 따뜻한 온정을 가진 한 사람이 그려낸 것이기에 더 없이 신실한 플랜테이션 생활에 대한 묘사를 존엄하신 당신께 이렇게 바치고자 합니다.

SIR: I have the honor to place before you a work of fiction, called "The Octoroon; or, Life in Louisiana." It has been represented in this City, and the reception it has met with from many Southern families of distinction, has induced me to dedicate to your Excellency a picture of plantation life, not the less faithful because drawn by one who feels so warmly towards the sunny South. (*New York Times*, February 9, 1860)

흥미롭게도 불특정 대중에게 보내는 두 번째 편지에서 『옥토룬』의 정치성 의혹을 오히려 부추길 여지가 있는 구절이 발견된다. 이 편지에서 부시코트는 자신을 정치인들과 동일한 부류로 취급하지 말라고 애원하는 한편, 그 자신을 "남부 민주당원"(a Southern Democrat)이라고 칭함으로써 자신의 정치적 성향을 밝히는 모순적인 태도를 보인다.

신사여러분: 본인의 작품 "옥토룬, 혹은 루이지애나의 삶"을 놓고 그동안 언론에서 말이 많았습니다. 이 작품을 친(親)노예제 드라마로 분류하는 이가 있는가 하면, 어떤 이는 가식의 탈을 쓴 노예 폐지론 극이라 주장하기도 합니다. 또 어떤 이는 이도 저도 아니라고도 합니다. 본인의 정치적 신념을 굳이 말하고자 한다면, 전 민주당원, 그것도 남부 민주당원입니다. 그렇지만 본인의 정치적 신념을 어떤 식으로든 정치적 당략에 연루시키지는 마시길 바랍니다.

> GENTLEMEN: My work, "The Octoroon; or, Life in Louisiana," has been attacked by the Press here—some alleging that it is a rank pro-Slavery drama, others that it is an Abolition play in disguise, and others that it is neither. As for my political persuasion, I am a Democrat, and a Southern Democrat, but do not mix myself up with politics in any way. (*New York Times*, February 9, 1860)

남부의 반응을 지나치게 의식한 결과이기도 하겠지만, 자신의 정치적 성향에 대한 의혹을 무마하려 작성한 편지에서 부시코트는 오히려 자신의 정치적 성향을 고착하는 우를 범하고 있는 듯하다. 왜 부시코트는 이러한 무리수를 두었던 것일까?

이와 관련하여, 간과하지 말아야 할 점은 이 두 통의 편지가 실은 3주 전인 1월 17일에 남부인을 주 독자층으로 삼는 『뉴올리언스 피카윤』(*New-Orleans Picayune*)에 실린 것이며 부시코트가 이를 『뉴욕 타임즈』에 다시 게재한 것이라는 사실이다.[5] 이로 미루어, 부시코트가 마음에 두었던 편지 수신인은 남부인들이었음이 드러난다. 즉, 두 번째 편지에서 부시코트가 '신사여러분'이라 지칭한 불특정 수신인은 엄격히 말해서 '남부' 대중이었던 것이다. 그가 '남부 민주당원'으로 자처한 것 역시 이들 남부의 잠재관객을 크게 의식한 탓이었으며 이들의 민심 이반을 우려한 결과로 해석된다. 첫 번째 편지에서 부시코트가 수신인으로 루이지애나 주지사라는 특정인을 지목한 것 역시 같은 맥락의 의도로 보인다.

연출가이자 공연매니저로서 부시코트는 흥행과 공연수입을 무시할 수 없었다. 북부의 경우 이 극의 정치성 여부를 놓고 비평가들의 견해가 팽팽하게 갈렸다. 공방 속에서 『옥토룬』 공연 소식은 자연 입소문을 탈 수밖에 없었고, 의혹과 논란은 도리어 이 극이 북부에서 흥행하는

데 일조하는 결과를 낳았다. 아울러, 북부 대중들은 혹 있을지 모르는 『옥토룬』의 정치성 여부에 대해 비교적 관대한 입장을 취했다. 이 극이 남부를 배경으로 하고 이곳의 삶을 다루었기에 북부인은 적당한 거리를 두면서 비교적 여유로운 입장에서 관람할 수 있었기 때문일 것이다. 부시코트가 주시한 것은 이 극에 대한 남부의 반응이었다. 남부인의 경우 자신과 관련된 지역과 삶이 극화되는 것을 지켜본다는 것은, 그것이 왜곡된 것이든 사실에 충실한 것이든 아무래도 불편함이 따르는 일이었을 것이다. 게다가 혹 치부가 될 수도 있는 부분이 북부 대중에게 폭로된다고 생각한다면 그 불편함은 더욱 커질 수밖에 없는 일이었다. 이런 상황에서 부시코트는 우선적으로 『옥토룬』에 대한 남부인의 곱지 않은 시선을 해소시킬 필요가 있었을 것이다. 편지를 통해 남부 대중의 의혹을 해명하려 한 이러한 노력은 연출가이자 공연매니저로서 부시코트가 『옥토룬』의 흥행을 염두에 두고 내린 특단의 조치였던 것이다.

모순적으로 보이는 편지 내용을 통해 극작가 부시코트의 또 다른 면모를 볼 수 있는데, 그것은 빠른 상황판단과 신속한 임기응변 능력을 포함하는 사업가적 수완이다. 『옥토룬』의 정치성 논란 역시 이러한 맥락에서 접근해 볼 수 있다. 『옥토룬』의 정치성 의혹이 작가의 애초 의도와 상관없이 특수한 역사적 상황에서 '후천적'으로 발생한 것이라는 가능성에 대해서는 앞서 언급한 바 있다. 반대의 경우, 즉 부시코트가 이 극의 집필과 공연에 있어 실제로 자신의 정치성을 의도적으로 개입시켰을 가능성도 배제할 수 없다. 아니면, 몇몇 학자들의 지적대로 부시코트는 전적으로 극의 완성도를 높이기 위한 차원에서 정치적 이슈를 이용한 것일 수도 있다(Coads and Mims 201). 한편 그의 사업가적 수완을 감안할 때, 어쩌면 부시코트는 자신의 정치적 입장을 표명하기 위해서보다는 흥행과 공연수입을 염두에 두고 자신의 정치적 성향을 일부러 '만들어' 낸 것일 수도 있다. 이런 관점에서, 자신을 정치인들과 동일한 부류로 취급하지 말아달라는 그의 부탁에는 흥행 목적을 위해 정치를 수단으로 이용하려는 또 다른 차원의 정치성이 작동하고 있다는 가능성을 배제할 수 없다.

3. 『옥토룬』의 성공신화

애초의 의도가 무엇이었던 간에 『옥토룬』은 1859년 12월 6일의 초연 이후 이듬해 2월 12일까지 10주 연속 이어짐으로써 흥행에 성공했다.[6] 『옥토룬』의 흥행은 처음부터 예견된 일이었다. 첫 공연이 있던 12월 6일, 『뉴욕 타임즈』는 「오락」("Amusement") 란의 넓은 지면을 할애해 공연에 대한 긴 안내문을 실었다. 등장인물 설명, 캐스팅 정보, 무대세팅 묘사, 각 장면의 줄거리 요약 등을 포함해 상세한 내용을 담고 있는 이 안내기사는 일주일 동안 거의 하루도 빠짐없이 지면에 실렸다. 이러한 사실은 뉴욕 시민들 사이에 『옥토룬』에 대한 인지도와 흥행에 대한 기대가 상당했으리라는 점을 짐작케 한다. 궁금한 것은 작가 겸 연출가인 부시코트의 정치적 의도 개입설과 관련된 일련의 의혹에도 불구하고 이 작품이 상업적으로 흥행할 수 있었던 비결이 무엇인가 하는 점이다.

아일랜드 태생인 부시코트의 연극 이력은 영국에서 시작되었으며, 청년기에서 이십대 초반까지 그는 연기와 극작 생활을 병행했다.[7] 1843년에는 이백년 이상 영국 연극계를 지배하던 전매극단(patent theatre)의 공연독점권을 철폐하는 '연극규제법'(Theatre Regulation)이 의회를 통과하는 사건이 있었다. 이를 계기로 부시코트는 이듬해부터 4년간 프랑스에 정착하여 향후 영국에서 새롭게 선보일 프랑스 로맨틱코미디와 멜로드라마를 발굴하고 각색하는 일에 몰두하면서 작품의 흥행 잠재성을 간파하는 안목을 키웠다.[8] 런던으로 돌아온 부시코트는 1850년부터 미국으로 떠나기 직전인 1853년 8월까지 멜로드라마 연출가이자 무대감독으로 경험을 쌓았다.[9] 연기·극작·연출에 이르는 부시코트의 풍부한 경험은 그가 미국 연극시장이라는 낯설고 치열한 환경에서 생존할 수 있었던 자양분이었을 것이다. 특기할 만한 사실은 부시코트가 런던대학 재학시절(1836-1838)에 도시공학(Civil Engineering)을 수학했다는 점이다. 실제로 부시코트는 해로우(Harrow)에서 런던에 이르는 1호선 철도 가설 작업에 참여한 것으로 기록되어 있다(Walsh 15). 이러한 이력을 통해 짐작 가능한 그의 과학적 사고와 공간 감각은 훗날 그가 최신 과학기술의 실험과 지방색 넘치는 무대디자인을 접목해 미국 관객에게 선보일 '사실적인 볼거리'(realistic spectacles)의 원천이 되었다. 다방면의 연극 경험과 공학도로서의 과학적 안목 외에도 부시코트는 1856년 미국저작권법(U.S. Copyright Law)을 의회 통과시키는데 결정적인 역할을 함으로써 정치적 수완과 로비스트의 재능을 입증하기도 했다.

부시코트의 다재다능함은 궁극적으로 사업가적 수완으로 수렴되었다. 연극을 하나의 사업으로 본다면 연극 사업가의 임무는 극과 공연 텍스트를 발굴하고 차별화하여 시장경쟁력을 확보함으로써 상업적 가치를 극대화하는 데 있을 것이다. 이런 점에서 『옥토룬』은 다른 극작가나 연출가가 선뜻 다루기 꺼려한 노예문제라는 시기적으로 민감한 주제를 소재로 삼음으로써 차별성을 지닌 상품이었다. 또한 『옥토룬』은 지역적·정치적 논란과 의혹이라는 장애에도 불구하고 흥행을 거두기에 충분한 시장경쟁력을 갖춘 상품이기도 했다. 차별화된 상품에서 시장경쟁력을 지닌 상품으로 거듭나는 바로 이 지점에서 『옥토룬』의 성공신화가 만들어졌으며, 바로 이 점에서 부시코트의 사업가적 수완이 빛을 발한다. 부시코트의 사업가적 수완은 특히 두 가지 전략으로 구체화되는

데, 이는 고객지향적 관극 환경 창출과 고객기대치 극대화로 요약된다.

1) 극장 공간 계획: 고객지향적 관극 환경 창출

『옥토룬』이 상연된 곳은 윈터 가든(Winter Garden) 극장이다. 윈터 가든 자리에는 원래 1850년에 개관한 트리플러 홀(Tripler Hall)이 위치했었다. 부시코트는 자신의 극을 상연할 목적으로 1859년 이 건물을 임대했다. 1850년에서 1870년 사이 뉴욕 시 극장들의 위치를 소개하는 지도에 따르면, 트리플러 홀은 브로드웨이 서쪽 면과 접해 있으며 길 건너 동편으로 유동인구가 많은 본드거리(Bond Street)를 마주하고 있었다(Henderson 90, 109). 본드거리는 1820년경 맨해튼의 복잡한 도심생활을 피해 온 부유한 상인들의 정착지로 각광받기 시작했고 1830년대 중반에는 상류사회 주거지로 명성이 높았다. 1833년 한 안내책자는 본

〈그림 3〉 개축 전 트리플러 홀 실내 모습 (1851년 12월). 출처: 위키피디아

드거리에 늘어선 주택들의 "아름다움과 멋스러움이 유럽의 성에 비견할 만하다"(may vie, for beauty and taste, with European palaces)고 소개했다(Gray 재인용). 1840년경 인구유입이 가속화되고 상가가 우후죽순 들어서면서 본드거리는 주거공간으로서 매력을 잃기 시작했고, 1853년 무렵에는 회사·병원·숙박업소 등이 거리를 채우고 있었다. 부시코트가 트리플러 홀을 임대한 시점은 본드거리가 이미 상업지구로 변신해 있을 무렵이다. 부시코트가 트리플러 홀을 선택한 것은 분명 이 건물의 지정학적 매력, 즉 잠재고객과의 접근성 면에서 유리한 입지 때문이었을 것이다.

〈그림 4〉 윈터 가든 『옥토룬』 공연 장면(1859년). 출처: 위키피디아

부시코트는 트리플러 홀의 내부를 대대적으로 수리하기 시작했고 손수 공간배치를 계획하기까지 했다. 그는 객석규모를 반으로 줄이고 남는 공간을 인조열대림으로 채웠다. 1859년 9월 14일, 이 건물은 '윈터 가든'이라는 새로운 이름으로 문을 열었다. 『옥토룬』에 출연했던 당대 최고 희극배우 조셉 제퍼슨(Joseph Jefferson)은 자서전에서 새롭게 단장한 극장의 모습을 언급한다. 그에 따르면 '윈터 가든'이라는 이름은 프랑스 파리의 한 유흥지에서 따 온 것으로, 당시 파리에는 열대림이 가득해 흡사 온실과 같은 이 공간에서 종종 연극이 상연되곤 했다는 것이다(Jefferson 207)

제퍼슨의 말처럼, 부시코트는 유럽풍 '열대환경'(tropical environment)을 미국 번화가에 조성하고자 했던 것이다. 의문점은 공연수입을 도모

한 그가 왜 객석규모를 반으로 줄이면서까지 인공열대림 조성이라는 부수적인 일에 시간과 돈을 투자했는가 하는 점이다. 이 의문점은 이어지는 제퍼슨의 회고에 의해 더욱 증폭된다. 그에 따르면 개축 당시 윈터 가든의 재무 상태가 좋은 상황이 아니었으며 설상가상 개축을 하고 난 윈터 가든의 모습은 공연을 목적으로 한 공간과는 거리가 먼 것이었다.

> 정확히 기억나는 것은 당시 경영 자금이 넉넉하다고 말할 수 있는 상황은 아니었다는 점이다. ... 열대림의 위용도 비교적 약했다. ... 종합해 볼 때, 이 극장 개축은 실패작이었다. 빈약한 실내장식은 말할 것도 없고 음향 상태도 열악했으며 객석에서 내려다보는 무대 모습도 봐줄 수 없을 만큼 형편없었다.
>
> If remember rightly, the treasury of the management was not in what could be called an overflowing condition; ... the horticultural display was comparatively weak. ... Take it altogether, the theatre was a failure; for, added to the meager decorations, the acoustics were inferior, and the views of the stage from the auditorium unpardonably bad. (Jefferson 207-8)

한편 제퍼슨의 회고에서 부시코트가 극장 개축을 통해 궁극적으로 노린 것이 무엇이었는지를 암시하는 대목이 발견된다. 제퍼슨의 기록에 따르면 윈터 가든의 실내를 메운 인공열대림은 이국적 환경을 만들어내기 위한 목적으로 조성된 것이며, 심지어 부시코트는 이 인공열대림에 향수를 뿌려 입장하는 관객들이 이국적 정취를 만끽하도록 배려를 아끼지 않았던 것이다.

> 이국적인 인상에 끈적거리기까지 하는 끝이 뾰족한 열대림이

극장으로 들어가는 통로에서 '진액'을 뿜어내고 있었고, 2층 특등석은 식물학계에도 알려지지 않았을 법한 희귀한 모양의 조화들로 장식되어 있었다. 묘하게 생긴 이 이국적 식물에 흡사 머릿기름 향이 나는 향수를 듬뿍 뿌려 감미로운 천연의 향을 풍기게 하였는데, 이는 관객들이 입장하면서 로비에서부터 그 냄새를 '맡도록' 하기 위함이었다.

Some sharp-pointed tropical plants of an inhospitable and sticky character exuded their "medicinal gums" in the vestibule, and the dress circle was festooned with artificial flowers so rare that they must have been unknown to the science of botany. To give these delicate exotics a sweet and natural odor they were plentifully sprinkled with some perfume resembling closely the sweet scent of hair-oil, so that the audience as they were entering could "nose" them in the lobby. (Jefferson 208)

고객지향적 관극 환경을 창출하려는 부시코트의 노력을 엿볼 수 있는 또 다른 부분은 윈터 가든에 새롭게 설치된 냉난방장치다. 윈터 가든 개관 3년 후인 1862년 10월 2일, 부시코트는 런던의 『타임즈』(*The Times*)를 통해 동시대 극장 건축의 비참한 실상에 대한 장문의 글을 게재했다. 여기서 그는 "극장 구조에 특별히 주목하는 건축가가 거의 없다"(Johnson 315 재인용)고 통탄하면서 그가 뉴욕에서 윈터 가든을 개축하던 시절 특히 신경을 쓴 부분에 대해 피력했다. 장문의 글에서 그가 윈터 가든 개축 당시 '고안'했다고 주장하는 것 중 특히 눈에 띄는 부분이 바로 냉난방장치다. 그는 객석 바닥 지하에 보일러실을 설치하고 여기에서 발생한 냉온풍이 배기관을 타고 객석 바닥에 만들어 놓은 홈을 통해 빠져나와 객석 전체로 퍼지게 하였다는 것이다(Johnson 315-6 재인용). 1859년 윈터 가든의 개관에 맞추어 『뉴욕 타임즈』는 극장의 실내를 세세히 보도했다. 부시코트가 내심 바란 일이었겠지만, 「윈터 가든 개관」(“Opening of the Winter Garden”)이라는 제목의 이 기사는 언급한 인공열대림과 냉난방장치를 대대적으로 소개했다(Young 124).

인공열대림 조성과 냉난방장치는 관객의 편의를 도모한다는 측면이 컸으며, 이 두 가지 예는 부시코트가 극장 개축 당시 주안점을 둔 부분이 공연 공간이 아니라 관극 공간이었음을 잘 보여준다. 한마디로 부시코트가 극장 개축에서 얻고자 한 것은 고객지향적인 관극 환경 창출이었다. 이국적 정취를 물씬 풍기는 유럽풍 휴양지를 뉴욕 번화가에 조성한다는 것은 당대 미국인들의 관심을 끌 만한 일대 사건이었다. 게다가 기존 극장의 밀집된 객석배치에서 탈피해 보다 쾌적한 관극 환경을 만들어냄으로써 부시코트는 한번 찾은 관객을 또 다시 찾아오게 하고 궁극적으로는 단골 고객을 확보하고자 했던 것이다. 객석규모를 반으로 줄이는 것은 단기적으로 공연수입의 축소를 가져올 수 있다. 그러나 이러한 조치는 장기적 공연수입을 먼저 고려한 부시코트의 차별화 전략으로 볼 수 있다.

2) 멜로드라마와 시기성의 접목: 고객기대치 극대화

멜로드라마는 당시 미국에서 가장 인기 높은 연극 장르였다. 『옥토룬』도 예외는 아니었다. 가프 윌슨(Garff B. Wilson)은 19세기 후반 미국 멜로드라마의 전형과 그 대표적인 예를 『옥토룬』에서 찾았다.

> 멜로드라마의 요소를 구비한 전형적인 예가 있다면, 그것은 바로 『옥토룬』이다. 멜로드라마가 19세기 후반에도 계속 건재하고 있음을 입증할 증거가 있다면, 그것은 바로 『옥토룬』이다. 마지막으로, 훌륭한 멜로드라마 한 편을 써 내는데 있어 창의력, 기

> 교, 그리고 타고난 작가적 재능이 필히 요구된다는 점을 입증할 만한 증거가 있다면, 그것 또한 『옥토룬』이다.
>
> If there exists a classic example of the contrivances of melodrama, this is it[The Octoroon]. If any evidence is needed to prove that melodrama continued to flourish in the second half of the nineteenth century, this is it. Finally, if any proof is needed that the writing of good melodrama requires inventiveness, skill, and professional talent, this also is it. (Wilson 208-9).

『옥토룬』이 갖는 멜로드라마 요소는 우선 등장인물의 면모와 극 구조에서 찾아볼 수 있다. 이 극은 교육받은 백인청년 조지, 착하고 아름다운 흑백혼혈 여성 조이, 이기적이고 탐욕적인 백인 맥클로스키, 이 세 명의 정형화된 캐릭터들(stock characters)이 만들어 내는 영웅-여주인공-악당(hero-heroine-villain)의 애정삼각관계(love-triangle)를 중심으로 전개된다. 아울러 이 극은 당시 대중적으로 친숙하고 인기도 높은 인과응보 주제를 발단-전개-위기-결말의 짜임새를 갖는 위기구조(crisis plot) 속에 짜 넣는다. 이렇듯 『옥토룬』은 당시 흥행 보증수표였던 멜로드라마 형식을 전면에 부각시킨다. 부시코트가 원작 소설을 멜로드라마 형태로 재구성했다는 사실은 그가 당시 관객대중이 기대한 것이 무엇이었는지 잘 알고 있었으며 또한 그가 관객의 이러한 기대심리를 정확하게 간파하고 있었음을 방증한다.

나아가 부시코트는 일견 진부해 보일 수 있는 멜로드라마 형식에 흑인노예제라는 최신 이슈를 가미했다. 이것이 그가 당대 여타 멜로드라마 작가들과의 차별점이기도 했다. 그의 이러한 노력은 친숙한 주제에 대한 관객의 기대를 충족시키는 한편, 새로운 것에 대한 기대까지도 고려함으로써 결과적으로 관객의 이중적 기대심리를 모두 충족시키려는 전략으로 파악된다. 일견 지역적·정치적으로 민감할 수 있는 시사적 소재를 대중에게 이미 친숙해진 정형화된 캐릭터와 위기구조 속에 용해시킴으로써, 그리고 구조와 인물형성에서 보이는 진부함이 서로 상쇄작용을 하면서 정치성은 반감되고 대중성은 배가되는 효과를 창출한 것이다. 정진수 교수는 좋은 드라마는 새로운 일, 낯선 일, 이상한 일을 제공하면서 친숙하다는 느낌을 동시에 줄 수 있어야 한다고 말한다. 즉, 낯선 것을 친숙하게 보여주거나 친숙한 것을 낯설게 보여주는 것이 좋은 드라마의 비결이라는 것이다(24-5). 부시코트는 '친숙함'(familiarity)과 '낯섦'(strangeness)이라는 극 텍스트의 상반적이고 본질적인 두 가지 성질을 통찰하고 있었으며, 『옥토룬』의 극 집필과 공연을 통해 실제로 이를 효과적으로 이용한 셈이다.

〈그림 5〉『옥토룬』 런던공연 포스터(1863년). 출처: 뉴욕 스완 갤러리(Swann Galleries)

친숙함과 낯섦을 접목한 부시코트의 전략은 『옥토룬』의 '폭로장면'(exposure scene)에서 카메라와 사진술 등의 장치를 이용하는 점에서도 확인된다.[10] 멜로드라마에 필수적으로 나오는 폭로장면은 주인공이 겪는 시련의 원인이 되는 비밀스런 행위나 숨겨진 사실 등을 극적으로 밝힘으로써 갈등을 해소하는 기능을 담당하는데, 전통적으로 커튼, 부채, 편지 등이 폭로장면을 구성하는데 흔하게 사용되는 장치들이었다.[11] 한편, 카메라와 사진술은 『옥토룬』이 공연되었던 1859년 당시만 해도 일반인들에게 아직 낯설고 진기한 체험이었다(Vaughn 125). 부시코트는 당시 멜로드라마 단골 고객들에게 친숙했던 폭로장면을 구축하는데 기존의 장치들 대신 카메라와 사진이라는 첨단 과학의 산물들을 이용했던 것이다.

살인사건을 해결할 결정적인 단서로 카메라 장치를 이용한 것은 사실 부시코트의 독창적인 생각이 아니라, 영국 작가 올바니 폰블랑크(Albany Fonblanque)의 1859년 소설 『필리버스터』(*Filibuster*)에서 따온 것이었다(Vaughn 125; Hogan 73; Enkvist 166). 1853년 미국에 입성한 후 비록 짧은 기간이었지만 부시코트는 이 낯선 땅의 풍물을 명민하게 관찰하고 빈틈없이 섭렵했다. 또한 그는 이렇게 체험한 것들을 미리 정리해 두고 극 집필이나 공연제작에 십분 활용하는 탁월한 경영마인드를 보였다(Walsh 52). 부시코트는 노예문제나 사진술과 같은 시기성 높은 소재를 발굴하는데 촉각을 세우는 한편, 이들을 이용해 관객에게 새롭고 흥미로운 볼거리를 제공해야 할 필요성을 지속적으로 강조하면서 이것이 바로 미국 관객 대중이 무대에서 보고자 하는 것이라 확신했다. 비록 아일랜드 태생으로서 부시코트가 종종 미국 연극사에 포함되어야 하는지에 대한 논란이 없지는 않았지만, 연극사가들이 최소한 공통적으로 인정하고 있는 바는 그가 어떻게 관객을 즐겁게 해 줄 것인가를 고심했고 이를 실천하기 위해 모든 가능성을 실험하였으며, 실제로 이러한 작업에 있어 결코 실패하는 적이 없었다는 사실이다(Vaughn 113).

버나드 휴이트(Bernard Hewitt) 역시 멜로드라마의 일견 엉성할 수 있는 구조를 당대 최신 과학기술을 이용해 지방색과 시기성을 지니는 흥미로운 볼거리로 만들어내는 부시코트의 '수법'에 대해 언급함으로써 친숙함과 낯섦의 접목으로 요약되는 부시코트의 전략의 간접적으로 지적한다. 심지어 휴이트는 이러한 부시코트의 수법에서 미국적 무대 사실주의 경향을 발견하기까지 한다.

> 그의 수법이란 고결한 남녀 주인공과 악한이 만들어내는 한 편의 멜로드라마 구조를 고안해 내고, 또 이것을 엉성하게나마 특정한 동시대 광경과 엮어내는 데 있었다. 극의 배경장치에서, 거짓말 같은 행위에 "현장감"을 더해주는 조역들의 모습에서, 깜짝 놀랄만한 장면을 구현하는 데에서 사실주의를 향해 가는 경향이 드러난다.
>
> His method was to evolve a melodramatic plot with virtuous hero and heroine and vicious villain and to tie this loosely to the specific contemporary scene. The trend toward realism appears in the scenery, in the minor characters which provided "local color" for the incredible action, and in the staging of sensational scenes. (Hewitt 187)

휴이트가 지적하듯 부시코트는 당대의 과학기술을 이용해 사실적인 볼거리를 무대 위에 창출했으며, 이러한 미국적 무대사실주의의 등장 이면에서 단순히 극을 창작하는 것을 넘어서 관객의 눈을 즐겁게 하고 결과적으로 그들의 기대를 극대화하고자 한 부시코트의 사업가적 전략을 발견하게 된다.

4. 부시코트의 정치성: 두 개의 결말

미국 무대에 선보인 『옥토룬』은 조이의 비극적인 죽음으로 끝을 맺는다. 주인공의 비극적인 죽음이란 극의 결말로서 특이할 것 없어 보이는 선택이다. 그러나 이러한 선택에서도 지역주의 텍스트, 정치 텍스트라는 의혹을 교묘하게 피해가려 한 부시코트의 주도면밀함을 엿볼 수 있다.

흑백혼혈 조이의 죽음은 외견상 흑인노예제의 병폐를 폭로하는 노예폐지론 텍스트의 모습을 띤다. 한편 그녀의 죽음은 잡혼(miscegenation) 방지의 필요성, 나아가 인종차별에 대한 정당성을 암시하는 노예제옹호론 텍스트로 해석될 여지도 있다. 즉, 조이의 비극적 운명은 노예제도 자체의 병폐가 낳은 결과라기보다 인종 간 결혼(inter-racial marriage) 세태로 귀결되는 운용상 과실의 결과이기에, 이러한 결과를 미연에 방지하기 위해서 흑백차별을 보다 엄격하게 강화할 필요가 있다는 것이다. 이러한 입장에서 볼 때 조이의 희생은 노예제도 유지를 위해서 묵인될 수밖에 없는 필요악으로 해석된다. 자신의 몸에 '검은' 피가 흐르고 있음을 안 이상, 그녀는 이제껏 자라왔던 백인 사회에 더 이상 머무를 수가 없다. 백인으로 여겨져 왔고 피부까지 흰 그녀가 아무렇지도 않게 흑인 사회에 받아들여지리라는 것도 쉽지 않은 일이다. 혼혈정체성으로 인해 조이는 어느 쪽에도 속할 수 없다. 딱히 발붙일 곳 없는 조이에게 남은 유일한 선택은 죽음이다. 그녀의 이러한 선택은 제 이, 제 삼의 조이 혹은 혼혈아의 탄생과 그로 인한 비극적 운명을 방지하기 위해 혼혈아인 당사자가 취해야할 최선의 선택이자 순수한 백인 사회의 유지를 위해 마땅히 거쳐야 할 수순이라는 것이다.[12]

진짜 의도가 무엇이건 간에, 리차드 파우키스도 지적하듯 부시코트는 『옥토룬』을 집필하면서 이 극이 일으킬 파장이 어떠하리라는 것을 잘 알고 있었다. 때문에 그는 남부와 북부의 입장으로부터 적당히 거리를 유지하면서 어느 쪽에서 치우치지 않는 균형감각을 발휘했다(105). 이런 측면에서 본다면, 이 극의 끝맺음 방식과 이러한 끝맺음이 표출하는 해석의 모호함은 흑인노예제도에 대한 이 극의 입장을 두고 비평가들 사이에 이견이 팽팽하게 대립하게 함으로써 세인들의 관심을 충분히 끄는 한편, 이러한 논란이 더욱 편파적인 수준으로 발전되는 것을 차단하는 효과를 미리 계산한 부시코트의 '장치'일 수 있다.

즉, 부시코트가 정치적으로 민감한 주제를 선택하고자 결정한 이면에는 남과 북의 잠재관객 대중의 지속적인 관심과 호응을 확보함으로써 결과적으로 상업적 흥행을 꾀하겠다는 계산이 있었던 것으로 해석해 볼 수 있다.

『옥토룬』의 끝맺음 방식이 작가의 정치적 성향에 대한 반영이라기보다 흥행과 그에 따르는 공연수입을 고려한 결과일 수 있다는 가능성은 이후 부시코트가 런던 무대에 이 극을 올릴 시점에서 작품의 결말을 상반된 방향으로 수정하였다는 사실을 통해 보다 분명해진다.

『콜린 바운』(*The Colleen Bawn*)의 1860년 뉴욕 공연이 흥행한데 힘입어, 더 직접적으로는 이 극이 이듬해 런던 아델피 극장(Adelphi Theatre) 초청공연에서 연속 흥행한데 힘입어(Walsh 78), 부시코트는 1861년 11월 18일 런던 아델피 극장에서 『옥토룬』을 상연할 기회를 갖게 되었다.[13] 『옥토룬』의 런던 초연 이후 부시코트가 직면한 현실은 미국의 그것과는 사뭇 다른 것이었고 이러한 점은 이 극의 마지막 장면에 대해 영국 관객이 보여준 반응에서 집약적으로 표출되었다. 공연 다음 날인 19일자 『타임즈』는 당시 영국인들의 반응을 다음과 같이 소개했다.

> 관객들은 그녀[조이]의 불행한 결말에 실망했으며 왜 조지가 이처럼 헌신적인 "혼혈 소녀"와 결혼할 수 없는지 이해하지 못했다 ... 이러한 정서는 지난 밤 마지막 막이 내려짐과 동시에 터져 나왔던 몇몇 불만의 탄성으로 표현될 수 있는데, 이러한 탄성은 이전의 네 막에 걸쳐 쏟아졌던 열광적인 박수갈채와는 이상하리만치 대조적인 것이었다.
>
> [T]he audiences were dissatisfied with her unfortunate end, and refused to understand why George could not marry his devoted "Yellow Girl" ... To this feeling alone can we describe

> the few sounds of disapprobation which followed the descent of the curtain last night, and contrasted so strangely with the enthusiastic applause that had accompanied the first four acts. (*The Times*, November 19, 1861)

며칠 후 11월 24일자 『업저버』(*Observer*)는 런던에서 초연된 『옥토룬』 공연의 끝맺음 방식이 부적절한 것이었다는 내용의 논평을 게재했다.

> 마지막 장면에 이르기 직전까지도 이 극은 ... 비극의 형식이 될 것이라는 그 어떤 힌트도 결코 주지 않는다. 반면 이 극은 일반적인 멜로드라마 형식에 기초하여 시종일관 진행된다 ... 이러한 환경에서, 조이의 죽음을 보고 관객이 받는 충격은 견뎌내기 힘들 정도로 엄청난 것이다.

> The play, until the final scene ... never assumes anything of the tragic form, but is conducted throughout upon the basis of ordinary melodrama ... Under these circumstances, the shock of Zoe's death is more than the audience is disposed to bear. (*The Observer*, November 24, 1861)

관객의 반응에 매우 민감했던 부시코트는 이에 대처하는 데 신속한 행보를 보였다. 부시코트의 전기작가 로버트 호건(Robert Hogan)이 밝히고 있듯이, 부시코트는 극의 마지막 장면을 조이와 조지의 결혼이라는 행복한 결말로 대체하는데 "주저함이 없었으며" 그의 이러한 행동은 다분히 "상업적으로 보다 매력적인 극" 창출을 고려한 노림수였다(75).

부시코트의 이러한 사업가적 위기관리 능력은 12월 9일자 런던 『타임즈』에 실린 아델피 극장의 광고문에서 입증되었다. 이 기사는 부시코트가 『옥토룬』의 마지막 장면을 해피엔딩으로 고침으로써 여주인공 조이를 비극적 운명으로부터 구해냈다고 전했다. 아울러 기사는 부시코트가 결말 부분을 수정하기로 결심한 것은 런던 관객들의 애정 어린 충고를 감사하게 받아들인 결과였음을 강조하면서 부시코트가 단행한 수정작업의 의도를 밝혔다.

> 한 광고문에서 부시코트는 "옥토룬"의 결말을 수정해 줄 것을, 그리고 노예 여주인공을 불행한 결말로부터 벗어나게 해 줄 것을 요청하는 많은 편지를 "시시각각 받고" 있음을 밝히고 있다. 이 광고문에 실린 부시코트의 말을 전하면, "그는 이 편지들을 통해 표현된 선의의 뜻을 거절할 수 없으며 또한 그처럼 손쉽게 부응할 수 있는 요청에 협조하지 않을 이유가 없다. 대중이 구성하고 작가가 편집하여 새롭게 만들어진 극의 마지막 장면이 선보여질 것이다. 그는 이 새로운 장면이 [런던] 관객들의 판단과 기호에 대한 작가의 감사어린 헌정의 뜻으로 받아들여지리라 믿고 있으며, 아울러 관객들의 판단과 기호에 대해 그 자신 추호도 논쟁할 뜻이 없음을 밝힌다."
>
> Mr. Boucicault, in an advertisement, acknowledges the "hourly receipt"of many letters, entreating that the termination of "The Octoroon" should be modified, and the slave heroine saved from an unhappy end. He cannot, he says, "resist the kind feeling expressed throughout this correspondence, not refuse compliance with a request so easily granted. A new last act of the drama, composed by the public and edited by the author, will be represented. He trusts the [London] audience will accept it as a very grateful tribute to their judgment and taste, which he should be the last to dispute." (*The Times*, December 9, 1861)

결과는 성공적이었다. 새롭게 수정된『옥토룬』의 결말에 대해 대부분의 영국 비평가들은 열렬한 반응을 보였고, 대중 역시 이에 만족해했다. 12월 14일자 『일러스트레이티드 런던 뉴스』(*Illustrated London News*)는 이 새로운 결말이 "만원을 이룬 객석으로부터 만장의 박수갈채를 받았다"고 전했다(Degen 177 재인용).

파우키스는 부시코트를 "조언을 받아들일 준비가 되어 있는" 인물로 평가하면서 "자신의 생각을 하룻밤 사이에 서슴없이 바꾸는 과감성" 역시 그의 이런 성품에서 비롯되었다고 말한다(105). 그의 이러한 성품과 기질을 감안할 때, 영국 아델피 극장에서 상연할 목적으로 『옥토룬』의 마지막 장면을 수정한 그의 행동은 충분히 예상되는 일이었다. 결과적으로 우리는 결말을 달리하는 두 개의 『옥토룬』을 갖게 되었다. 뉴욕 관객이 지켜보았던 조이의 비극적 죽음, 그리고 런던 관객이 갈채를 아끼지 않았던 조이와 조지의 행복한 결혼. 이 두 개의 결말은 『옥토룬』의 확정된 결말을 유보한 채 시시각각 달라지는 사업 환경과 고객만족을 극대화하는데 최선을 다했던 부시코트의 사업가적 수완의 결과였으며, 또한 정치적 소재를 십분 활용하여 상업적 가치로 전환하는 과정에서 부시코트가 보여준 또 다른 차원의 정치성을 방증하는 텍스트로 규정해 볼 수 있다.

5. 나가며

동시대 비평가들에 의해 제기된 정치적 의도에 대한 의혹에도 불구하고 『옥토룬』 공연이 상업적 성공을 거둔 것은 극작을 수익성과 직결시킨 극작가 부시코트의 경영마인드와 이를 위해 관객 대중의 기대치를 고려한 경영전략의 결과로 볼 수 있다. 시기성 높은 소재의 발굴, 관객의 편의를 지향하는 극장 공간 계획, 관객의 기대치를 충실히 반영한 멜로드라마 형식의 고수, 극 내용의 신속한 수정에서 드러나는 위기관리 능력 등은 『옥토룬』의 흥행을 이끈 부시코트의 경영가적 수완을 구체적으로 예증한다. 이러한 시각에서 부시코트가 시기적으로 민감한 사안인 흑인노예 이슈를 극의 중심 주제로 채택한 것은 이 이슈에 대한 자신의 정치적 입장을 표명하기 위한 의도에서 비롯되었다기보다 고객의 기대치를 극대화하려는 의도로 파악된다. 『옥토룬』의 성공신화는 시사성 있는 주제를 도입하여 극에 차별성을 부여함으로써 잠재관객의 관심을 자극하고, 이것을 실제로 무대 위에서 보여줄 뿐만 아니라 최신 과학기술을 이용한 화려한 볼거리를 제공함으로써 이 잠재구매력을 실질구매력으로 전환시켰던 부시코트의 사업가적 능력이 있어 가능했다. 아울러, 이러한 성공신화 이면에서 부시코트는 상업적 가치창출이라는 목적을 위해 정치성을 수단으로 이용하는 또 다른 차원의 정치성을 드러낸다.

미주

1) 1852년 3월에 출간된 헤리엇 비처 스토우(Harriet Beecher Stowe)의 소설 『톰 아저씨의 오두막집』은 큰 반향을 일으키며 즉각 드라마로 각색되었다. 그해 9월 3일 테일러(T. W. Taylor)의 극 버전이 뉴욕에서 상연된 것을 필두로 같은 달 27일에는 조지 에이킨(George A. Aiken)의 동명 극이 뉴욕 무대에 올려졌다. 테일러의 버전은 원작에서처럼 정치적 뉘앙스가 지나치게 강하다는 여론의 비판을 받고 10회 공연을 끝으로 하차했다(Hewitt 171). 이와 대조적으로 에이킨은 각색 과정에서 흑인노예에 대한 부당행위가 가장 극명하게 드러나는 노예경매 장면을 누락시킴으로써 원작에서 부각되는 정치적 뉘앙스와 문제의식을 축소시킨 대신 흑인 캐릭터를 희화하는 민스트렐시(minstrelsy) 전통을 따름으로써 각색의 의도를 분명히 했다(Mason 107, 119). 에이킨의 버전은 10월 25일까지 계속된 초연에서 100회 이상 상연되었고, 1854년까지 뉴욕 시에서만 325회 공연이라는 대기록을 세웠는데 이는 일주일 평균 7.5회에 해당했다(Hewitt 172; Mason 90).

2) 백인 농장주 저지 페이튼(Judge Peyton)이 세상을 떠난 뒤 미망인이 운영해오던 농장은 경제적 위기를 맞는다. 오랜 파리 유학을 마치고 돌아온 페이튼의 조카 조지(George)는 농장이 경매처분 될 형편에 있음을 알게 된다. 고인이 된 페이튼에게 딸 조이(Zoe)가 있다. 조이는 페이튼과 흑인 하녀 사이에서 난 혼혈아다. 이런 사실을 모르고 있는 조이는 백인청년 조지와 사랑에 빠진다. 한편, 경매 참여자 중에 북부에서 온 맥클로스키(M'Closky)가 있다. 한때 농장 관리자였던 그는 농장과 조이를 모두 차지하려 한다. 조이의 출생비밀을 아는 맥클로스키는 그녀가 흑인노예 신분이며 농장에 소속된 재산이므로 농장을 얻게 되면 조이까지 차지할 수 있으리라는 계산을 한다. 맥클로스키의 폭로로 조이는 하루아침에 흑인노예로 전락하고 그녀와 조지의 사랑도 물거품이 된다. 설상가상 노예경매에 부쳐져 맥클로스키에게 팔릴 위기에 처한 조이는 자살로 생을 마감한다.

3) 『옥토룬』의 초연일을 두고 의견 불일치가 있었다. 1954년 논문에서 알버트 존슨(Albert E. Johnson)은 이 극의 초연일이 6일이라는 결정적 증거를 제시했다. 그에 따르면 조셉 아일랜드(Joseph N. Ireland)의 최초 오류 이후 아서 홉슨 퀸(Arthur Hobson Quinn)과 조지 오델(George C. D. Odell)을 비롯한 다수의 연극사가들이 비판의식 없이 5일을 『옥토룬』의 초연일로 기록해왔다는 것이다. 존슨은 초연일이 6일이라는 증거로 같은 해 12월 5일자 『뉴욕 데일리 트리뷴』(*New York Daily Tribune*) 기사 내용을 제시한다. 이 기사는 『옥토룬』이 5일 밤 상연될 예정이었으나, 준비 미비로 6일 밤으로 연기되었음을 알리고 있다(Johnson 313).

4) 이 법안은 노예 탈주를 돕거나 이미 탈주에 성공한 노예를 원래의 주로 송환하지 않는 이들, 심지어 노예를 놓친 연방보안관들에게도 높은 벌금을 부과하였다. 체포된 도망노예들은 자신을 위해 증언할 수 없을 뿐만 아니라 배심원 재판을 받을 권리조차 갖지 못

했다. 이 법안은 1864년에 폐지되었다.

5) 이 점은 이 편지들이 다시 게재된 1960년 2월 9일 자 『뉴욕 타임즈』에 명시되어 있다.

6) 부시코트와 조이 역을 맡은 그의 아내 아그네스 로버트슨(Agnes Robertson)은 첫 주에 만 1,363 달러의 배당수익을 거둬들였다(Fawkes 111). 1859년 8월 부시코트와 아그네스가 제작자인 윌리엄 스튜어트(William Stuart)와 체결한 계약에 따르면, 부시코트는 향후 5년 동안 주당 100달러의 기본급에 추가적으로 주당 2회 공연 수입 중 반을 받았다. 아그네스는 스타급 대우를 받으며 『옥토룬』 공연 기간인 10주 동안 회당 100달러의 봉급을 받았다(Faulkner 33–38).

7) 그는 런던대학(London University)에 재학 중인 1837년 연극과 인연을 맺었다. 이듬해, 18세 청년 부시코트는 첼튼햄(Cheltenham)에 있는 씨어터 로얄(Theatre Royal) 소속 지역극단에 입단했고 리 모어튼(Lee Moreton)이라는 가명으로 직업배우 생활을 시작했다. 1838년 10월 그의 희곡 『데블스 다이크 전설』(*The Legend of the Devil's Dyke*)이 브라이튼 씨어터(Brighton Theatre)에서 초연되었고, 여기서 부시코트는 주연을 맡았다. 이를 기점으로 부시코트는 연기와 극작을 겸하기 시작했다. 1939년 런던으로 활동 무대를 옮긴 그는 1841년 3월 4일 코벤트 가든(Covent Garden)에서 자신의 희곡 『런던 보험』(*London Assurance*)을 크게 성공시킴으로서 명성을 쌓기 시작했다.

8) 전매극단은 왕실로부터 공연허가권을 받은 극단으로 1660년 왕정복고(Restoration)의 시작과 함께 생겨났다. 1843년 연극전매권 철폐는 큰 파장을 남겼다. 가장 두드러진 부분은, 드루리 레인(Drury Lane)과 코벤트 가든(Covent Garden) 등 소수 전매극장에게만 허용되었던 합법적 공연권이 다수의 군소 지역극단에게까지 확장되어 보다 다채로운 레퍼토리 생산이 가능해졌다는 점이다. 결과적으로 극단의 관객유치 경쟁이 치열해졌고, 각 극단은 차별적인 극 발굴과 확보가 절실했다. 주목할 점은 1843년 연극규제법이 의회 통과될 무렵 영국은 심각한 경기 침체를 겪고 있었다는 것이다. 이런 상황에서 런던의 극단 매니저들은 창작극에 투자하는 것보다 프랑스의 흥행작들을 영국식으로 개작해 상연하는 것이 남는 장사임을 간파하고 있었다. 부시코트의 프랑스 행 역시 이러한 필요성과 정서와 무관하지 않아 보인다.

9) 당시 전설적 명배우 에드먼드 킨(Edmund Kean)의 아들이자 프린세스 씨어터(Princess Theatre)의 배우 겸 영향력 있는 매니저였던 찰스 킨(Charles Kean)과의 인연은 부시코트에게 값진 행운이었다. 킨은 부시코트에게 자신이 주연을 맡을 멜로드라마의 연출을 맡겼던 것이다. 부시코트가 미국으로 건너간 것은 킨과의 친분이 끝나는 시점과 시기를 같이 한다. 부시코트와 킨의 관계는 빈번한 의견차로 어긋나기 시작했다. 급기야 부시코트가 킨의 수양딸이자 훗날 자신의 아내가 될 여배우 아그네스 로버트슨(Agnes Robertson)과 뉴욕으로 야반도주하는 사건으로 부시코트와 킨의 관계는 종료되었다. 아그네스는 8월 17일 사우스햄턴(Southhampton)에서 허만(SS Herman) 호를 타고 뉴욕으로 향했다. 부시코트는 3주 후인 9월 7일 리버풀을 떠났으며 그를 실은 북극(Arctic) 호는 같은 달 18일 뉴욕 항에 도착했다. 이러한 사실은 19일 자 『뉴욕 타임즈』를 통해 보도되었다(Fawkes 69–77).

10) 페이튼 부인은 생전에 남편의 돈을 빌렸던 이로부터 빚을 갚을 요량으로 수표를 배편으

로 보내겠다는 전갈을 받는다. 수표가 담긴 우편물이 항구에 도착하는 날, 부인은 농장을 구할 유일한 희망인 이 수표를 가지러 흑인노예 소년 폴(Paul)을 리버풀 항구로 보낸다. 폴은 평소 그를 아들처럼 여기는 인디언 노인 와노티(Wahnotee)와 동행한다. 우편물을 찾아 돌아오는 길에 이들은 농장관리인 살렘 스쿠더(Salem Scudder)가 자신의 최근 취미거리인 카메라를 조작하고 있는 것을 보게 된다. 카메라를 설치해 놓고 스쿠더와 와노티가 잠시 자리를 비운 사이 호기심 많은 폴은 자신의 모습을 한번 찍어보고자 한다. 타이머를 작동시킨 그는 카메라 앞으로 달려가 편지가 든 가방 위에 앉아 셔터가 터지기를 기다린다. 이때 편지를 훔쳐내려고 혈안이 된 맥클로스키가 등장한다. 그는 와노티가 두고 간 도끼로 단박에 폴을 살해하고 주검이 된 폴 곁에서 훔쳐낸 편지를 꺼내 읽는다. 그 사이 이 모습이 카메라에 찍히게 된다. 잠시 후 주검이 된 폴을 발견한 와노티는 격노하여 카메라를 때려 부순다. 맥클로스키는 자신의 부당 행위를 영어를 할 줄 모르는 와노티에게 덮어씌우고 그의 피 묻은 도끼를 증거물로 제시한다. 이때 흑인노예 피티 영감(Old Pete)이 카메라 파편에서 주운 사진 한 장을 들고 온다. 이 사진은 맥클로스키의 파렴치한 행위를 '폭로'하는 중요한 단서가 된다.

11) 오스카 와일드(Oscar Wilde)의 1893년 작 『윈더미어 부인의 부채』(*Lady Windermere's Fan*)는 이런 장치들이 효과적으로 쓰인 대표적인 사례다. 윈더미어 부인은 남편 윈더미어 경이 한 여인과 비밀스럽게 관계하고 있음을 알게 된다. 한편 부인에게는 평소 그녀를 흠모하는 달링턴 경이 있다. 남편의 부정에 대한 보복으로 윈더미어 부인은 자신에게 애인이 생겼다는 사실을 '폭로'하는 편지를 남기고 달링턴 경의 집으로 떠난다. 윈더미어 경과 비밀스런 관계를 맺고 있던 얼린 부인은 다름 아닌 20년 전 애인을 따라 남편을 버리고 가출했던 윈더미어 부인의 어머니이다. 윈더미어 경은 장모에 대한 예로 그녀에게 경제적 도움을 줘왔던 것이다. 자초지종을 알게 된 얼린 부인은 달링턴 경의 집에 있는 윈더미어 부인을 만나 과거 자신의 과오를 반복하지 않도록 집으로 돌아가 가정을 지킬 것을 종용한다. 이 와중에 윈더미어 경이 달링턴 경의 집에 찾아온다. 그는 아내의 편지를 읽지 않은 상태로 그녀가 여기에 있는 사실도 모른다. 얼린 부인은 윈더미어 부인을 커튼 뒤에 숨겨두고 자리를 피한다. 여러 남성들과 잡담을 나누던 윈더미어 경은 우연히 아내의 부채를 발견한다. 이 방에 부인이 있음을 '감지'한 그는 아내를 찾아 커튼으로 다가서고 이 때 얼린 부인이 등장하여 이를 저지하는 순간 윈더미어 부인은 방을 빠져나가 무사히 가정으로 돌아간다.

12) 이와 같은 결말은 당시 인종 간 갈등을 다룬 극에서 흔하게 볼 수 있는 극의 끝맺음 방식이었다. 대표적인 예로 인디언 추장의 영웅적이고 비극적인 죽음을 다룬 『메타모라』(*The Metamora, or the Last of the Wampanoags*)가 있다. 존 어거스터스 스톤(John Augustus Stone)이 1829년에 완성한 이 작품은 미국 독립혁명 시기를 배경으로 영국 왕당파와 미국 독립파 간의 갈등을 다룬다. 극의 도입부에서 메타모라는 영국 왕당파의 식민지배 야욕으로부터 신개척지인 미국 땅을 지키는 수호자로 등장한다. 그의 근육과 '붉은 피부'(red skin)는 영국민의 '연약한 흰 피부'(feeble white skin)와 극적인 대조를 이루면서 미국 식민지인들의 강인함을 효과적으로 상징한다. 그는 왕당파 무리로부터 추격을 받던 젊은 백인 커플을 구해주고 이들에게 그 정표로 자신의 머리를 장식하던 독수리 깃털(eagle plume)을 선물한다. 이러한 설정은 이들 백인 젊은이들이 인디언의 근육과 붉은 피부가 상징하는 강인함을 물려받았음을, 그리고 유럽 대륙의 보수적 전통과 차별되는 신세계 미국의 독자적이고 '젊은' 정체성을 수립해야 할 세대임을 암시한다. 한편, 영국 왕당파 세력이 추방당하자 메타모라 자신이 추방의 대상이 된다. 이제

인디언 부족은 백인의 나라를 건설하기 위한 장애 요소가 된다. 강인함의 상징이었던 그의 근육과 붉은 피부는 이제 '야만성'(savageness)의 상징으로 둔갑한다. 백인이 지배하는 사회에서 그는 발붙일 곳이 없다. 결과적으로 그에게 주어진 것은 죽음이다. 그의 죽음은 문명의 발전 과정에서 뒤따르는 자연스런 수순으로 정당화된다.

13) 젊은 남녀의 사랑 이야기를 주제로 한 멜로드라마 『콜린 바운』은 1860년 3월 29일부터 5월 18일까지 7주 연속 뉴욕의 로라 킨 극장 (Laura Keene's theatre)에서 상연되었으며(Creahan 22), 1861년 영국 초연 때에는 360일 연속 공연 행진이라는 경이로운 흥행 실적을 기록했다(Walsh 78).

인용 문헌

· 정진수. 『현대연극의 이해』. 서울: 예음. 1998.

· Bloom, Arthur. *Joseph Jefferson: Dean of the American Theatre*. Savannah: Frederic C. Beil, 2000.

· Coads, Oral Sumner, and Edward Mims, Jr. *The American Stage*. Yale UP: New Haven, 1929.

· Creahan, John. *The Life of Laura Keene*. Philadelphia: Rogers Publishing, 1887.

· Degen, John A. "How to End *The Octoroon*." *Educational Theatre Journal* 27 (1975): 170–178.

· Enkvist, Nils Erik. "The Octoroon and English Options of Slavery." *American Quarterly* 8.2 (1956): 166–170.

· Faulkner, Seldon. "The Octoroon War." *Educational Theatre Journal* 5(1963): 33–38.

· Fawkes, Richard. *Dion Boucicault: A Biography*. London: Quarter Books, 1979.

· Henderson, Mary C. *The City and the Theatre: New York Playhouse from Bowling Green to Times Square*. Clifton: James T. White & Company, 1973.

· Hewitt, Bernard. *Theatre U.S.A. 1665 to 1957*. New York: McGrow-Hill, 1959.

· Hogan, Robert. *Dion Boucicault*. New York: Twayne, 1969.

· Jefferson, Joseph. *The Autobiography of Joseph Jefferson*. New York: Century, 1889.

· Johnson, Albert E. "Dion Boucicault: Man and Fable." *Educational Theatre Journal* 6.4 (1954): 311–316.

· Mason, Jeffrey D. *Melodrama and the Myth of America*. Bloomington and Indianapolis: Indiana UP, 1993.

· Meserve, Walter J. "Social awareness on stage: tension mounting, 1850–1859." *The American Stage*. New York: Cambridge UP, 1993. 81–100.

· Vaughn, Jack A. *Early American Dramatists: From the Beginnings to 1900*. New York: Frederick Ungar, 1981.

· Walsh, Townsend. *The Career of Dion Boucicault*. New York: Benjamin Blom, 1915.

·Wilson, Garff B. *Three Hundred Years of American Drama and Theatre: from* Ye Bare And Ye Cubb *to* Hair. Englewood Cliffs: Prentice-Hall, 1973.

·Wolter, Jürgen C., ed. *The Drawing of American Drama: American Dramatic Criticism, 1746-1915*. Westport: Greenwood, 1993.

·Young, William. *Documents of American Theatre History, vol. 1: Famous American Playhouse 1716-1899*. Chicago: American Library Association, 1973.

[Newspaper]

·Gray, Christopher. "Streetscapes/Bond Street from Lafayette Street to the Bowery: A Block That Offers the Quintessence of Noho." *New York Times* (January 17, 1999).

·"Abolitionist On and Off the Stage." *New York Herald* (December 5, 1859).

·"A Disgrace to the North, a Libel on the South." *Spirit of the Times* (December 17, 1859).

·"Amusements." *New York Times* (December 6, 1859).

·"The Octoroon." *New York Times* (December 15, 1859).

·"The Octoroon Gone Home." *New York Times* (February 9, 1860).

·*New York Times* (September 19, 1953).

·*The Observer* (November 24, 1861).

·*The Times* (November 19, 1861).

·*The Times* (December 9, 1861).

Copyrights

〈그림 1〉 드윗출판사(The De Wit Publishing House) 『옥토룬』에 실린 삽화 (연도미상). 출처: 캘리포니아주립대학교 도서관

- http://archive.org/details/octoroonplayinfo00bouciala
- http://archive.org/stream/octoroonplayinfo00bouciala#page/n1/mode/2up

Henry Grimm,
The Chinese Must Go (1877)

이 글은 『현대영미드라마』 17권 2호(2004년)에 게재된 논문 「반중국인 감정과 타자의 역사: 헨리 그림의 *The Chinese Must Go*」를 다듬어 정리한 것이다.

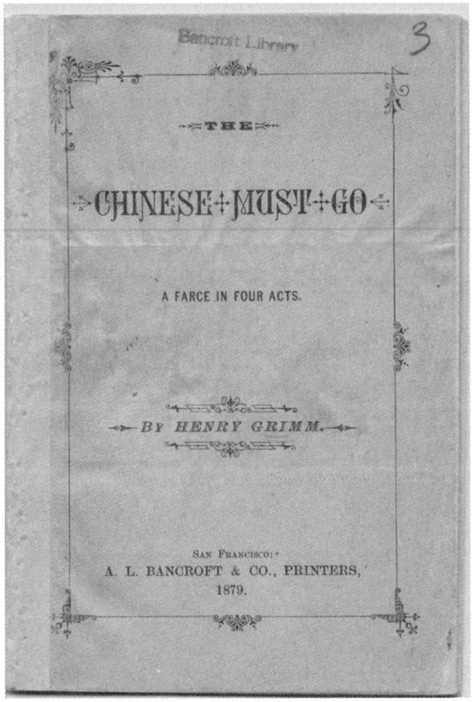

〈그림 6〉 뱅크로프트출판사(A.L. Bancroft & Co. Printers) 『중국인은 물러가라』 표지 (1879년). 출처: 미국국회도서관

1870년대 백인 노동분쟁과 반중국인 감정: 헨리 그림, 『중국인은 물러가라』

1. 들어가며

비교적 길지 않은 역사이이지만 미국이라는 '신세계'(the New World)는 참으로 많은 사건들을 경험했으며, 이 사건들을 둘러싼 수많은 정치·사회적 논쟁을 목격해 왔다. 또한 미국을 혼란으로 이끈 이들 논쟁거리들은 관련된 사건들에 대한 당시 미국인들의 정서와 입장을 고스란히 반영했다. 나아가 정치·사회적 혼란에 대한 미국 시민들의 정서와 입장은 동시대 연극계에 즉각 반영되어 극문학과 무대를 통해서도 표출되고 발견되었다(Lippman 183). 즉, 시민과 함께 연극은 당대 미국 사회를 주시한 또 다른 목격자인 셈이다.

미국을 논쟁의 장으로 이끈 여러 정치·사회 이슈들 중에서도 특히 흑인노예 문제를 둘러싼 인종 혹은 '색깔' 논쟁은 단연 가장 첨예한 의견 대립을 초래한 동인이었다. 색깔 논쟁만큼 '하나의 국가/국민'(a nation)이라는 이념에 대한 미국 시민의 믿음과 열망을 위협한 것도 없었다(Lippman 183). 이러한 맥락에서, 1870년대 미국 서부를 뜨겁게 달군 '반중국인 감정'(Anti-Chinese sentiment)은 화제가 흑인에서 황인으로 바꾸었을 뿐, 남북전쟁 이후 앙금처럼 남아있던 색깔 논쟁의 성격을 그대로 답습한 것이었다. 흑인노예 문제가 미국을 분쟁의 장으로 이끌었듯, '색' 다른 아시아인의 존재 역시 유사한 의견 대립의 원인으로 작용했다. 아울러 미국 연극이 시대의 목격자 역할을 해왔음을 감안할 때, 반중국인 감정 논쟁이 미국 극문학과 무대를 통해서 반영되었으리라는 점 또한 놀라운 일이 아닐 것이다.

아시아인의 미국 이민사에 대한 기록이자 이들 이방인에 대한 미국 사회의 수용 태도에 대한 극적 반영으로서, 『중국인은 물러가라』(*The Chinese Must Go*)는 중요한 문학적·사료적 가치를 지닌다. 이 극은 미국 내 중국인에 대한 반감이 절정에 달한 1877년, 캘리포니아 주 백인 노동자 단체의 지지자인 헨리 그림(Henry Grimm, 1824~1895)이라는 백인 아마추어 작가가 집필한 것이다. 제목에서 보듯 직설적인 어조로 반중국인 감정을 표출하는 이 극은, 당시 백인 노동자들이 조직한 '반중국인 클럽'(anti-coolie club) 집회장에서 최초 공연되었다. 백인 노동자의 반중국인 감정이 최고조에 달한 시기에 이들 유색인을 성토하는 자리에서 공연되었다는 점은 이 극의 출현이 우발적인 것이 아님을 말해준다. 반중국인 감정의 발단이 동일한 경제계급에 속했던 백인 노동자와 아시아 노동자 간의 갈등에서 촉발된 사건이라는 점과 백인 권력층의 정략에 의한 문화적 '타자화' 결과인 점을 감안할 때, 이 극은 당시 미국의 경제·사회·정치 측면 뿐 아니라 문화적 차원으로까지 시각을 확대하여 반중국인 감정이라는 현상의 의미에 접근해야 할 필요성을 제시한다.

이번 장은 『중국인은 물러가라』의 내용을 토대로 중국인의 미국 이민사 과정에서 최초 경제적 이유에서 시작된 반중국인 감정이 문화적 타자화의 전략적 수단으로 발전·변질되는 과정을 추이한다. 아울러 극중 표출되는 중국인에 대한 백인의 편견적 시선과 그 결과 나타나는 중국인의 유형화(stereotyping) 양상을 통해, 본 논문은 반중국인 감정이 억압적 백인 문화지배 현상에서 보편타당한 미국적 헤게모니로 정당화되는 양상을 살피고자 한다.

2. 반중국인 감정의 지형도

중국인의 미국 이민사는 1850년의 캘리포니아 금광개발(Gold Rush)과 함께 시작된다. 많은 노동자들이 서부의 새로운 인력시장으로 투입되었으나, 노동력은 여전히 태부족이었다. 미국 인력회사는 새로운 인력 공급원을 모색하였고 그 결과 중국인 이민자들이 노동력 부족분을 채우는 형태로 미국 노동시장에 침투할 수 있었다. 샌프란시스코 항에 첫 발을 내딛는 순간부터 중국 노동자들은 외국인 신분으로 인한 불이익을 감수해야 했다. 그러나 생계유지가 절실한 현실적 요구였기에 이들은 적은 보수에도 기꺼이 일하려는 적극성을 보였다. 높은 노동생산성은 중국인 노동자들이 내세울 수 있는 무기였다. 이러한 장점을 바탕으로 중국인 노동자는 미국인 노동자에 대해 노동경쟁력 비교우위를 점유했다. 더욱이, 쉼 없이 일하는 믿음직한 일꾼

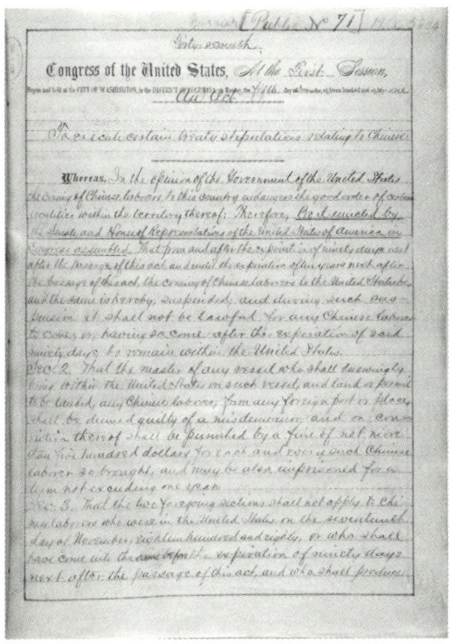
Congress of the United States, At the First Session,

〈그림 7〉 '중국인 입국금지 법안'의 첫 페이지(1882년). 출처 위키피디아

이라는 명성은 이들의 미국 노동시장 침투에 속도를 붙였고, 결국 중국인 노동력은 1860년대 대륙횡단철도(Trans-continental Rail Road) 건설이라는 대규모 국가사업에까지 투입됨으로써 경쟁력 우위를 입증하게 된다.

한편, 1870년대 미국을 강타한 경기침체는 심각한 실업난을 초래했다. 이러한 상황에도 중국인 노동자 수는 증가했고, 이는 일터를 잃어가던 캘리포니아 백인 노동자들의 심기를 건드리기에 충분했다. 이들의 불편한 심기는 '반중국인 감정' 형태로 발전하는 양상을 보였는데, 이러한 조짐은 1877년 샌프란시스코 지역 백인 실업자들이 '캘리포니아 노동당'(Workingmen's Party of California)을 결성하면서 가시화되었다. 이 백인우월주의 단체의 지도자 데니스 커니(Denis Kearney, 1847-1907)가 내건 "중국인은 물러가라"(The Chinese Must Go)라는 슬로건은 아시아 이민자에 대한 반감을 극대화했다. 이로써 중국인 노동자는 급료인하, 일자리 부족 등 백인 노동자가 감당해야 할 불리한 노동조건의 근본적 원인 제공자로 전면에 부각되었다. 백인 노동자의 반중국인 감정에 대한 반응으로, 캘리포니아 전역에 걸쳐 중국인에 대한 각종 규제책이 마련되었으며, 급기야 1882년에는 향후 10년간 중국인 이민자의 입국 중단을 내용으로 하는 '중국인 입국금지 법안'(Chinese Exclusion Act)이 찬성 201표, 반대 37표, 기권 51표로 미 하원을 통과하게 된다(Miller 189). 이 법안은 미국 최초로 인종과 국적을 이유로 외국인 이민을 금지한 사례로서, 이 법안이 발효됨에 따라 여행자, 상인, 교사, 학생, 그리고 미국 출생자를 제외한 여타 중국인의 미국 입국이 금지되었다. 나아가 연방법은 중국인에게 시민권을 부여하는 것을 원천적으로 봉쇄하기에 이른다.

이러한 혼돈의 시기, 캘리포니아 노동당 결성 2년 뒤인 1879년『중국인은 물러가라』라는 제목의 극이 세상에 모습을 드러냈다. 극의 제목은 반중국인 감정의 주동자이자 캘리포니아 노동당 의장인 데니스 커니가 사용한 구호에서 따 온 것으로서, 그는 모든 집회 연설을 "중국인은 물러가라!"라는 구호로 시작했다(McLeod 209). 반중국인 감정이 절정이던 시기에 이 극의 탄생은 당대 미국이 직면한 경제난에 대한 반영이요, 외부인에게 생존권을 침해당한 미국 백인 노동자의 집단 위기의식의 표출로 볼 수 있다.

한편, 반중국인 감정을 전적으로 인종적·경제적 차원에서 이해하는 것은 여전히 문제점을 남긴다. 아이러니인 것은 캘리포니아 노동당 지도자인 데니스 커니가 반중국인 운동의 주동자인 동시에 반자본주의자이기도 했다는 점이다. 그의 연설은 표면적으로 중국인에 대한 직접적인 반감의 표현이긴 하나, 이면에서는 "도둑질을 일삼는 정치인"(thieving politician)과 국민의 "고혈을 빨아먹는 자본가들"(blood-sucking capitalists)에 대한 반감 표출이기도 했던 것이다(McLeod 209). 여기서 한 가지 의문이 생긴다. 어떻게 미국 의회는 자본주의 경제의 제일원칙인 자유경쟁 정신을 희생하면서까지 반(反)자본주의자인 데니스 커니와 타협할 수 있었을까?

중국인 노동자들이 미국 노동시장을 잠식하는 과정은 일견 적자생존 법칙에 따른 자연스런 수순으로 보인다. 고용자의 입장에서 보면, 적은 급료에도 불평 없이 일하는 중국인들이야말로 피고용자로서 최고의 조건을 갖춘 노동 단위였음에 틀림없다. 즉, 중국인 노동자는 백인 노동자에 비해 노동경쟁력 우위를 점유했던 것이다. 이런 의미에서, 미국 의회가 반자본주의자 데니스 커니와 타협하고 그의 요구를 들어준 것은 자본주의 원칙에 반하는 처사로 이해된다. 때문에, 1870년대 샌프란시스코라는 특정 환경에서 발생한 반중국인 감정을 전적으로 경제적·인종적 차별 측면에 국한시켜 해석하는 것은 이 역사적 사건의 의미를 지나치게 단순화시킬 우를 범하기 쉽다. 즉, 이 시기 반중국인 감정이라는 현상의 의미에 더욱 충실히 접근하기 위해서 중국인 이민사에 대한 인종적·경제적 측면 뿐 아니라 정치적·사회적·문화적 환경까지를 포함하는 포괄적이고 다각적인 논의의 틀을 필요로 한다.

헨리 그림의 극 『중국인은 물러가라』는 1870년대 미국 캘리포니아 지역이 직면한 정치·사회·경제·문화 제 분야 상황에 대한 축도로서, 반중국인 감정에 대한 다각적 접근을 위한 맥락(context)을 제공한다. 다각적 논의의 틀 속에서 반중국인 감정과 연관된 다음과 같은 논점들에 한 걸음 가까이 접근할 수 있을 것이다. 어떻게 반중국인 감정이 중국인 이민자를 경제적·정치적 '타자'로 정의하는 수단이 될 수 있었는가? 어떻게 반중국인 감정이 정치권력에 의해 내부의 갈등을 완화하는 수단으로, 나아가 당면한 국내문제에 대한 백인사회의 관심을 이들 중국인 '타자'로 돌림으로써 기득권의 정치적 입지를 강화하는 수단으로 전용되게 되었는가? 어떻게 중국인 노동자의 문화가 백인 지배세력의 편견적 시각에 의해 '타자'로 규정될 수 있었는가?

3. 주변인으로서 중국인

『중국인은 물러가라』는 아 코이(Ah Coy)와 삼 진(Sam Gin)이라 불리는 중국인 노동자들이 접시를 닦으면서 나누는 대화로 시작한다.

> 아 코이: 백인 정말 바보다 해; 많이 먹고, 많이 마시고, 말도 많다 해.
> 삼 진: 백인 돈 많다 해; 우리 사람 돈 없다 해.
> 아 코이: 백인 점점 돈 없다 해. 우리 사람 점점 돈 많다 해. 우리 사람 싼 일 한다 해, 일 많다 해. 백인 비싼 일 원한다 해, 일

없다 해, 안 그래?
샘 진: 맞다, 나 돈 많다 해.
아 코이: 백인은 진짜 바보다 해. 처자식 있다 해. 돈 많이 든다 해. 중국사람 처 없다 해. 자식 없다 해. 돈 안 든다 해. 캘리포니아에 백인 노동자 점점 없어진다 해. 중국인뿐이다 해, 안 그래?

Ah Coy: I tellee you, white man big fools; eaty too muchee, drinkee too muchee, and talkee too muchee.
Sam Gin: White man catchee plenty money; Chinaman catchee little money.
Ah Coy: By and by white man catchee no money; Chinaman catchee heep money; Chinaman workee cheap, plenty work; white man workee dear, no work—sabee?
Sam Gin: Me heep sabee.
Ah Coy: White man damn fools; keep wife and children—cost plenty money; Chinaman no wife, no children, save plenty money. By and by, no more white workingman in California; all Chinaman—Sabee? (99)

첫 장면에서 두 명의 중국인 접시닦이는 백인 노동자에 비해 자신의 노동의 경제적 효용성과 생존능력이 뛰어난 이유에 대해 간단명료한 자체분석을 한다. 이들은 근검절약, 근면성, 저축성을 자신들의 노동경쟁력으로 손꼽는다. 이들에 따르면, 중국인의 미국 노동시장 유입을 진화론에 입각한 적자생존 원칙의 결과다. 피부색만 다를 뿐 중국인의 이러한 특성은 자유경쟁 원칙 하에서 능히 장점으로 받아들여질 수 있는 노동경쟁력인 셈이다. 또한 당시 미국이 처한 노동력 부족 문제를 감안할 때, 이들의 미국 노동시장 유입은 미국 경제에 대한 위협이라기보다는 대체 노동력의 보고라는 점에서 지극히 긍정적인 요소이다.

당시 미국 사회에서 중국인 노동력이 긍정적으로 받아들여졌으리라는 가능성은 아 코이와 삼 진의 고용주인 백인 재봉사 윌리엄 블레인(William Blaine)의 아내 도라 블레인(Dora Blaine)의 진술에서도 분명하게 제시된다. 그녀는 미국인 노동자와 중국인 노동자의 관계를 채소와 잡초의 관계에 빗대어 설명하면서, 미국이라는 "자유의 나라에는 채소뿐 아니라 잡초도 자랄 권리가 있다"(Haven't the weeds as much right to grow there as the vegetables? Isn't this a free country?, 113)고 주장한다. 이어서 그녀는 "중국인들이 백인을 몰아낸다고 해도 그것은 창조주의 뜻이므로 운명으로 받아들여야 한다"(it was the will of the Creator who created them both; and if the Chinaman drive us out, it is His will, and we ought to submit to it, 113)고 결론짓는다. 도라의 진술은 미국 경제체제에서 당연한 부분으로 받아들여지는 한 이들 중국인 이민세력은 최소한 타자는 아니라는 점을 분명히 한다. 1870년대 이전만 해도 중국인 노동자는 백인들이 꺼렸던 다리공사, 도로건설 등 저임금에 위험부담이 큰 소위 '3D'(Difficult, Dirty, Dangerous) 업종에 종사했으며, 이민 초기부터 그들을 옥죈 차별적 규제법은 중국인들이 이러한 직종으로 유입되도록 부추긴 원인을 제공했던 것이다. 이러한 정황에서 본다면, 이민 초기 중국인 노동자의 위치는 미국 경제에 유해한 요소라기보다는 오히려 이로운 요소로 작용했음을 유추할 수 있다(Kung 68). 즉, 중국인 노동자가 고된 직종에 몸담게 된 배경에는 이들에 대한 미국 사회의 기대치가 내재했던 것이다.

이러한 정황은 이들에 대한 미국의 시각이 최소한 부정적이지는 않았으며, 오히려 노동자원 확충이라는 차원에서 미국 경제에 긍정적 요소로 작용했음을 방증한다. 일례로, 중국인 노동자가 미국에 기여한 것 중 가장 두드러진 것으로 대륙횡단철도 서부지역 공사를 들 수 있다. 이 공사는 미국 경제 활성화를 위한 기간시설 확충이라는 의미를 갖는 중요한 국가사업이었다. 동시에, 연방정부 입장에서 볼 때 이 공사는 남북문제에 집중되어 있던 자국민의 관심을 서부로 돌리기 위한 효율적인 정치 전략일 수 있었다. 이러한 효과와 관련하여, 이 사업이 남북전쟁이 한창이던 시기에 계획되어진 점은 시사하는 바가 크다.

남북전쟁은 흑인노예 문제를 둘러싼 북부 산업자본과 남부 농업자본 간의 충돌로 요약된다. 남부의 경우 흑인은 면화재배를 비롯한 원료중심 산업에 필수적인 노동 자원이었던 반면, 기계화에 기초한 산업화를 지향한 북부의 경우는 흑인에 대한 노동의존도가 약했다. 흑인노예제를 고수하려는 남부와는 달리, 북부는 산업화 초기부터 외국인 이민자를 대거 산업현장에 끌어들이고 평등한 시민으로 받아들이려는 이민자 유입정책을 지향했다. 일례로, 1861년 링컨(Abraham Lincoln) 대통령은 "국민의 가슴 속에 요동치는 화합이라는 신비로운 탯줄"(the mystic cords of Union spring from every hearth and heart-string in the nation)이라는 표현으로 외국인 이민자를 동등한 시민으로 통합하려는 북부의 민주적 정신을 역설했다(Woodworth xii). 그러나 북부의 승리로 1865년에 일단락 난 남북전쟁은 남부 자본에 대한 북부 자본의 일방적인 경제적 승리이자 지배였을 뿐, 흑인노예 문제에 대한 남북의 견해차를 근본적으로 해소시키지는 못했다. 결과적으로 남북전쟁 후에도 인종차별 문제를 둘러싼 양측의 갈등과 불화는 여전히 앙금처럼 남았다. 북부는 1865년 '자유민 사무국'(Freemen's Bureau)을 창설해 자유민이 된 흑인의 사회적응을 도모함과 동시에 노예제 폐지를 위해 제 13조 헌법 수정안(the Thirteenth Amendment)을 비준시켰다. 반면, 남부에서는 1866년에 비밀결사 KKK단(Ku Klux Klan)이 결성되는 등 백인우월주의의 부활 조짐이 감지되었다. 잔재하는 남북갈등을 일소해야 할 필요성을 느낀 연방정부에게 있어, 대륙횡단철도 건설은 남북문제에 집중된 미

〈그림 8〉 대륙횡단철도 제1구간 완공기념 사진 (1869년 5월 10일). 출처: 미국 국가기록관리청

국 시민의 관심을 새롭게 개척되고 있는 서부로 돌림으로써 국내의 불안요소를 무마시키는 차원에서 시기적절한 처방전일 수 있었다. 실제로 연방정부는 남북전쟁이 한창이던 1862년 태평양 철도법안(Pacific Railroad Act)을 통과시키고 철도공사의 비용을 지원했으며, 남북전쟁 종결 4년 후인 1869년에 드디어 첫 번째 구간의 완공을 보게 된다.

대륙횡단철도 서부지역 첫 번째 구간의 완공으로, 서부에 관한 기사거리가 남북문제라는 화제를 대신하여 동부 시민의 귀와 입을 자극했고, 신문 및 각종 대중매체를 통해 전달되는 기사들은 서부에 대한 대중의 관심과 흥미를 더욱 부추겼다. 미국인에게 서부란 어떤 존재인가? 빨간 피부, 원시적 언어, 미개한 문화를 지닌 인디언이 사는 미지의 세계. 동부인의 의식 속에 서부는 개화시키고 문명을 '주어야' 할 장소였을 것이다. 이러한 자족적 선민의식은 서부의 인디언 원주민에 비해 짧은 정착의 역사를 지닌 백인들로 하여금 일종의 역사의식을 갖게 하는 효과를 창출했던 것이다. 아울러, 이러한 선민의식과 역사의식은 서부 인디언의 주권을 강탈하고 궁극적으로 서부에 대한 백인 주권의 정당성을 입증하기 위한 좋은 구실을 제공하는 부가효과까지 양산하게 된다. 또한 자유민이 된 흑인들을 대거 철도건설 현장에 끌어들이고 이들로 하여금 이미 타자로 규정되어버린 인디언들과의 차별성을 자연스럽게 인지시킴으로써, 이 철도공사는 남북갈등의 잔재인 흑인문제에 대한 잠재적 해결책 역할도 하였던 것이다. 즉, 흑인들에게 인종적으로 백인은 아니지만 적어도 문화적 차원에서는 백인일 수 있다는 의사-정체성(pseudo-identity)을 부여함으로써, 앙금처럼 남아있는 지역적·인종적 갈등을 해소하는 것이다. 이러한 점에서, 대륙횡단철도 서부노선의 완공은 지역적·인종적 갈등을 초월하는 '이데올로기적 국민통합'(ideological national unity)의 의미와 상징성을 지녔던 것이다(Floyd 37).

흑인들과 달리 중국인 노동자는 문화적으로 '백인'이 될 수 없었다. 정부가 철도건설 사업을 정략적으로 이용하려 한 목적이 남북전쟁 이후 흑인노예 문제 해결에 있었음을 감안할 때, 중국인 노동자는 애초부터 정부의 관심 밖에 있었다. 다른 한편, 중국인 노동자는 타자이지도 않았다. 비록 인디언 원주민과 '몽골계'라는 생물학적·인종적 유사성을 공유하긴 하나, 미국의 당면 문제인 노동력 부족을 해결할 대안으로 흑인들과 함께 국가사업에 투입되고 경제권 안으로 흡수됨으로써 타자로 인식될 위험에서 벗어났던 것이다. 요약하면, 1870년대 이전의 중국인 노동자는 백인중심 문화지배 구조의 주변부에 위치하긴 하였으나 최소한 타자로 분류되지는 않았다. 타자로 분류되지 않는 한, 중국인 노동자들은 미국의 지배 이데올로기에 결코 위협적인 요소가 되지 않았다. 오히려 그들은 미국 경제가 필요로 한 대체 노동자원이라는 일견 긍정적 요소로 작용했다.

4. 경제적·정치적 타자로서 중국인

1870년대에 들어 미국의 경제침체 위기는 백인 노동자의 심각한 실

〈그림 9〉 변발에 흉기를 든 중국인을 묘사한 삽화 "황색 테러"(The Yellow Terror, 1989년). 출처: 위키피디아

업난으로 이어졌다. 반대로 중국인 노동자의 양적 팽창과 그로 인한 노동시장 잠식은 캘리포니아 백인 노동자에게 분노의 불씨를 당겼다. 결과적으로 중국인들은 백인 경제권 내에서 증오의 대상의 되었고, 이러한 증오감은 앞서 언급했듯이 백인 실업자 단체인 캘리포니아 노동당의 결성으로 절정에 달한 반중국인 감정으로 발전했다. 이 백인우월주의 단체는 아시아 이민자에 대항한 전면적 투쟁을 벌였으며, 이에 대한 응답으로 연방의회는 1882년 '중국인 입국금지 법안'을 통과시킴으로써 백인들의 요구를 받아들였다. 일련의 정황으로 보아, 이 법안의 발효는 중국인 노동자들이 미국 경제에 끼칠 해악성에 대한 최초의 공식적 인정인 셈이다.

미국 경제에 긍정적인 요소로 여겨졌던 중국인 노동력이 해악적인 요소로 평가절하 된 데에는 중국인 이민자의 신분 변화와 무관하지 않다. 이민 초기 중국인들은 계약직 노동자로, 미국에 일시적 체류하며 돈을 번 후 본국으로 귀환할 계획을 갖고 있었다. 그러나 이들의 미국 정착은 점차 영구화 조짐을 보이기 시작했다. 이들은 처음부터 다른 집단과 고립된 자치공동체를 형성했고 이 공동체들이 하나둘 모이면서 '차이나타운'(China Town)이라 불리는 대규모 중국인 공동체로 발전하게 된다. 이곳에서 중국인 이민세력은 절, 극장, 신문사, 조합 등 주요한 종교·문화·언론·경제 기반시설을 갖추고 그들만의 고유한 삶의 터전을 형성하게 된다(Sandmeyer 24). 정착의 영구화와 함께 그들의 직업군도 다양해졌다. 이러한 경향은 대륙횡단철도 서부구간이 완공된 1869년 무렵 한 기록자가 묘사한 중국인 이민자의 직종에서도 가늠해볼 수 있다.

> 모직 공장, 방직 공장, 철도 건설, 고속도로·항만 건설, 가구 제작, 농장, 목장, 호프 재배, 소규모 과수원, 식당, 벌목, 철거, 감자 심기, 제염, 양조, 담배와 궐련 제조, 슬리퍼, 판탈롱바지, 조끼, 셔츠, 속옷, 덧옷, 신발 제작, 함석 판매, 구두닦이, 낚시, 원예, 양계와 양돈, 행상, 캐비닛 제작, 목공, 채찍과 마구 제작, 벽돌 제작, 세탁, 가정부, 석탄 하역, 갑판 청소, 객실 사환, 선원, 채광, 포도 따기.

> Woolen factories, knitting mills, railroad building, highway and wharf construction, borax, farms, dairies, hop plantations, small fruit farms, kitchen, wood cutting, land clearing, potato digging, salt works, liquor manufacturing, cigar and cigarette making, the manufacture of slippers, pantaloons, vests, shirts, drawers, overalls, and shoes, tin shops, shoe blacking, fishing, gardening, poultry and pig raising, peddling, cabinet making, carving, whip and harness making, brick making, washermen, house servants, coal heavers, deck hands, cabin servants, sailors, mining, vineyard laborers. (Sandmeyer 20-21)

중국인 이민자의 직종 다양화 추세는 1870년 후반에 이르러 무역업 등 독자적 창업으로까지 발전했다. 캘리포니아 노동당이 결성된 1877년 당시 18,000여 명의 중국인이 샌프란시스코 지역 공장에 고용되어 있었으며, 2년 뒤인 1879년에는 샌프란시스코 면허국에서 총 1,327개의의 무역업 면허를 중국인 무역업자들에게 교부한 것으로 기록된다

(Sandmeyer 21-22). 이 통계치는 당시 중국인 노동자가 백인 고용주에 예속된 단순노무자 신분에서 점차 벗어나고 있음을 보여준다. 경제활동의 다양화와 백인 경제권으로부터의 독립이라는 변화는 중국인 이민자의 미국 정착화와 독자적 영역 확대를 의미하는 것으로, 이는 백인 활동 영역의 축소와 직결된다. 실제로 토지 소유에 특히 집착했던 중국인 이민세력은 벌어들인 돈을 집과 사유지 구입에 충당하는 경향을 보였으며, 1870년대 들어서는 침식을 스스로 해결할 수 있는 자립 노동 단위로 거듭나게 된다.

백인의 경제권과 토지를 침해하는 중국인 이민자에 대한 두려움은 『중국인은 물러가라』에 등장하는 백인 재봉사 윌리엄이 표출하는 위기의식에서 뚜렷이 드러난다. 그는 자신이 고용한 중국인들이 백인의 경제영역을 침식하는 상황과 과정을 다음과 같이 묘사한다.

> 옥수수는 비옥한 토양을 만났지. 그리고는 무럭무럭 자랐지 ... 이후 다른 쪽에서 또 다른 바람이 불어오더니 옥수수 밭 주위에 잡초 씨를 흩뿌렸던 거야. 잡초들은 순식간에 퍼져나갔고 결국 옥수수는 사라지고 말았던 거야.
>
> The corn found a fertile soil; it prospered ... Afterwards, another wind came from a different direction and blew the seeds of the weeds around the corn. The weeds increased very fast, and the corn disappeared. (113)

윌리엄은 옥수수와 잡초의 은유적 대비를 통해 '자아' 대 '타자'의 대립구도를 가시화하는 동시에, 이 대결구도를 우의적인 이야기 틀 내부로 편입시킴으로써 은유적 의미를 신화화한다. 결과적으로 윌리엄은 신화적 구도에 기초하여 미국의 역사는 중국인 이민자에 의한 침탈의 역사라고 하는 가설을 수립한다. 이어서 그는 다음과 같은 삼단논법을 통해 자신의 가설에 논리적 정당성을 부여한다.

> 나에겐 위가 있어. 난 잡초를 먹고 살 수는 없지. 때문에 그들[중국인들]은 물러가야 해.
>
> I have a stomach; on weeds I cannot live; therefore, they[the Chinese] must go. (113)

윌리엄의 진술은 당시 백인 노동자 사이에 널리 퍼져있던 반중국인 감정을 정당화한다. 미국의 역사를 중국인 이민자에 의한 침탈의 역사와 동일시하는 윌리엄의 역사관은, 외견상 극의 첫 장면에서 아 코이와 삼 진에 의해 제시된 시각–중국인의 미국 노동시장 잠식을 적자생존 원칙에 따른 자연발생적 결과로 보는–과 대조를 띤다. 그러나 첫 장면에 사실은 두 개의 목소리가 존재한다. 외형적으로 이 장면은 두 명의 중국인 접시닦이들의 목소리를 내고 있다. 이들의 목소리를 통해서 노동경쟁력과 생존능력의 우월성을 분석하고 있는 것이다. 한편, 이 장면에서 독자는 또 다른 목소리를 듣게 된다. 그것은 백인 경제권이 황색 노동자에 의해 장악되는 사태에 대해 우려의 정서를 전달하는 백인 작가 자신의 목소리다.

사실 이 극은 '반 쿨리 클럽'(anti-Coolie club) 모임에서 공연할 목적으로 집필되었다(Williams 115). 이 극이 백인 노동자들과 공유할 목적으로 백인 작가에 의해 집필되었다는 사실을 감안할 때, 극 초반에 소개되고 있는 중국인 노동자들은 처음부터 백인 주체의 편견적 시각에 의해 객체화될 운명에 놓인 왜곡의 대상에 불과한 것이다. 이 장면에서 제시되는 중국인들의 대화 내용과 모습은 이들이 미국 경제에 가하는 해악성의 실체이며, 나아가 백인 노동자를 주변부로 몰아감으로써 자신을 중심에 위치시키려는 그들의 전복적 태도에 대한 우려의 표출이다. 이처럼, 외면에 드러난 중국인들의 목소리 이면에는 이들을 위험 요소로 규정하는 백인 작가의 목소리가 중심에 자리한다. 극의 초입부터 마지막에 이르기까지 작가와 그의 분신 윌리엄은 시종일관 반중국인 감정을 옹호하며 한 목소리를 내는 것이다.

경제적 기반뿐만 아니라 일상생활까지 위협하는 중국인 세력에 직면하여, 백인 지배세력은 과거 인디언 원주민을 대상으로 행했던 것처럼 이번에는 중국인을 타자로 규정할 필요성을 절감한다. 그 결과 인디언 원주민을 대신해 이제 중국인 이민자가 퇴출 대상으로 내몰린다. 그러나 타자로 분류될 위기에 처한 중국인 이민자의 입장은 과거 인디언들과는 사뭇 다른 면모를 띤다. 인디언의 경우 영역과 주권을 빼앗기는 형편이었다. 때문에 '빼앗는' 입장인 백인 서부개척자들에게 인디언과의 싸움은 잃을 것이 없는 싸움이었다. 반대로 중국인 이민자와의 싸움에 직면하여 백인들은 공수의 전환을 맞게 된다. 이제 백인은 인디언 원주민으로부터 빼앗은 영토를 중국인으로부터 '지켜내는' 입장이 된다. 중국인에게는 잃을 것 없는 싸움이지만, 백인에겐 잘해봤자 본전인 얻을 것 없는 싸움인 셈이다. 상실감이라는 의미에서 윌리엄이 중국인 이민 세력에 대해 느꼈을 위기감은 그만큼 절박한 것이다.

한편, 윌리엄의 진술은 계급의식을 반영하기도 한다. 이와 관련하여, 앞서 그의 진술에 등장하는 '바람'(wind)이라는 단어는 중요한 은유적 함의를 갖는다. 그에 따르면 잡초가 퍼져나가는 것도 심각한 일이지만 잡초의 씨를 퍼뜨리는 바람은 더욱 위험한 문제로 부각된다. 바람은 중국인 이민자의 미국 입국을 묵인하거나 장려하는 세력을 상징한다. 극중 스니커 신부(Reverend Howard Sneaker)가 바람과 같은 인물이다. 그는 중국인의 미국 이민을 장려할 것을, 나아가 그들과 신의 은총을 함께 할 것을 설교한다. 이후 등장하는 경찰 역시 또 다른 바람 세력으로, 그는 중국인 노동자에게 폭행을 가한 혐의로 윌리엄의 아들 프랭크 블레인(Frank Blaine)를 체포하려 든다. 두 인물은 각각 미국 사회의 지식층과 권력층을 대변한다. 윌리엄과 프랭크의 눈에 이들 중산층·고위층 세력들은 언제나 중국 노동자의 손을 들어주는 것으로 비춰진다. 이들을 향한 백인 부자의 경멸과 조롱은 당시 캘리포니아 노동당에 의해 표출되었던 백인 노동계급(blue-color white working class)의 정서를 반영한다.

〈그림 10〉 '중국인 입국금지 법안' 입법화를 이끈 캘리포니아노동당 창설자 데니스 커니. 출처: 위키피디아

캘리포니아 노동당을 비롯한 반자본주의 노조의 결성은 1870년대 백인 노동계급의 정서가 좌익성향을 띠고 있었음을 말해준다. 백인 노동계급의 이 같은 성향은 자본주의의 보루인 미국의 질서를 침해하는 요소일 수 있으며, 따라서 미국 정부와 정치계는 이러한 내적 문제에 대한 해결책을 시급히 강구할 필요성을 느꼈을 것이다. 19세기 후반은 미국 정치사를 통해 가장 치열한 시기였다. 이 시기는 민주당(Democratic Party)과 공화당(Republican Party)이 정치를 양분하던 때였으며, 또한 정당이라는 새로운 정치구조를 통해서 의미 있는 정책이 창출될 것이라는 미국인의 기대가 한껏 부풀었던 시기이기도 했다(Berkin 602). 이러한 환경 속에서 두 정당은 시민의 지지를 얻기 위해 치열한 공방전을 펼쳤다. 특히 1870년대 후반 캘리포니아 투표권자의 대다수가 백인 노동자 계층이었다는 사실을 두 정당은 간과할 수 없었다. 같은 시기 백인 노동자의 정서를 대변하는 커니이즘(Kerneyism)과 캘리포니아 노동당의 등장은 표심의 향방을 결정하는 최대 변수로

작용했으며, 결과적으로 민주당과 공화당 정치인들은 이구동성으로 자신이 반중국인 감정의 첨병이라는 인상을 백인 노동자에게 심어주고자 혈안이 되어 있었다(Kung 68). 이와는 반대로, 투표권이 없는 중국인 이민자들은 자연 정치인들에게 외면당할 수밖에 없었고 백인 노동자의 표심을 의식한 정치계에 의해 숙청되어야 했던 것이다.

1870년 미국 시민권자를 백인과 흑인으로 한정하는 시민권법안(Naturalization Act)이 연방의회를 통과한 것은 상기한 중국인 이민자의 신분변화를 반영하는 대표적 증거다. 1795년 처음 선보인 이 법안은 입법 당시 미국 시민권자를 미국에서 5년 이상 거주한 백인으로 한정했다. 1870년 수정법안은 흑인을 시민권자에 포함시켰다는 점에서 남북전쟁 이후 앙등한 인종차별철폐 요구를 십분 반영한 것으로 평가받는다. 그러나 이 수정법안은 아시아 이민자를 여전히 시민권자 자격에서 제외시킴으로써 이들이 미국 사회에서 합법적 권리를 행사할 수 있는 길을 원천봉쇄했다.

백인 노동계급의 반자본주의 정서와 지배계층에 대한 반발심을 희석시킴으로써 중산층·고위층의 기득권과 입지를 강화하는 방편으로서 반중국인 감정은 미국 정부에게 더 없이 유용한 수단이었다. 때문에 소수 지배층 중심의 사회질서 유지라는 차원에서 중국인 이민자의 타자화는 일석이조의 정치적 기대효과를 내포했던 셈이다. 이제 중국인의 타자성은 경제적 차원에서 정치적 차원으로 확장되며, 경제적·정치적 타자성이라는 씨실과 날실에 의해서 중국인 이민자는 문화적 타자성이라는 또 다른 차원의 피륙으로 직조될 운명에 처했다.

5. 문화적 타자로서 중국인

19세기 후반 반중국인 감정의 앙등과 함께, 이 시기 중국인 공동체의 실태에 대한 정보가 신문과 잡지의 기사, 사진, 삽화, 문서기록 등을 통해 일반 백인 대중에게 소상히 소개되기 시작했다. 인쇄매체를 통해 소개된 자료는 대부분 중국인의 외모와 행동에 대한 신랄한 풍자와 경멸적 묘사 일색이었는데, 중국인에 대한 노골적인 왜곡은 한때 미국 경제에 긍정적 요소로 여겨졌던 중국인 이민자의 정체성이 점차 미국 문화에 해악적 요소로 격하되어가던 당시의 상황을 반영한다.

일례로, 1883년 『하퍼스 위클리』(*Harper's Weekly*)는 "중국인에 의해 침해받은 또 하나의 미국 산업"(Another Field of American Industry Invaded by the Chinese)이라는 제목의 삽화를 실었다. 이 삽화는 세탁소에 고용된 변발에 전통복장 차림의 한 중국인 노무자를 소개하는데, 그는 다리미 대신 야구방망이를 휘두르며 "세탁은 그만! 야구한다 해! 매진이다 해, 우리는 똑같이 미국인이다 해"(No more Washee! Playee Base-ballee! Selle out Game, allee same Melican man)라 말한다. 1889년 7월 13일자 『와스프』(*The Wasp*)는 "천사 얼굴의 이교도"(The Angelic Heathen)라는 제목의 삽화 한 컷을 게재했다. 이 삽화는 변발과 전통복장 차림의 중국인 두 명을 나란히 세워놓고 있다. 왼편의 중국인은 양손에 칼과 도끼를 들고 협박하듯 독자를 노려보고 있다. 오른편의 중국인은 별다른 행동 없이 졸린 듯 무표정한 얼굴로 독자를 응시한다. 오른편 중국인의 손은 긴 옷소매에 가려 보이지 않는다. 대조적 태도의 두 중국인을 병치시킴으로써 이 삽화가 노리고 있는 효과는 명백하다. 두 명의 중국인은 본시 한 사람의 두 가지 다른 모습이며, 이러한 점은 중국인 이민자의 정체성에 내재한 이중적 성격–무표정한 얼굴 이면에 숨겨진 공격성, 긴 옷소매에 감추어진 도끼와 칼, 지킬 박사의 온화함에 내재한 하

〈그림 11〉 삽화 "천사 얼굴의 이교도" (1889년 7월 13일 『와스프』). 출처: 캘리포니아주립대학교 도서관

〈그림 12〉 아놀드 겐테 사진 "북경 쌍칼잡이" (1898년 샌프란시스코). 출처: 위키피디아

이드의 잔인성–이라는 것이다. 마지막으로 "이 그림과 저 그림을 차례로 보시오"(Look on this picture and then on that)라는 부제를 넣음으로써 이 삽화는 중국인의 이중적 본성이 백인사회에 미칠 위험성에 대한 경고의 메시지를 '백인 앵글로색슨계 신교도'(WASP: White Anglo-Saxon Protestant) 독자에게 전달한다.[1)]

위의 삽화와 관련된 흥미로운 사실은, 왼편 중국인의 공격적인 태도에 대한 묘사가 백인의 편견적 시각에 의해 왜곡된 것임을 입증할 증거가 존재한다는 것이다. 『겐테의 샌프란시스코 옛 차이나타운 사진』(*Genthe's Photographs of San Francisco's Old Chinatown*)이라는 제목의 책이 그것이다. 아놀드 겐테(Arnold Genthe, 1869-1942)의 사진 작품에 사회역사학자인 존 쿠오 웨이 첸(John Kuo Wei Tchen)의 설명을 곁들어 엮어낸 것으로 1895년부터 1906년까지 샌프란시스코 차이나타운에 거주하는 중국인의 일상을 담고 있는 이 사진집에는 "북경 쌍칼잡이"(The Pekin Two Knife Man)라는 제목의 사진이 수록되어 있다. 사진에

소개된 중국인 칼잡이는 『와스프』에 실린 삽화의 주인공과 동일한

자세를 취하고 있다. 하지만, 사진 속 중국인 칼잡이의 진지한 표정과 포즈는 보는 이를 위협하기 위한 것이라기보다 직업무예인으로 자신의 칼춤 기술을 백인 사진사 앞에서 과시해 보이려는 의도로 보인다. 즉, 사진에 드러난 중국인 칼잡이의 시선과 포즈는 전적으로 관객의 시선을 의식한 공연의 일환인 것이다. 이를 증명하듯, 작가는 "무예기술로 유명한 성치랑의 초상"(a portrait of Sung Chi Lang, well-known for his martial-art skills)이라는 부연설명을 사진에 덧붙이고 있다(Tchen 29).

『와스프』가 묘사한 중국인 칼잡이의 위협적인 인상은 기실 왜곡된 이미지였던 것이다. 아울러 당시 신문과 잡지 등 정기간행물의 보급 상황을 감안할 때 중국인에 대한 왜곡된 인상이 일반 백인 독자대중 사이에 보편적으로 받아들여졌으리라는 추측이 가능하다. 요약하자면, 정기간행물 등 대중인쇄매체는 중국인에 대한 왜곡된 이미지를 백인 독자층에게 유포함으로써 중국인 이민자의 문화적 타자성을 규정하고 보급하는 한편, 반중국인 감정을 중국인의 해악성에 의한 자연스런 결과로 도출해 내고 또 이러한 과정을 정당화함으로써 백인 지배계층의 시각을 문화적으로 합리화하는데 지대한 역할을 담당했던 것이다.

중국인에 대한 문화적 타자성의 규정이라는 측면에서, 『중국인은 물러가라』의 첫 장면은 다시금 재고의 여지를 남긴다. 앞서 이 장면이 두 개의 목소리를 제시하고 있음을 언급한 바 있다. 중국인의 백인 노동시장 침투를 적자생존 원칙에 따른 자연발생적 진화 과정으로 보는 중국인 접시닦이의 목소리가 그 하나고, 미국의 역사를 중국 노동자에 의한 침탈의 역사로 보고자 하는 작가와 백인 고용주 윌리엄의 목소리가 나머지 하나다. 겉으로 보기에, 이 극은 두 목소리들 간의 치열한 줄다리기를 제시하는 듯하다. 그러나 이러한 대결구도가 결국 백인의 승리로 끝날 운명에 처해 있음을 암시하는 장치가 숨겨져 있다. 그것은 바로 두 중국인 중 한 명인 아 코이가 대화를 하는 도중 연신 아편을 태우고 있다는 사실이다.

아편은 미국적 문화에서 어떤 의미를 갖는가? 이후 밝혀질 것이지만, 윌리엄의 딸 리지 블레인(Lizzie Blaine)은 상습적으로 아 코이의 "역겨운 중국인 담배 파이프"(nasty Chinaman's pipe, 100)를 빌려 태운다. 가장 윌리엄의 입장에서 볼 때, 이는 중국인의 해악성이 이미 자기 가족의 정신마저 병들게 하고 있다는 징후에 다름 아니다. 윌리엄은 가정에서 일어나는 모든 비극들–아편에 중독되어버린 병약한 딸, 직업 없이 빈둥거리는 아들, 집안일을 돌보지 않는 아내–의 근원으로 중국인 노동자를 지목한다. 윌리엄이 보기에 아편은 중국인 이민 세력이 미국의 전통적인 가정관에 미친 충격에 대한 상징이다(Moy 43). 미국의 전통적 가정관에 손상을 초래하는 한 중국인 이민세력의 경제적 팽창은 어떠한 이유로도 용납될 수 없는 것이며, 결과적으로 자본주의 체제 하에서 긍정적 측면으로 이해되어 왔던 중국인 이민자의 노동경쟁력은 이제 도덕성을 의심받기에 이른다. 이 시점에서 중국인 이민자는 백인중심의 미국 문화가 수용할 수 없는 세력으로 재정의되며 이러한 의미에서 중국인 이민자는 문화적 타자로 분류된다. 결국 극의 첫 장면은 중국인 노동자의 문화적 타자성에 대한 선언에 해당하며, 이후 전개되는 장면들은 중국인 노동자의 문화적 타자성이 어떻게 유형화되고 또 합리화되는지에 대한 구체적 사례가 된다.

『중국인은 물러가라』에서 보이는 중국인들의 종교적 전통에 대한 공격은 이들의 문화적 타자성을 유형화하고 정당화하기 위한 구체적 전략 중 하나다. 극중 슬림 청크 핀(Slim Chunk Pin)의 권유에 따라 세탁소를 개업하게 된 삼 진은 개업식 고사를 치른 후 일을 맡아 준 대가로 승려 만다린(Mandarin)에게 육 달러의 복채를 빚진다. 한국이나 일본을 비롯한 동아시아권 대부분의 지역에서 개업식에서 사업의 번창을 기원하는 의식을 행하는 것은 종교적·문화적 의미를 아우르는 보편적 행사이며, 이러한 의식을 도맡아주는 사람에게 복채를 쥐어주는 것 역시 사회적 관례다. 그러나 작가인 헨리 그림은 이와 같은 중국의 풍습을 돈벌이 사업과 연결시킴으로써 중국인 승려를 배금주의자로 유형화하는 전략을 구사한다. 또한 작가는 돈벌이에 혈안이 되어 있는 중국인의 모습을 통해 가족이라는 인간적 가치에 큰 의미를 부여하는 윌리엄의 상반된 태도를, 그리고 금권에 예속되어 있는 중국인의 노예성을 통해 백인의 독립성을 유형화시키며 최종적으로는 후자를 옹호하는 것으로 결론짓는다(Williams 118).

이와 관련하여, 이 극의 집필 시점과 유사한 시기인 1873년 『하퍼스 위클리』에 「기원문 태우기: 중국인의 미신」("Burning the Prayers: Chinese Superstitions")이라는 제목으로 실린 중국의 종교의식에 대한 기사는 중국의 종교적 가치를 배금주의적 관행과 노예성으로 유형화하려는 헨리 그림과 동일한 전략을 수행한다.

> 또 다른 방법은 ... 절에서 기원문을 태우는 것이다. 이미 만들어진 기원문 판매는 이문이 남는 사업이다. 이 기원문들은 가느다란 종이쪽지에 적혀 있으며, 기원자의 참여 여부는 오직 주머니 사정에 달려 있다.
>
> Another method is that of burning prayers ... in a temple. The vending of ready-made prayers is a profitable business. They are printed on slips of paper, and a man's devotion is limited only by the resources of his pocket. (746)

이 기사는 중국의 종교적 행사인 '기원문 태우기'를 소개하면서 기원문 판매를 이윤이 남는 사업으로 평가하는 한편, 기도자의 신앙심이 독실한지 여부가 당사자의 주머니 사정에 달려있다는 식의 논평으로 마감한다. 중국인의 종교적 가치를 배금주의적 노예근성으로 격하한다는 점에서 이 기사는 작가 헨리 그림과 동일한 시각을 공유한다.

『중국인은 물러가라』에서 제시되는 중국인의 문화적 타자성을 유형화하고 합리화하기 위한 또 하나의 전략으로 작가는 중국 여성의 성 정체성까지도 공략한다. 슬림 청크 핀은 삼 진에게 개업할 세탁소의 발전을 위해 중국 소녀들을 가게에 들여놓으라고 권유하면서, 이들이 백인 고객 유치에 크게 일조할 것임을 이유로 든다. 즉, 중국 여성의 미국 입성에는 이들이 백인 남성의 시선을 즐겁게 해주어야 한다는 조건이 전제되고 있으며, 이런 점은 미국 사회에서 중국 여성의 성 정체성이 필연적으로 백인 남성의 시선에 의해 객체화될 운명에 처해 있음을 피력한다. 이후 슬림 청크 핀의 부연설명을 통해 폭로될 사실이지만, 정작 매매계약서 내용은 상기한 백인 남성 주체의 기대에 완전히 어긋나는 것으로 드러난다. 계약서 내용에 따르면, 중국 소녀들은 남장을 하고 배에 선적될 예정인 것이다. 여기서 슬림 청크 핀은 중국 소녀의 여성성을 없애는 두 가지 방법을 제시한다. 첫 번째는 중국 여성을 남성으로 변장시킴으로써 이들의 성을 중성화시키는 것이고(Moy 45), 두 번째는 중국 여성을 구매 가능한 상품으로 물질화시키는 것이다(Williams 117). 어떤 식으로든 이러한 방법들은 중국인의 정체성에서 여성성을 의도적으로 배제하려는 시도로서, 『중국인은 물러가라』를 통해 작가는 슬림 청크 핀의 시도를 서구중심 성역할 구조에 대한 거부로 규정하는 것이다. 즉, 작가는 중국 여성의 여성성을 없애려는 슬림 청크 핀의 시도를 서구에 남성의 역할을 허용하는 한편 동양을 여성화함으로써 서구와 동양의 문화를 남녀의 종속적 성역할 구도 속에 편입시키는 오리엔탈리즘(Orientalism)적 발상에 대한 일종의 전복으로 규정한다.[2)]

결론적으로, 중국 여성의 여성성이 소멸되는 과정을 통해 헨리 그림은 백인의 지배문화가 기대하는 여성의 성역할을 충실히 이행하지 않으려는 중국인 이민자의 전복적 태도를 그려내는 것이다. 나아가 중국인들의 이러한 태도를 백인 지배문화가 구획하여 놓은 이데올로기 구조 속으로의 편입에 대한 거부로 의미를 확장함으로써, 작가는 어느 곳에도 속할 수 없는 중국인 이민자의 문화적 타자성을 정당화하는 것이다.

6. 나가며

1870년대 캘리포니아에 앙등한 반중국인 감정은 인종적·경제적·정치적 편견과 갈등이 얽힌 당대의 사회적 맥락 속에서 이해되어야 한다. 이러한 이해의 틀은 안토니오 그람시(Antonio Gramsci)가 주창한 '헤게모니'(Hegemony) 개념 차원에서 반중국인 감정에 접근해야 할 필요성을 요구한다. '문화적 헤게모니' 개념을 통해서 그람시는 어느 사회에나 충돌하는 가치들이 권력 쟁취를 위해 끊임없이 협상하고 있으며, 이 과정에서 지배세력은 자신의 권력을 정당화하기 위해 타자에 대한 통제를 온당하고 공정한 것으로 정의하며 나아가 이러한 결정을 사회 전체의 이익을 위한 것으로 합리화하는 경향을 보인다고 말한다. 결국 헤게모니 개념은 지배권력의 이데올로기를 강화하고 나아가 그 이데올로기에 대한 사회적 동의를 이끌어냄으로써 타자에 대한 지배를 합법화하고 영구화하려는 과정으로 풀이된다(Carson 524). 이런 의미에서, 반중국인 감정은 미국의 백인 지배문화가 왜곡하여 창출한 중국인 이민자의 타자성이 문화적 헤게모니로 구축된 사례로 볼 수 있다.

격동의 시기인 1870년대 세상에 모습을 드러낸 『중국인은 물러가라』는 백인에 의한 아시아 이주민에 대한 문화지배 현상과 상황을 반영하는 텍스트로서 연구 가치가 있다. 이 극은 초기 중국인 이민자의 긍정적 평판이 인종적·경제적·정치적·문화적으로 타자화되고, 이들의 타자성이 보편타당한 가치로 직조되는 과정을 보여준다. 이 극은 당시 반중국인 감정을 중심으로 앙등한 백인 문화지배 현상에 대한 축도라 할 수 있다. 또한 이 극에 대한 이해는 정치·경제·문화를 아우르는 당대 사회 전반에 대한 다층적 관찰을 요한다. 극작품이 비단 문학비평의 대상일 뿐만 아니라 사회를 조망하고 이해하는 매개가 될 수 있다는 가능성을 타진케 하다는 점에서 『중국인은 물러가라』는 더욱 가치를 발한다.

미주

1) 샌프란시스코에서 발간된 『와스프』와 뉴욕에서 발간된 『하퍼스 위클리』는 이 시기의 정치적, 경제적, 사회적 사건들에 대한 논평을 제공했던 대표적인 정기간행물이었다. 특히 『와스프』는 잡지의 제목(Wasp: White Anglo-Saxon Protestant)에서도 짐작할 수 있듯 이 당시 미국의 제 분야에 영향력을 행사하고 있던 특권 계급인 앵글로색슨계 백인 신교도를 주 독자층으로 삼음으로써 '몽골계 황인 이교도'인 중국인 이민자에 대한 왜곡된 시각을 이들 독자층에게 유포하였다.

2) 백인, 남성, 서구 중심의 시각에 기초한 오리엔탈리즘을 전복하려는 시도를 보여주는 대표적 작품으로 데이비드 헨리 황(David Henry Hwang)의 『엠. 버터플라이』(*M. Butterfly*)를 들 수 있다. 이 작품에 등장하는 백인 남성 갈리마르(Gallimard)는 오리엔탈리즘에 대한 환상에 사로잡힌 나머지, 자신의 중국인 연인 송(Song)이 여자라고 믿고 있다. 갈리마르의 이러한 믿음은 백인/황인, 남성/여성, 서구/동양이라고 하는 이분법적 종속관계 체계에 따라 서양 세계에 남성성을 허용하는 반면 동양 세계에 여성성을 부여하고자 하는 서구의 제국주의적 발상에 기초한다. 하지만 갈리마르의 환상은 그의 연인 송이 실상은 남성이라고 하는 현실인식과 함께 순식간에 무너지고 만다. 송의 성 전환 과정과 관련하여, 이 작품은 한 마디로 성 정치학(gender politics)에 관한 논평으로서, 어떻게 성(gender)이 사회, 문화적 맥락 속에서 그 의미가 축조되는지 그리고 권력의 획득과 유지를 위해 성적 매력(sexuality)이 어떻게 이용되는가를 보여주고 있다. 서구의 백인 남성인 갈리마드는 동양의 황인 여성을 통제하고 정복할 수 있으리라는 믿음에서 송에 대해 권력을 행사하고 있다는 환상에 빠져 있다. 그러나 마지막 장면에서 바닥에 쓰러진 갈리마르를 내려다보며 담배를 물고 있는 송의 모습이 암시하듯, 정작 권력의 핵심에 있었던 것은 갈리마르가 아니라 송이었음을 이 작품은 밝히고 있다.

인용 문헌

· Berkin, Carol, et al. *Making America: A History of the United States.* Boston: Houghton Mifflin, 1999.

· Carson, Marvin. *Theories of the Theatre: A Historical and Critical Survey, from the Greeks to the Present.* Ithaca: Cornell UP, 1993.

· Cheung, Floyd Doon. *"Kingdom of Manly Style": Performing Chinese American Masculinity, 1865–1941.* Ann Arbor: UMI, 1999.

· Grimm, Henry. *"The Chinese Must Go": A Farce in Four Acts.* San Francisco: A. L. Bancroft, 1879.

· Kung, S. W. *Chinese in American Life: Some Aspects of their History, Status, Problems, and Contributions.* Westport: Greenwood, 1973.

· Lippman, Monroe. "Uncle Tom And His Poor Relations: American Slavery Plays." *Southern Speech Journal* 28 (1963): 184–97.

· McLeod, Alexander. *Pigtail and Gold Dust.* Caldwell: Caxton Printers, 1947.

· Miller, Stuart Creighton. *The Unwelcome Immigrant: The American Image of the Chinese, 1785–1882.* Berkeley & Los Angeles: U of California P, 1969.

· Moy, James S. *Marginal Sights: Staging Chinese in America.* Iowa City: U of Iowa P, 1993.

· Sandmeyer, Elmer Clarence. *The Anti-Chinese Movement in California.* Urbana & Chicago: U of Illinois P, 1991.

· Tchen, John Kuo Wei. *Genthe's Photographs of San Francisco's Old Chinatown.* New York: Dover Publications, 1984.

· Williams, Dave. *Misreading the Chinese Character: Images of the Chinese in Euroamerican Drama to 1925.* New York: Peter Lang, 2000.

· Woodworth, Steven E. *Cultures in Conflict: The American Civil War.* Westport: Greenwood, 2000.

〈그림 11〉 삽화 "천사 얼굴의 이교도" (1889년 7월 13일 『와스프』). 출처: 캘리포니아주립대학교도서관

- http://sunsite.berkeley.edu/cgi-bin/flipomatic/cic/images@ViewImage?img=brk00001702_16a
- http://memory.loc.gov/cgi-bin/query/r?ammem/cic:@field(DOCID+@lit(brk1702))

Edward Harrigan, *The Mulligan Guard Ball* (1879)

이 글은 『현대영미드라마』 24권 2호(2011년)에 게재된 논문 「뉴욕의 아일랜드인: *The Mulligan Guard Ball*에서의 아이리시 캐릭터, 정체성, 기억의 문제」를 다듬어 정리한 것이다.

〈그림 13〉『뮬리건 가드 무도회』 악보집 표지 (1879년).
출처: 뉴욕공립도서관

1880년대 뉴욕의 아일랜드인: 에드워드 해리건, 『뮬리건 가드 무도회』

1. 들어가며

아일랜드인의 미국 이민사는 약 400년 전으로 거슬러 올라간다. 아일랜드를 속국화환 영국 제국주의의 억압을 피해 1607년 휴 오닐(Hugh O'Neill) 백작이 버지니아 주 제임스타운(Jamestown)에 정착하였는데, 이는 아일랜드인 미국 유입의 최초 사례로 기록된다. 아일랜드 미국 이민사의 본격적 시작점은 그로부터 200여년 후인 1845년경으로, 당시 아일랜드를 강타한 대기근(Great Famine)을 피해 아일랜드 농부들이 미국으로 대거 이주하기 시작하면서부터다. 1607년 오닐 백작의 미국 정착이 정치적 망명 형태를 띠었다면, 1845년 아일랜드 농부들의 미국 정착은 생계라는 경제적 필요에 의한 선택이었다. 아일랜드는 척박한 토양과 기후 등의 이유로 감자가 주된 경작물이었다. 실제로 1845년 당시 아일랜드 인구 9백만 명 중 삼분의 일이 미국수출용 감자 재배에 종사했다. 대기근으로 인한 생활고에 직면한 이들 '포테토 피플'(Potato People)은 생존을 위해 조국과 고향을 떠났던 것이다. '포테토 피플'은 원래 아일랜드를 식민통치하던 영국에서 아일랜드 농부들을 칭하던 말이다. 이 용어는 아일랜드 농경사회의 감자의존도를 표현하려는 의도로 최초 사용되었으나, 이후 미국이라는 새로운 환경에서 아일랜드 이민자를 경멸조로 비하하는 말로 변질되었고, 나아가 아일랜드 이민자와 후손의 부정적 이미지를 고착화하는 꼬리표가 되었다. 발전 과정에서 보듯 '포테토 피플'이라는 말에는 미국에 정착한 아일랜드 이민자의 과거와 현재, 그리고 토착적 정체성과 외부의 편견적 시선이 만들어낸 변형된 정체성이 중첩되어 있다. 결과적으로 1845년은 아일랜드 미국 이민사의 중대한 시작점이자, 아일랜드계 미국인의 정체성 형성에 있어 토착과 이산(diaspora)을 가르는 중대한 분수령이었다. 아울러 과거와 현재를 가르는 경계로서 1845년은 아이리시-아메리칸(Irish-American) 정체성 탐구에 있어 '기억' 혹은 '아이리시 메모리'(Irish memory) 문제가 최초 부각되는 시점이기도 하다.[1]

여타 이민세력과 마찬가지로 미국에 정착한 아일랜드인의 모습은 드라마와 무대를 통해 몇 가지 '타입'으로 고착되었다. 흑인과 동양인이 피부색과 관련된 이미지로 묘사된 반면, 아일랜드 이민자의 피부색은 백인 주류사회인 미국에서 차별적 요소가 아니었기에 이들은 생활방식과 행동거지와 관련된 이미지로 묘사되었다. 특기할 점은 흑인과 동양인이 '유색' 인종이라는 불순한 조건에도 불구하고 최소한 초기에는 부정적이지 않은 이미지로 극화된 반면,[2] 드라마와 연극무대에서 비추어지는 아일랜드 이민자는 처음부터 부정적 이미지 일색이었다. 아일랜드 이민자의 대표적 타입은 술주정뱅이, 싸움꾼, 더러운 행색, 사기꾼 등이었고, 이러한 이미지는 앞서 언급했던 이들의 생활방식과 행동거지에 근거한 것들이다. 아일랜드 이민자의 스테레오타입은 일상에서 비춰지는 모습에 대한 '사실적 재현'(realistic representation)인 동시에, 선정적 볼거리에 열광하는 관객의 취향에 부응해야 했던 당대 극장계가 불가피하게 양산할 수밖에 없었던 '과장된 재현'(overstated representation)이기도 했다. 즉 드라마와 무대에 등장하는 아이리시 캐릭터들은 아일랜드 이민자의 모습을 재료로 여기에 관객의 욕구와 극작가·제작자의 협조가 투입된 '부풀리기식' 포장이 덧입혀진 인물화(characterization)였고, 이는 실생활에서 아일랜드 이민자에 대한 편견을 더욱 강화하는 효과를 낳았다. 흥미로운 점은 아일랜드 이민자의 스테레오타입을 강화하는 작업이 비단 미국 토착 작가들뿐만 아니라 아일랜드계 이민 작가들에 의해서도 수행되었다는 사실이며, 결과적으로 아일랜드 이민 작가들은 자기 정체성을 스스로 부정적인 방향으로 고착시켰다는 비판에서 자유롭지 못하다. 한편, 이러한 결과는 앞서 언급했듯이 연극계에서 살아남아야 했던 이민 작가들의 힘겨운 생존 여건을 피력한다. 분명한 것은 이민 작가 입장에서 자신의 에스닉(ethnic) 정체성을 사실적이면서도 과장된 볼거리로 창출하는 것이 당대 주류 연극계에서의 생존을 보장하는 가장 확실하고 용이한 방법이었다는 점이다.

아일랜드 미국 이민사의 분수령이자 아이리시 메모리의 최초 시작점으로서 의미 외에, 1845년은 미국 드라마 사에서 또 다른 중요성을 갖는다. 바로 이 시기가 19세기 후반을 대표하는 아일랜드계 미국인 극작가 에드워드 해리건(Edward Harrigan, 1844-1911)의 탄생과 맞물려 있는 것이다. 해리건은 뉴욕 맨해튼 남동부(Lower East Side) 빈민가에 거주하는 다국적 이민자의 삶을 극화하고 무대에 올리며 상업적 성공을 거두었다. 그 역시 당대 미국 상업극계의 패러다임인 '사실적인 볼거리'(realistic spectacle) 제공에 충실하여 '댄 뮬리건'(Dan Mulligan)이라는 희극적 아이리쉬 캐릭터 '타입'을 만들어냈다. 해리건의 무대에는 이탈리아계, 독일계, 아프리카계 등 맨해튼 남부의 이민자 집단을 구성하는 다양한 에스닉 캐릭터들이 등장하지만, 아일랜드 이민자 후손인 작가에게 아이리시 캐릭터 창출은 보다 의미가 특별했다. 결과적으로 해리건은 아이리시 캐릭터 창출에 더욱 정교하고 세밀한 리얼리티를 구현했으며, 아일랜드인 특유의 성격과 기질을 어색하지 않으면서 매력적으로 과장하는 데에도 능숙했다(Moody, *Ned* 113). 한편 해리건은 등장인물의 과장에 있어 에스닉 캐릭터 타입 창출에 크게 의존했던 당대 극작가나 연출가들과 차별성을 보인다. 그는 불쾌함을 유발하는 과도한 과장은 철저히 피했다. 그의 아이리시 캐릭터는 의협심과 의리가 넘쳐 때론 우발적인 사고를 일삼는 거리의 부랑자일지언정, 인정머리 없고 파렴치한 악한은 아니었다.

해리건은 이전 시대 아일랜드 출신 미국 극작가들과도 차별된다. 해리건의 아이리시 캐릭터는 그가 직접 목격한 아일랜드 토착민의 재현이 아니라, 미국에서 나고 자란 작가가 미국에서 본 아일랜드 이민자와 후손을 극화한 것이었다. 즉, 그의 아이리시 캐릭터는 미국이라는 풍토에 이식된 아일랜드인의 삶과 정체성을 극화한 것이다. 여기서 생기는 의문은 앞서 언급한 해리건의 '차별적' 과장, 즉 부랑아이지만 의리와 인정이 있는 넘치는 인간으로 아일랜드 이민자를 극화하려는 작가의 태도가 아일랜드 혈통에 대한 작가의 자의식, 또는 직접 체험은 아니지만 부모에게서 귀동냥하며 키워왔을 모국 아일랜드에 대한 향수와 동경에서 비롯된 것은 아닌가 하는 것이다. 그렇다면 해리건이 창출한 아이리시 캐릭터들은 작가의 '이산자'(diaspora) 정체성에 대한 함축으로 볼 수 있으며, 이런 점에서 그의 캐릭터들은 '아이리시 메모리'라는 주제와 연계하여 생각해 볼 수 있는 것이다. 여기서 말하는 '메모리'는 대를 이어 간접적으로 구전되는 민화와 전설, 혹은 구술을 통해 후세대에게 전해지는 선대 세대들의 기억을 포함한다.

이번 장은 19세기 후반 아일랜드계 미국인 극작가 에드워드 해리건의 1897년 작 『뮬리건 가드 무도회』(*The Mulligan Guard Ball*)를 통해 작품 속 아이리시 캐릭터 '타입'의 희극성과 리얼리티의 진정성 간 함수

관계를 밝히면서, 아이리시 메모리가 상기한 아이리시 캐릭터 형상화에 반영되고, 나아가 아이리시 캐릭터가 함의하고 표출하는 아이리시-아메리칸 정체성으로 수렴되는 과정을 탐구한다. 이러한 접근은 최근 브라이언 프리엘(Brian Friel)을 위시한 20세기 아일랜드 토착민 극작가의 극문학을 통해 새롭게 주목 받는 '아이리시 메모리'에 대한 연구를 시간적으로는 19세기로 앞당기고, 공간적으로 아이리시 이산의 현장인 미국으로 확장함으로써 상기 주제의 깊이와 지평을 확대한다는 점에서 의의가 있겠다.

2. 뮬리건 가드, 댄 뮬리건, '뮬리건 가드 시리즈'

해리건은 1844년 뉴욕 맨해튼 남동부 콜리어스 후크(Corlear's Hook)에서 태어나 아일랜드계, 이탈리아계, 독일계, 아프리카계 등 다양한 에스닉 이민자가 밀집한 이곳에서 유년을 보냈다. 23세 청년이 된 해리건은 샌프란시스코로 건너가 배우 생활을 시작했고, 3년 뒤인 1870년 뉴욕으로 돌아와 시카고에서 알게 된 토니 하트(Tony Hart, 1855-1891)와 '해리건과 하트 듀오'(Harrigan and Hart Duo)를 결성한다. 해리건은 하트와 함께 1872년부터 1885년 결별할 때까지 극중 인물 댄 뮬리건(Dan Mulligan)이 등장하는 통속희극 '뮬리건 가드 시리즈'(the Mulligan Guard series)로 브로드웨이를 풍미했다. 『뮬리건 가드』(*The Mulligan Guard*, 1873)를 시작으로 한 뮬리건 가드 시리즈는 당대 맨해튼 에스닉 사회를 풍자하는 익살해학극(burlesque)으로, 윌리엄스(William H. A. Williams)의 표현을 빌리면 "현대 시트콤"의 원조 격이 된다(158).[3] 시리즈의 극본 집필을 전담한 해리건은 공연에서 뮬리건 가드의 리더인 댄 뮬리건 역을 전담했고, 하트는 댄 뮬리건의 상대역으로 등장하는 여성 역할을 포함한 다양한 인종의 배역을 연기했다. 맨해튼 남동부의 다국적 이민자에 대한 사실적 재현과, 여기에 가미된 극중 인물들의 익살스런 말장난, 춤과 노래, 야단법석한 몸 연기는 브로드웨이 관객의 열광적인 박수갈채를 받았고, 각 시리즈마다 백여 회에 달하는 연속 공연으로 상업적 성공을 구가했다. 뮬리건 가드 시리즈는 "당대 장기흥행의 진면목을 보여주는 경이적 현상"(phenomenal displays of longevity in those days)으로 평가된다(Kahn 14). '해리건과 하트 듀오'의 열렬한 팬이었던 당대 미국 사실주의 극작의 선구자 윌리엄 딘 하웰스(William Dean Howells, 1837- 1920)는 희극작가로서 해리건의 천재성을 들어 그를 "미국의 골도니"(American Goldoni)라 칭송했다(Londré & Watermeier 211).[4]

작품 내용에 대한 논의에 앞서 제목에 등장하는 '뮬리건 가드'에 대한 이해가 필요하다. 뮬리건 가드는 미국 정규군 입대를 거절당한 이민자로 구성된 유사군대(pseudo militia) 성격을 지닌다. 민간인으로 구성된 이 사조직 군대는 일반 군대와는 원천적으로 성격을 달리한다. 이들의 실제 행색과 행동거지를 보면 심지어 '치안대'(guard company)라는 별칭마저 무색케 할 정도다. 군복 차림에 총칼을 휴대하는 등 구색을 갖추긴 했으나, 조직의 목적은 국방이나 치안의 문제보다는 전적으로 소속감을 과시하는 일 자체에 있었다. 일례로 이들은 행렬 때마다 조직의 이름이 새겨진 '타겟'(target)이라 불리는 원형 피켓을 대동했는데, 그런 연유로 '타겟 컴퍼니'(targer company)라 불리기도 했다. 특히 극의 지리적 배경인 맨해튼 남동부는 독일계, 이탈리아계, 아프리카계, 아일랜드계 이민자 사이에 세력다툼이 팽팽한 곳이었고, 여기에서 동향 출신 이민자가 집결되는 형태로 유사군대 결성이 두드러졌다. 때문에 뮬리건 가드를 위시한 에스닉 유사군대 간 대결은 자연 민족대결의 양상을 띠었고, 이들 사조직의 목적인 소속감 과시는 민족적 자긍심을 과시하는 것과 다름없었다.

해리건의 전기를 집필한 리차드 무디(Richard Moody)는 뮬리건 가드 시리즈가 집필되던 당시 유사군대 유행에 대해 상세히 기술하고 있다. 그에 따르면, 다양한 에스닉 집단의 유사군대들이 거리를 행진하는 광경은 1860년대 맨해튼의 일상적 진풍경이었다. 이들은 주로 인근 소방서에 집결한 후 대형을 갖추어 맨해튼 곳곳으로 행진을 시작했다. 조직 내에서 급조한 고적대가 행렬을 뒤따랐고, 꽃 치장한 '타겟'이 조직의 이름을 과시했다. 기록에 의하면 유사군대 행렬은 1857년 4월 23일에 절정에 달했다. 이날 모든 가게가 문을 닫았고 도로변의 행인들은 1만 2천여 명이 참여한 127개 '타겟 컴퍼니'가 브로드웨이를 관통하는 대규모 행렬을 응원했는데, 이는 뉴욕 시 역사상 가장 웅장하고 긴 행렬이었다(*Ned* 47-9). 단원들의 모습 또한 진풍경이었다. 특히 복장의 조악한 '개성'은 착용자 개인의 취향과 과시욕을 표출하는 한편, 단원들의 자유분방한 개별행동은 사조직 군대의 존재론적 '사이비성'을 드러냈다.

> 손수 만든 제복은 좀처럼 몸에 맞지 않았다. 부인들과 애인들은 리본 띠를 임시변통하여 바지에 줄무늬를 냈고, 온갖 상상력을 동원하여 계급장이나 멜빵을 만들었다. 창의성, 중고품상, 전당포는 기장(記章), 부츠, 곰털 샤코(깃털 장식 군모), 레깅스 등의 공급처였다. 병기는 통상 행사에 맞추어 대여했다. 컴퍼니들의 아침 행군 대열은 술에 취해 흐트러지기 이전부터 그들의 복장만큼이나 개별적이고 자유분방했다.

> Their homemade uniforms rarely matched. Wives and sweethearts striped their trousers with whatever ribbon was at hand and manufactured chevrons or shoulder straps to fit their imaginations. Ingenuity, pawnbrokers, and secondhand

shops supplied medals, boots, bearskin shakos, leather aprons, and leggins. Military hardware was usually borrowed for the occasion. The companies' morning manuvers, even before the disrupting influence of beer, were as individualized as their costumes. (*Ned* 48)

당대 문호 찰스 디킨스(Charles Dickens, 1812-1870)는 당시 유사군대 단원들이 방수포와 빨간 플란넬셔츠를 뒤덮어 급조한 "조악한 형태의 샤코"(a rude of shako)를 밧줄 매듭으로 목에 동여매고 있었으며, 이들의 행군에서 엄격한 훈련의 흔적 대신 "자유분방한 제복"(brave democratic freedom uniform)에 걸맞은 "무모함"(a certain recklessness)을 발견했다고 술회하면서, 유사군대의 사이비성과 관련된 희극적 면모를 지적했다(537-38). 아울러 무디가 주장하는 바는, 앞에서 언급한 1857년 4월 23일의 역사적 '타겟 컴퍼니' 행렬을 해리건이 목격했으며, 이날의 체험이 훗날 '뮬리건 가드 시리즈'의 타이틀곡 '뮬리건 가드'(the Mulligan Guard)의 가사로 압축되었다는 것이다(Moody, *Ned* 49). 분명한 것은 뮬리건 가드 시

〈그림 14〉『뮬리건 가드』에서 에드워드 해리건과 토니 하트 (1879년). 출처: 뉴욕공립도서관

〈그림 15〉『뮬리건 가드』 포스터 (1873년). 출처: 뉴욕공립도서관

리즈의 플롯·인물·대사를 관통하는 익살과 풍자 및 기타 희극적 요소들이 온전히 작가적 상상력의 산물이 아니라, 디킨스가 직접 목격하고 무디가 발굴한 기록이 증명하는 '실재' 일상에 근거한다는 것이다. 극화 과정에서 다소 과장되었을 여지는 있으나, 기본적으로 뮬리건 가드 시리즈를 관통하는 희극성의 일차적 출처는 일상이다.

뮬리건 가드 시리즈는 이처럼 19세기 후반 맨해튼 남동부에 대유행한 유사군대 조직을 극화한 것이다. 뮬리건 가드 시리즈의 데뷔작이자 극중 주인공 댄 뮬리건이 최초 등장한 촌극(sketch) 『뮬리건 가드』(*The Mulligan Guard*, 1873)의 세팅은 소박하기 이를 데 없었다. 배경 막에는 두 개의 창문이 있는데, 각각 '미드나이트 클럽'(Midnight Club)과 '뮬리건 살룬'(Mulligan's Saloon) 간판이 걸렸다. 창문 사이엔 '뮬리건 가드 환영'(Welcome Mulligan Guard)이라 쓰인 휘장이 드리워졌다(Moody, *Ned* 46). 뮬리건 살룬은 극의 주인공이자 뮬리건 가드의 리더인 댄 뮬리건이 운영하는 술집으로, 인물의 이러한 직업 설정은 당시 미국 사회에 만연한 아일랜드 이민자와 술주정뱅이 이미지의 연관성을 은연중 드러낸다. 『뮬리건 가드』는 훗날 뮬리건 가드의 전통이 될 코믹한 모습과 장면을 관객대중에게 처음 선보인다. 극이 시작하면 뮬리건 가드 단원들이 무대 양쪽에서 행진해 들어온다. 이들은 배경처럼 소박한 "삼인조"(three-man troupe)로 '작다리' 하트가 연기하는 휴세이 대위(Captain Hussey), '키다리' 해리건이 연기하는 소대원, 그리고 흑인 소년을 포함한다. 흑인 소년은 거대한 '뮬리건 가드' 타겟을 위태롭게 치켜들고 서 있다(Finson xviii). 대위는 터질 듯이 꼭 끼는 제복, 황동단추로 장식한 가슴받이(apron), 축 쳐진 바지 위로 삐져나온 나온 흰 셔츠, 낡은 곰털 샤코(bearskin shako) 차림에 키보다 훨씬 큰 장총을 메고 있다. 해리건은 어깨보다 세 배나 큰 거대한 견장과 금장매듭으로 장식한 터키모자(gold-braised fez) 차림이며, 겨드랑이 밑까지 끌어올린 널찍한 벨트에는 바닥에 닿을 정도로 긴 칼이 매달려 다리 사이에서 계속 걸리적거린다(Moody, *Ned* 46). 이탈리아 코메디아 델라르테(Comedia Del'arte)의 타입캐릭터인 '겁쟁이 군인' 카피타노(Capitano) 혹은 훗날 미국 슬랩스틱 코미디의 대부가 될 찰리 채플린(Charlie Chaplin)을 연상시키는 듀오의 모습은 등장과 동시에 폭소를 자아내었으며, 무기를 가지고 애를 먹는 군인 듀오의 좌충우돌 개인기가 이어지면서 폭소는 증폭되었다. 이런 식의 '코믹 타블류'(comic tableau)는 향후 시리즈를 통해 면면히 이어질 전통이 된다.

3. 『뮬리건 가드 무도회』

뮬리건 가드 시리즈 중 1897년 작 『뮬리건 가드 무도회』(*The Mulligan Guard Ball*)는 100회 이상 공연된 최대 흥행작이라는 점에서 의미가 크다. 무디에 의하면 이 극은 1897년 1월 13일 초연부터 5월 24일 마지막 공연까지 17주에 걸쳐 153회 공연을 기록했는데, 이는 당시 정규극이 6주 내지 8주 지속되면 장기흥행작으로 인정받았던 점을 감안할 때 대단한 흥행기록이다(*Ned* 87, *Dramas* 540).

여타 시리즈 작들과 마찬가지로 『뮬리건 가드 무도회』는 19세기 후반 맨해튼에서 유행한 유사군대 붐을 유쾌하게 풍자한다. 이 극은 에스닉 집단 간 대결구도에 기초한 두 개의 갈등을 중심으로 한다. 아일랜드계 댄 뮬리건의 아들 토미(Tommy)는 연인 키티(Kitty)와 결혼하기 원하나, 댄은 키티가 독일계 구스타프 로크뮬러(Gustav Lochmuller)의 딸이라는 이유로 이에 반대한다. 한편, 뮬리건 가드의 리더인 댄은 무도회 개최를 위해 연회장을 예약하는데, 직원의 실수로 흑인 유사군대 조직인 스키드모어 가드(Skidmore Guard)의 무도회 장소와 중복 예약이

되면서 두 에스닉 집단 간 난투와 혼전이 벌어진다. 이처럼 『뮬리건 가드 무도회』는 맨해튼 남동부에 할거하는 아일랜드계 및 독일계 백인과 흑인 집단 사이의 팽팽한 세력 다툼과 경쟁구도를 드러낸다.

극중 아일랜드계와 독일계 백인의 상호 편견과 반감에 대한 묘사는, 독일계 여인과 결혼하려는 아들에게 보이는 아버지 댄의 반응에서 분명히 드러난다.

> 댄: 토미야, 애비 말 들어. 뮬리건 가문의 이름이 로크뮬러 가문의 이름으로 더럽혀지는 일은 결코 없을 게다. 망할 독일놈 피는 한 방울로 우리 집안에 발을 들여놓을 수 없다. 그러니 애비 말을 명심하길 바란다.
>
> DAN: Tommy, understand me. The name of Mulligan will never be varnished with the name of Lochmuller. The Divil a Dutch drop of blood will ever enter this family. And I wan you to understand it, too. (551)

독일계 백인에 대한 댄의 반감은 외견상 자신의 아일랜드 혈통에 대한 자긍심을 표출한다. 한편, 정육점을 경영하는 독일계 백인 로크뮬러는 실질 경제력에서 밴보다 우위에 있다. 뮬리건 가의 세입자이지만, 그는 뮬리건 가에 외상으로 고기를 대어 왔으며 결과적으로 현금 동원력이 없는 댄은 로크뮬러에게 35달러의 빚을 지고 있는 형편이다. 로크뮬러에게 아일랜드 혈통의 우월성을 뽐내려는 댄이지만, 세입자에게 빚을 지고 있다는 사실이 집주인으로서 그의 자존감을 훼손한다. 독일계 백인에 대한 댄의 반감이 순전히 혈통적 차이에서 기인하는 것만이 아니라, 그 기저에는 경제적 이유도 동시에 작용하고 있는 것이다. 이러한 점은 댄이 점찍어둔 한 처자의 면모를 통해 재확인되는데,

아일랜드 혈통과 부를 겸비한 그녀는 댄에게 있어 이상적인 며느리 감이다.

> 댄: 토미야, 잘 들거라. 나 지금 농담하는 거 아니다, 토미야. 메리 오브라이언이 온다는데 왜 나가겠다는 거야? 너 제정신이야? 그 애 아버지 존 오브라이언이 수천 달러짜리 계약을 성사시킨 거 몰라? 그분이 뉴욕의 담장 공사권을 따낸 걸 모르냐구? 그분은 또 옛 뮬리건 가드의 단원이자 이 애비의 친구지 않느냔 말이야?

> DAN: Tommy, listen here. I'm not kyding you now, Tommy. What do you lave the house for when Mary O'Brien calls? Have you no head on you at all? Hans't her father, John O'Brien, the contractor thousands of dollars? Hasn't he a contract to put a wall around New York? Wasn't he a member of the old Mulligan Guard and a friend of mine? (550)

극중 흑인들의 아일랜드계 백인에 대한 반감도 드러난다. 이는 주로 흑인 이발사 심슨 프림로스(Simpson Primrose)와 그의 친구 팔레스틴 퓨터(Palestine Puter)의 입을 통해 표출되는데, 둘은 각각 흑인 유사군대 조직인 스키드모어 가드(Skidmore Guard)의 단장과 군목 직책을 맡고 있다. 퓨터는 스키드모어 가드 무도회를 하루 앞두고 연회장이 뮬리건 가드 무도회 장소와 중복 예약되었음을 알고는 "정부에서 이런 사람들을 격리시키지 못 하는 이유를 모르겠다"(I don't see why de government can't quarantine such people as dese)며 아일랜드계 백인에 대한 불만을 토로한다(554). 흑인이 겪어온 인종차별의 고통을 잘 아는 그에게, 미국 땅의 신참내기이면서도 백인이라는 이유로 비교적 수월하게 정착에 성공한 이방인들이 곱게 보일 리 없다. 때문에 퓨터의 말에는 백인에 대한 인종적 피해의식 및 흑인이 겪는 부당한 대우에 대한 일종의 보상심리가 함축되어 있다 하겠다.

뮬리건 가드 무도회를 앞두고 댄은 프림로스의 이발소를 찾는데, 우연히 로크뮬러와 이발의자에 나란히 앉게 된다. 여기서 댄과 로크뮬러의 경쟁 구도는 면도서비스 먼저 받으려는 자존심 대결로 이어지는데, 이발사 프림로스는 두 백인의 경쟁심과 홈그라운드의 이점을 교묘히 이용하면서 백인에 대한 흑인의 우월적 입지를 행사한다. 일단 프림로스는 형평성의 논리를 들어 댄과 로크뮬러의 열띤 기선잡기 싸움을 잠재운다.

〈그림 16〉『스키드모어 가드』 악보집 (1876년). 출처: 미국국회도서관

> 심슨: 자, 신사 양반들–내가 해결해드리지. 가게 안에서 싸우지들 말라구. 자네 수염을 먼저 반만 면도하고, 그 다음 자네 수염을 또 반만 면도하고–그러면 자네 둘이 동시에 면도를 끝낼 수 있지 않겠나.
>
> SIM: I'll tell you, gemmen—I'll settle it. I want no quarrelling in de shop. I'll shave one half of you, and den I'll shave half of you—den you'll both get shaved at de same time. (555)

면도가 진행되는 동안 댄과 로크뮬러는 신문기사 내용을 놓고 자존심 대결을 재개하고, 프림로스가 가담하면서 급기야 언쟁은 삼파전 양상을 띤다.

> 댄: 여기 봐, 벅 매카시가 독일 푸줏간놈을 2라운드 만에 끝장냈다누만-
> 로크뮬러: (일어서며) 나도 봤네만, 무슨 놈의 페어플레이가 그래-전부 밖에 나가 있는데 떼로 뛰어들어서는 끝내버리는 경우가 어딨나?
> 댄: 여기 심판의 판정 결과를 봐. 상금과 벨트는 매카시에게 돌아갔다구.
> 심슨: 올랜도 위플레트리, 체육관에 있는 흑인 선생인데 말야-『크리스찬 옵저버』지에서 봤는데, 매카시와 그 푸줏간놈을 한꺼번에 상대했다는 거야. ...
> 로크뮬러: 독일 사람이 깜둥이하고 싸울 거라고 생각하나 자네?

> DAN: I see here where Buck McCarthy licked the Dutch Butcher in two rounds—
> LOCHMULLER: (*Sitting up*) Yes, I know, but what kind of fair play vas dat—when all de goes out men jumped in and cut de rope?
> DAN: I have here the referee's decision. Money and belt given to McCarthy.
> SIM: Orlando Whippletree, de colored teacher in de gymasim—I see in de Christian Observer has challenged McCarthy and de Butcher together. ...
> LOCHMULLER: Do you suppose a German would fight mit a nigger? (556)

순간 이발사 프림로스는 손에 든 면도칼을 무기 삼아 사과를 강요하는 등 보다 공격적인 자세를 취하면서 두 백인의 기를 꺾고 종국에는 삼파전 파워게임의 종결자로 등극한다.

> 심슨: 어이, 이봐-자네 이 면도날 보이나-나 심슨 프림로스야. 스키드모어 가드의 대장이라고 ... 우리 대원들은 모두 하나같이 점잖은 신사들이지. 자, 원컨대 사과하기 바라네. 안 그러면 이걸로 자네 목을 확 그어버릴 테니까.
> 댄: 면전에 대고 흑인을 모욕할 권리는 누구에게도 없지 그럼.
> 심슨: 아까 그 말 취소해.
> 로크뮬러: 그게 흑인이라면 세상 어떤 독일인도 때려눕힐 수 있다 뭐 그런 뜻이었네.

> SIM: Say, look here—do you see dis razor—I'm Sim Primrose, Captain of de Skidmore Guard ... Every man of them is a nice gemman. Now I want you to apologize or I'll draw dis across your jugular.
> DAN: A man has no right to insult a colored man to his face.
> SIM: Take it back.
> LOCJMULLER: I mean dat a colored man could whip any German in de world. (556)

에스닉 집단 간 대결구도는 댄이 대표하는 아일랜드 이민자 가정을 중심으로 펼쳐지는데, 이는 작가 해리건 자신이 아일랜드 후손이라는 점을 감안할 때 자연스러운 결과로 보인다. 아울러 극중 아일랜드계 인물들에 대해 작가가 가하는 풍자의 성격이 신랄하기보다는 유쾌한 수준에 머무는 것 역시 작가 자신의 에스닉 정체성에 대한 애착에서 발로하는 것으로 보인다. 이와 관련하여, 극중 댄의 성격에는 부정적인 면과 긍정적인 면이 혼재한다. 아서 홉슨 퀸(Arthur H. Quinn)이 지적하듯이 댄은 싸움질 좋아하고 난폭하며 성마른 술주정뱅이지만, 이러한 부정적 면모를 압도하는 것은 정직하고 충직하며 심지어 적에게 관대하기까지 한 대인적 성품이다(86). 댄의 이중적(ambivalent) 면모는 이

전의 문학과 극에서 아이리시 캐릭터가 부정적 스테레오타입 일색으로 묘사되었던 점과 크게 차별된다.

제임스 번(James P. Byrne)은 '바우어리 보이'(Bowery B'hoy)를 위시한 초기 아이리시 캐릭터의 부정적 스테레오타입을 '화이트페이스'(whiteface) 개념으로 설명한다.[5] 흑인 스테레오 타입의 전형인 '블랙페이스'(blackface)를 차용한 이 개념에 따르면, 흑인과 마찬가지로 초기 아일랜드 이민자는 백인임에도 불구하고 와스프(WASP: White Anglo Saxon Protestant)라 통칭하는 백인 시민들로부터 인종적 이방인 취급을 받았으며, 이러한 백인 주류사회 정서가 무대에 반영되어 아일랜드인의 타자성을 고착화하고 정당화하는 캐릭터 타입이 등장하였는데 그것이 바로 '화이트페이스'라는 것이다. 번은 초기 아이리시 캐릭터가 1890년대에 이르러 이방인에서 미국 시민 또는 아이리시-아메리칸으로의 정체적 변이 혹은 "연금술적 미국화"(alchemic Americanization) 과정을 거치면서 비로소 화이트페이스라는 부정적 스테레오타입을 벗을 수 있었다고 주장한다(144). 번이 지적한 정체성 변이의 결과를 시연해 보이듯, 댄은 와스프의 편견적 시선으로부터 한결 자유로우며 때문에 초기의 화이트페이스로서의 스테레오타입과는 전적으로 차별되는 면모를 보인다. 물론 이것은 작가 자신의 에스닉 정체성에 대한 애착에서 비롯된 결과일 수도 있지만, 댄을 부정적 스테레오타입과는 거리가 먼 최소한 긍정적인 면을 지닌 인물로 설정했다는 점에서 은연중 인물을 바라보는 작가의 애정 어린 시선과 인간미를 엿볼 수 있다. 간과할 수 없는 것은 댄에게 가한 해리건의 애정 어린 풍자가 극중 여타 에스닉 캐릭터에게도 적용된다는 점이다. 댄을 주인공으로 내세우고, 그의 가정을 플롯의 중심에 놓으며, 급기야 '뮬리건 가드'를 작품 제목으로 삼으면서, 작가 해리건은 외견상 아일랜드 이민자의 대변인 행세를 한다. 그러나 실상 해리건은 극중 세 에스닉 집단의 모습을 비교적 민주적 시각에서 바라보고 있으며, 궁극적으로 이 극은 세 집단 간의 조화로운 지역 공동체 건설을 지향한다. 이러한 주제는 여러 장면에서 드러난다.

앞서 이발소 장면에서, 에스닉 집단 간 언쟁 중 두 백인은 공공연히 흑인을 무시하면서도, 면도를 무사히 마치기 위해 흑인 이발사의 요구를 받아들이는 비굴함을 보인다. 흑인 이발사의 경우 생계를 위해 백인 고객에게 서비스를 제공하는 입장이면서도 이들에게 자신의 요구를 협박조로 관철시키는 인물로 그려진다. 이처럼 해리건은 세 에스닉 인물 모두에게 강한 면모와 약한 면모를 동시에 부여하며, 그 결과 세 인물은 각자의 목적 달성을 위해 시종일관 타협적인 태도로 일관한다. 타협의 일차적 결과는 세 인물 각자가 원하는 바를 얻는 것이지만, 궁극적으로는 '타협'의 사전적 의미가 그러하듯 '서로에게 좋은' 결과이다. 즉, 타협의 과정을 통해 세 인물은 서로에게 적당히 만족스런 결과–두 백인은 면도를 마치고, 흑인은 백인에게서 사과를 받아내는–를 얻는 것이다. 타협의 메커니즘은 이발소가 함의하는 공간성에도 적용된다. 흑인 이발사의 본거지인 이발소는 일차적으로 개인적 공간이지만, 세 에스닉 인물 간 타협 과정을 거치면서 득과 실이 서로 상쇄하는 '제로섬'(Zero Sum) 사회이자 세 인물 모두가 공평한 몫을 공유하는 민주적 공간, '공적 공간'(public space)으로 변신한다.

연회장의 중복 예약으로 뮬리건 가드와 스키드모어 가드가 장소 쟁탈전을 벌이는 장면에서도 작가의 민주적 시각이 드러난다. 초반에는 두 집단이 한 장소를 놓고 서로 권리를 주장하며 설전을 벌인다. 연회장 직원은 궁여지책으로 스키드모어 가드에게 문제의 장소 위층에 위치한 다른 연회장을 권하지만 흑인 대원들의 입장은 단호하다. 결국 대관료 10달러 할인 제안을 받고서야 흑인 대원들은 뜻을 굽힌다. '할인' 조건에 의지를 굽히는 흑인들의 모습이 희극적이긴 하나, 그들이 뜻을 굽히며 내세우는 명분은 더욱 익살스럽다. 프림로스는 그들이 위층에 있게 되면 두 무도회가 서로 방해 않고 "조화를 이루게 될"(might as well have harmony) 것이며, 더욱이 "우리가 아일랜드인 위에 있다"(we're above de Irish)는 사실에 대원 모두가 만족한다는 것이다(561-2). 프림로스는 뮬리건 가드의 친구이고 싶다며 심지어 "뮬리건 가드를 위한 만세삼창"(three cheers for de Mulligan Guard)을 제안하기까지 한다. 이에 스키드모어 대원 전원이 만세를 외치며 고적대 연주와 함께 퇴장하면서 코미디는 절정에 이른다(562). 이 장면에서 흑인의 속물적 근성이 풍자의 대상으로 희화되기는 하지만, 해리건은 흑인들의 희극적 모습을 통해 타협의 지혜와 '화합'을 향한 평화적 해결책을 에스닉 문제 해결의 방안으로 제시한다. 아울러 '아일랜드인보다 위에 있다'는 흑인의 믿음을 타협이 가능케 한 원인으로 제시함으로써, 작가는 자신이 아일랜드 혈통임에도 흑인 측 정서를 은근히 치켜세우는 겸손의 미덕을 발휘한다.

애석하게도 프림로스가 제시한 평화적 해결책은 소기의 목적 달성에 실패한다. 뮬리건 가드의 무도회 도중 천정이 무너져 내려 위층에서 무도회를 거행하던 스키드모어 가드 대원들이 대거 아래층으로 떨어지는 '포복절도할' 참사가 발생하면서, 두 무도회는 '조화'를 이루지 못하고 중단된다. 사건 현장에서 간신히 탈출한 프림로스와 퓨터는 무도회가 무산된 와중에도 "처음으로 아일랜드인을 우리 발밑에 두게 한" 역사적 순간에 대한 감회에 젖는데, 희극적 장면임에도 인종적 회한과 자긍심이 교차하는 묘한 정서를 표출한다. 애틋해진 분위기도 잠시, 퓨터는 프림로스에게 흥미로운 제의를 한다. 그날 밤에 뮬리건 가드 저녁만찬에서 일당 15달러를 받고 서빙을 할 예정이니 함께 가자는 것이다.

퓨터: 나하고 가지 그래, 난 오늘밤 뮬리건 가드 만찬에서 일당

> 15달러짜리 서빙을 보기로 했네-피부색이니 적대감이니 그거 문제될 거 없어. 나랑 가세-그저 7불 50전만 생각하게 ... 이발소 문을 닫아-그리고 자마이카로 가는 거야. 거기서 한 달 정도 술과 사탕수수에 푹 빠져보자구.
> 심슨: 자네와 가겠네 퓨터-누가 그 일을 자네에게-
> 퓨터: 뮬리건 씨지.
> 심슨: 그게 대순가, 돈이 최고지.

> PUTER: You come wid me, I'm gwine to wait on table at de Mulligan Guard supper to-night for 15 dollars—No matter about color or enmity. Come wid me—just think 7½ ... Close up your barber shop—and go over to Jamaica and we'll roll in gin and sugar for a month.
> SIM: I'm wid you Puter—Who give you de job—
> PUTER: Mister Mulligan
> SIM: Dat settles it, de money's good. (562-3)

평상시의 자존심 대결을 감안할 때, 스키드모어 가드의 단장이 뮬리건 가드의 허드렛일을 한다는 것은 있을 수 없다. 그러나 퓨터는 피부색과 적대감 따위는 신경 쓸 일이 아니라고 말한다. 그에게 중요한 것은 일상의 피로에서 벗어나 마음의 고향 아프리카로 여행을 떠나는 일이다. 그러기 위해선 당장 돈이 필요하다. 프림로스는 자신을 고용할 사람이 댄 뮬리건임을 알고서도 일을 승낙한다. 그의 말대로 돈이 중요한 것이다. 이 장면에서 부각되는 것은 에스닉 공동체 문제를 미국적 속성으로 진단하는 작가의 통찰력이다. 민족적·인종적 동질성(homogeneity)이 결여된 미국 건국사를 감안할 때, 에스닉 공동체는 미국의 태생적 숙명이며 그로 인한 집단 간 괴리와 갈등은 미국인이 짊어져야 할 숙제이다. 퓨터의 말대로 피부색과 적대감에 연연하는 것은 기존의 괴리와 갈등을 심화할 뿐이다. 물론 돈이 상기한 괴리와 갈등을 해결하는 근본책은 될 수 없다. 그러나 '돈이 중요하다'는 퓨터의 말은 자본주의라는 미국의 경제적 속성을 간파하는 동시에, 극중 에스닉 집단 간 반목을 딛고 한시적이긴 하지만 화합의 가능성을 약속하는 기제로 작용한다. '실존이 본질에 우선한다'는 것이 실존주의적 금언이라면, 프림로스와 퓨터는 인종적 자존심을 버리고 돈을 택함으로써 실존 혹은 생존을 실천한다. 미국사를 통해 에스닉 문제는 본질의 문제이기에 앞서 실존의 문제이며, 때문에 해결책은 근본적이라기보다 현실적 혹은 임시적일 수밖에 없다. 이것이 해리건이 간파한 미국적 속성인 것이다. 이후 뮬리건 가드 만찬에 독일계, 이탈리아계 백인들이 초대되고 여기에 프림로스와 퓨터가 테이블 서빙을 하면서 비록 일시적이지만 축제적인 인종 화합이 어우러지는데, 이는 상기한 두 흑인의 결단이 없었다면 불가능한 그림인 것이다.

극의 종결부는 뮬리건 가드 만찬 장면이다. 연회 분위기가 고조되는 가운데 다양한 인종의 빚쟁이들이 댄을 방문한다. 외상값을 독촉하는 이들과 시종일관 모르쇠로 일관하는 댄 사이에 실랑이가 벌어지며 이는 곧 난투와 혼전으로 이어진다. 저녁 만찬이 온통 아수라장으로 변해버린 가운데 극은 끝을 맺는다.[6] 이러한 마감 방식을 통해 작가 해리건은 극 전체의 풍자 방향을 아일랜드 이민자 쪽으로 귀결시킴으로써 아일랜드계 작가가 아일랜드계 인물을 주인공으로 하는 극을 쓰는 경우 대중이 제기할 수 있는 의혹–작가는 자신의 에스닉 정체성에 대한 애착을 편파적으로 드러내면서 아일랜드계 이민자의 대변인 역할을 할 것이라는–으로부터 벗어난다. 한편, 아일랜드 이민자에 대한 풍자의 강도를 신랄하기보다 유쾌한 수준으로 조절함으로써 부정적 아이리시 스테레오타입 전통에서도 자유로울 수 있는 균형적인 시각을 유지한다. 특히 여러 에스닉 집단 이민자들이 서로 뒤엉켜 혼전을 벌이는 극의 최종 순간에 이르면 무대는 특정 에스닉 집단만이 조명되는 공간이 아니라 모든 에스닉 집단들이 공평한 시선을 공유하는 나눔의 공간이 된다. 이 순간, 만찬장인 댄의 집안 거실은 더 이상 댄 자신의 사적 공간이 아니라, 프림로스의 이발소와 마찬가지로 모든 에스닉 집단의 공적 공간이 된다.

뮬리건 가드 시리즈의 희극성이 일차적으로 일상에서 기인한다는 앞서의 언급과 관련하여, 가프 윌슨(Garff B. Wilson)이 뮬리건 가드 시리즈의 흥행 비결로 해리건과 하트 듀오의 코믹 연기 외에 관객의 역할을 강조한 것은 매우 통찰력 있는 지적이다. 윌슨은 뮬리건 가드 시리즈의 관객들은 극에 등장하는 이민자 '타입' 캐릭터들 그 자체였으며, 이 관객들이 극중 희극적 인물 형성에 일조했다고 주장한다(Wilson 196). 즉, 해리건은 관객층을 형성했던 맨해튼 남동부 이민자들의 외모와 행동을 면밀히 관찰하고 이것을 다시 극중 희극적 인물 형성에 활용하는 과정을 통해 타입캐릭터의 희극성과 리얼리티의 완성도를 높였던 것이다. 해리건의 극중 인물이 유발하는 웃음은 현실과 괴리된 그로테스크한 웃음이 아니라 일상성에서 기인하는 웃음이었으며, 때문에 일상의 냉철한 관찰과 반영은 극 창출에 있어 무엇보다 선행되어야 할 작업이었다. 희극적 타입캐릭터 창출에 있어 일상성의 중요성은 작가 자신의 1889년도 『하퍼스 위클리』(*Harper's Weekly*) 논평에서 분명히 강조된다.

> 내가 개인이 아닌 타입을 사용할지언정, 나는 [그 캐릭터가] 최대한 사실적일 수 있도록 노력한다. 실제와 오차 없이 정확해야 하는 것은 의상과 장신구뿐만이 아니다. 대사와 말투, 분장, 악덕과 미덕, 습관과 관습 또한 실제와 유사성에 있어 똑같이 정확해야 한다. 각 드라마는 제국의 도시[뉴욕]에서의 오늘 삶

을 찍은 일련의 사진들인 것이다.

> Though I use types and never individuals, I try to be as realistic as possible. Not only must the costuming and accessories be correct, but the speech or dialect, the personal 'make-up,' the vices and virtues, habits and customs must be equally accurate in their similarity to the facts. Each drama is a series of photographs of life today in the Empire City. (Harrigan, et al. 97)

해리건 자신이 선언한 "실제 삶에서 페이지로 고스란히 옮겨놓은 극"(plays like pages from actual life) 창출을 위한 노력(Khan 14), 그리고 그가 명명한 "자연에 거울을 비추는"(holding the mirror up to nature) 작업[7]은 극장 안에만 국한되지 않았다. 해리건은 공원, 부둣가, 술집, 주택가 등 이민자들이 있는 곳이면 어디라도 달려가 몇 시간이고 벤치에 앉아 그들의 행동을 관찰하고 대화를 귀동냥했다. 그리고 특이점들을 꼼꼼히 기록하여 무대 공연으로 환류시킴으로써 극중 인물의 행위와 대화의 일상성을 극대화했다. 또한 실감나는 무대의상 수급을 위해 해리건은 이민자 소굴로 유명한 제 6선거구(6th Ward)의 '파이브 포인츠'(the Five Points) 지역의 거리와 골목을 전전했다.[8] 심지어 그는 캐슬 가든(Castle Garden)[9]의 이민자 입국소 주변을 서성이며 미국에 막 입성한 외국인들에게서 옷가지를 사들이는 등 무대의상이 재현하는 리얼리티의 진정성(authenticity)을 극대화했다(Wilson 196; Williams 159).

극의 공간 배경 설정에서도 리얼리티의 진정성을 향한 작가의 세심한 배려가 묻어난다. 『뮬리건 가드 무도회』를 위시한 일련의 시리즈는 앞서 언급한 '파이브 포인츠'를 포함한 맨해튼 남동부 지역을 배경으로 하는데, 극중 언급되는 지명, 상호, 인명 대부분이 실제로 존재하는 명칭들이라서 당시 관객들에게 쉽게 식별 가능한 것들이다. 댄 뮬리건의 양조장이 위치한 "잭슨 스트리트"(Jackson Street, Scene 1: 549)는 맨해튼 남동부 "제 7선거구"(7th Ward, Scene 2: 554)에 실재하는 거리이며, 인근에 작가 해리건의 출생지 '콜리어스 후크'가 있다. 아들 토미의 결혼문제로 격분한 댄이 몸에 돌을 매달고 투신하겠다고 한 장소 "배터리"(the Battery, Scene 1: 551) 역시 맨해튼 남단 서쪽에 위치한 공원으로 이 안에 앞서 언급한 '캐슬 가든'이 위치한다. 토미와 키티가 공연을 보러 가는 "코미크"(the Comique, Scene 2: 552) 역시 브로드웨이 남단에 위치했던 극장으로, 이곳은 실제로 해리건과 하트 듀오의 뉴욕 데뷔공연 무대였으며 『뮬리건 가드 무도회』 역시 여기서 초연되었다. 또한 프림로스와 퓨터의 대화 중 언급되는 "델모니코"(Delmonico, Scene 2: 553)는 당시 맨해튼 일대에 네 개의 직영점을 거느렸던 미국 최초의 고급 레스토랑으로 전 세계적으로 '델모니코 스타일'의 스테이크를 유행시킨 곳이기도 하다(Wikipedia "Delmonico's"). 극중 삽입되는 노래 '뮬리건 가드'(The Mulligan Guard)에 언급되는 "휴세이 대위"(Captain Hussey, Scene 2: 554)는 실존인물 마이클 휴세이(Michael Hussey)로, 그는 당대 아일랜드 이민자들의 영웅으로 칭송받던 테렌스 뮬리건(Terrence Mulligan)을 기리기 위해 1873년경 뮬리건 가드를 최초 조직한 인물로 알려져 있다(Moody, *Ned* 50; Moody, *Dramas* 545). 결과적으로 댄 뮬리건 역시 실존인물의 극적 재현에 다름 아니다.

〈그림 17〉 조지 캐틀린(George Catlin)의 그림에 묘사된 파이브 포인츠 (1827년). 출처: 위키피디아

다양한 에스닉 캐릭터들을 향한 해리건의 애정 어린 시선과 민주적 태도는 일상을 편견 없이 반영하려는 그의 노력을 통해 진정성을 확보하며, 이런 이유에서 극중 흑인 캐릭터 프림로스의 입을 통해 희화되는 '조화'의 미덕은 피상적인 희극성을 넘어서 에스닉 공동체가 숙명처럼 떠안은 갈등관계에 대한 해결책으로서 진중함을 띤다. 이런 의미에서, 해리건이 "멀티에스닉 사회 미국에 대해 당시로서는 드물게 낙관론을 견지하고 있었던 것으로 보인다"는 윌리엄스의 지적(163)은 타당하다. 『뮬리건 가드 무도회』에 등장하는 에스닉 타입캐릭터들의 모습과 이들이 살고 있는 극중 세계의 현실과 다를 바 없는 일상성은 아이리시 아메리칸 작가 해리건이 몸소 체험하고 느끼는 미국의 환경이다. 이 환경은 다양한 에스닉 집단들이 태생적 불화와 갈등 속에서 조화의 지혜와 미덕을 통해 '서로에게 득이 되는' 타협책을 함께 모색하는 민주적 공간이다. 이 공간에서 에스닉 타입캐릭터들은 기득권층인 '와스프' 미국인들의 편견적 시각에서 비롯된 인종적 모멸과 차별로부터 자유로울 수 있다. 같은 맥락에서 극중 댄 뮬리건을 비롯한 아일랜드계 인물들은 '화이트페이스'라는 부정적 스테레오타입의 가면을 벗은 자유로운 인간군상이다. 이것이 바로 작가 해리건이 표현하고자 하는 아이리시-아메리칸 정체성, 다시 말해서 이방인이 아닌 '미국인'으로서 자기 정체성이다. 해리건 본인이 단언하였듯이, "공화당과 민주당 중에 어느 쪽을 지지하건 투표권을 행사하는 사람은 모국어가 무엇이고 피부색이 어떤가에 상관없이 모두 미국인임에 틀림없는" 것이다(Kahn 263-264).

4. 아이리시 메모리, 기억의 재구성, 아이리시-아메리칸 정체성

해리건이 아일랜드 출생 극작가 디온 부시코트(Dion Boucicault, 1820-1890)를 알았고 그에게서 영향을 받았음은 의심의 여지가 없다. 해리건이 1873년 부시코트의 『아라-나-포그』(*Arrah-na-Pogue*, 1864) 공연에 배우로 출연했다는 사실은 상기한 영향관계를 방증한다(Quinn 86). 그러나 해리건이 창출한 아이리시 캐릭터는 부시코트의 그것과 성격을 달리한다. 부시코트의 아이리시 드라마가 미국에서 공연되었을지언정 전적으로 아일랜드에서 나고 그곳에서 생활하는 소위 아일랜드 토착민의 삶을 극화한 것이라면, 해리건은 1845년 대기근 이후 미국으로 건너와 맨해튼 남동부라는 새로운 환경에서 에스닉 공동체를 형성한 아이리시 이민자의 삶을 다룬다. 부시코트를 위시한 초기 아이리

〈그림 18〉 뉴욕으로 떠나는 아일랜드 이민자들 (1874년 9월 26일 『하퍼스 위클리』) 삽화. 출처: 미국국회도서관

시-아메리칸 극작가들의 작품은 통상 아일랜드를 배경으로 하고, 정통성(legitimacy)과 계승(inheritance)에 대한 관심사가 '사랑과 명예'(love and honor)라는 멜로드라마 주제와 맞물려 아일랜드 민족주의(Irish nationalism)이라는 이슈로 수렴되는 플롯을 지닌다(Flynn 8). 일례로, 1798년 아일랜드 봉기(Fenian rebellion)라는 역사적 사건을 다룬 초기작 『아라-나-포그』 이후 부시코트는 모국 아일랜드를 배경으로 하는 극을 선보이면서 아일랜드 주요 지역을 거쳐 서부해안에 도달하는 주인공의 여정을 통해 지역적 속박에서 벗어나 문화적으로 재탄생하는 아일랜드성을 지속적으로 부각시킨다(Flynn 8-9). 반대로 해리건을 위시한 후세대 아이리시-아메리칸 극작가들은 미국을 배경으로 이 새로운 환경에서 다양한 에스닉 집단들과 경쟁하고 공생하는 아이리시 이민자와 후손들을 주인공으로 삼는다.

이러한 차이는 부시코트가 아일랜드 태생의 미국 이민자 1세대인 반면, 해리건은 미국에서 태어난 이민 3세대임을 감안할 때 새삼스러운 것이 아니다. 해리건 가문이 아일랜드를 떠난 것은 해리건의 조부 때 일로, 어부였던 그는 18세기 말 아일랜드 남부의 코크(Cork)를 떠나 캐나다 뉴펀들랜드(Newfoundland)로 이주했고, 여기서 해리건의 부친 윌리엄(William Harrigan)이 1799년에 태어났다. 선장이자 선박땜장이로 항구를 전전하던 윌리엄은 매사추세츠 출신의 미국 여성 엘렌(Ellen Rogers)을 만나 결혼했다. 부부는 뉴욕 맨해튼 남동부의 콜리어스 후크 지역에 정착했고, 여기서 에드워드 해리건이 태어났다(Moody, *Ned* 7-8). 즉, 해리건은 아일랜드 혈통을 지녔으나 도먼(James H. Dormon)이 강조하는 것처럼 엄격한 의미에서 "아일랜드인이 아니라 미국인"이었다(24). 뉴욕 맨해튼 남동부 말단의 항구에서 태어난 그는 말년이 되어서야 단 한 번 아일랜드를 가보았을 뿐이다. 그의 부친조차 생전에 아일랜드 땅을 밟아본 일이 없었다는 점을 감안하면, 해리건에게 있어 아일랜드는 '모국'이라 하기엔 너무 생소하고 먼 나라였고, 때문에 그가 아일랜드에 대해 가졌을지 모르는 소속감은 그만큼 막연한 것일 수밖에 없다. 해리건의 조국은 그가 태어나고 자란 미국이었으며, 그의 유년시절에 대한 최초의 기억은 그가 태어나고 자란 맨해튼 항구마을에서의 생활과 이곳에 위치한 해리건 가문의 "빨간 이층 벽돌집의 현관문 장식"이었다(Moody, *Ned* 9).

아일랜드에 대한 직접 체험이 없었기에, 해리건이 가진 아일랜드에 대한 기억은 집안에 대대로 이어져 내려오는 풍습, 전설, 민담, 민요 등의 습득을 통한 간접 체험에서 비롯한 것들이었다. 결국, 해리건에게 있어 아일랜드에 대한 기억은 자의든 타의든 조국을 떠나 미국이라는 새로운 환경에 지역적·문화적으로 재배치된(relocated) 기억인 것이다. '재배치'라는 개념은 배치 이전과 이후 사이의 차이와 변화를 함의한다. 이런 점에서 부시코트와 해리건의 출생지 혹은 '속지적' 국적 차이는 그들이 극작에 반영하였을 아이리시 메모리의 성격 차이까지도 추측하게 한다. 부시코트가 극작에 반영한 아이리시 메모리는 그가 태어나고 자란 모국 아일랜드에 대한 일차적 체험에 바탕 한 토착적 기억인 반면, 해리건의 아이리시 메모리는 부시코트와 같은 극작가의 작품을 통해 간접 체험하거나 아일랜드 출신 부모로부터 전해들은 이차적 혹은 재배치된 기억인 것이다. 분명한 것은 이차적 기억으로서 아이리시 메모리가 해리건이 창조한 뮬리건 캐릭터 및 작품에 반영되고, 아이리시-아메리칸 정체성이라는 구체성으로 수렴되며, 최종적으로 지역과 시간의 공백을 초월하여 언급한 두 개의 상이한 아이리시 정체성–토착적 기억과 재배치된 기억–을 관통하는 아이리시 연속체(Irish Continuum)를 형성한다는 것이다.

이와 관련하여 아이리시-아메리칸 정체성 형성 과정에서 '기억'의 중요성을 강조한 리암 케네디(Liam Kennedy)의 주장은 주목할 만하다. 아이리시-아메리칸 정체성의 구성 요소를 탐구하는 그는, 에스닉 집단의 '자아 정의'(self-definition) 과정에서 역사가 어떻게 선택·해석·활용되고 또한 과거가 어떻게 재구성되고 있는지를 추적한다. 케네디는 에스닉 정체성은 고정불변한 심리적 혹은 사회-문화적 총체로서 표출되는 것이 아니라, "특수한 물질성과 정치 현실"(specific material and political realities)에서 암시되는 "정체성 형성의 역동적 과정"(dynamic process of identity formation)으로 표출되며, 이 정체성 형성 과정에서 기억이 중대한 역할을 한다고 말한다(71). 케네디의 주장에 따르면, 아이리시-아메리칸 정체성을 구성하는 가장 중요한 요소는 '기억'이며, 이는 '역사 활용'과 '과거 재창안'이라는 정체성 형성의 필수단계를 가능케 하는 동인이 된다. 아이리시-아메리칸 정체성을 구성하는 또 다른 요소는 '물질성과 현실'인데, 이는 유동적이고 비가시적인 에스닉 정체성에 형태를 주어 한시적이나마 가시성을 부여하는 효과를 발한다.

해리건의 극 뮬리건 가드 시리즈는 상기한 '물질성'이라는 요소에 해당하며, 여기서 물질성은 극을 구성하는 제 요소들–캐릭터, 시공간 배경, 무대 비즈니스, 배우의 연기 등–로 세분되어 당대 '현실'이라는 두 번째 요소의 나머지 절반을 가시화한다. 여기에 최종적으로 '기억'의 작용–'역사 활용'과 '과거 재창안'을 포함하는–이 가세하게 되면, 뮬리건 가드 시리즈 공연은 그 자체로 아이리시-아메리칸 정체성 형성이라는 역동적 과정의 극적 재현이 된다. '물질성과 현실'의 문제에 대해서는 앞장에서 『뮬리건 가드 무도회』가 일상에 대한 냉철한 반영에 기반하고 있음을 밝힘으로써 이미 논한 바 있다. 남은 것은 '기억'의 작용이 『뮬리건 가드 무도회』에 어떻게 작동하고 있는지를 살피는 일이다.

극중 뮬리건 가드 단원이 부르는 노래들은 해리건이 선장이었던 부친으로부터 직접 배운 아일랜드 민요이며, 스키드모어 가드 단원이 선보이는 흑인의 노래와 춤은 모친이 남부 버지니아에서 자라면서 습득한 것들을 근본 출처로 한다.[10] 특히 뮬리건 가드 단원의 노래는 "전통적인 아일랜드 선율"을 따르고 있으며 "아일랜드 방언의 복원에 있어서도 정확"하다는 평가를 받고 있는 것으로(Riis 417), 해리건이 간접 체득한 재배치된 아이리시 메모리의 전형적 사례로 볼 수 있다. 노래 가사에는 아일랜드에 대한 토착적 기억의 흔적, 혹은 재배치된 아일랜드의 기억이 언급된다. 예를 들어, 2장에 등장하는 곡 "뮬리건 가드"(The Mulligan Guard)의 가사에서 언급되는 '개리오웬'(Garryowen)과 '코네마라 펫'(Connemara Pet)은 각각 빠른 박자의 아일랜드 춤곡과 연주곡인데, 특히 코네마라 펫은 사전적 의미로 아일랜드 코네마라 지역의 토종 조랑말을 일컫는다. 이어지는 "초록을 빨강 위로 올려, 우리가 어디서 왔는지 보여주세"(With the green above the red, boys, / To show where we came from, 555) 라는 가사는 잉글랜드에 대한 아일랜드인의 역사 깊은 반감과 민족적 자긍심을 표출한다.[11] 5장에 등장하는 곡 "우리 구역 아이들"(The Babies on Our Block)에서는 맨해튼 최남단인 제 1선거구(First Ward) 아이들의 모습과 이름을 나열된다. 이들은 '페일런'(the Phalens), '웨일런'(the Whalens), '클레어리'(the Clearys), '레어리'(the Learys), '브래넌'(the Brannons), '캐넌'(the Cannons) 등 아일랜드에서 기원한 이름 일색이다. 노래 가사처럼 이 지역은 "구역 아이들에 의해 아일랜드가 대표되는 곳"(Where Ireland's represented / By the Babies on our Block, 560)이다. 아울러 이 구역 어린이들이 항구에 누워 먼 바다를 바라보며 부르는 아일랜드의 동요 "녹색 자갈"(Greeny Gravel)은 아일랜드에 대한 기억을 한층 더 애틋하게 부각시킨다.[12]

해리건의 출생지이자 『뮬리건 가드 무도회』의 배경이 되는 맨해튼 남동부 콜리어스 후크는 '코크 로우'(Cork Row)라는 이름으로도 불린다. 이 지명은 공교롭게도 해리건의 조부가 캐나다로 이민을 가기 직전에 살았던 아일랜드 남부 마을 '코크'와 일치한다. 우연일 수 있겠지만,

아일랜드와 맨해튼의 두 '코크'는 남부 항구도시라는 점에서 유사성을 띤다. 해리건의 부친이 맨해튼 코크의 바닷사람이었듯 조부 역시 아일랜드 코크의 바닷사람이었다. 똑같이 바다를 일터로 삼고 항구마을이라는 환경도 공유했기에 시간적·공간적 거리에도 불구하고 조부와 부친이 '기억'하는 코크의 모습과 정서 사이에 공감의 가능성을 감지한다. 맨해튼의 코크에서처럼 아일랜드의 코크에서도 '개리오웬' 춤곡이 흥겨웠을 것이고, '코네마라 조랑말'이 평원을 질주했을 것이며, '초록 깃발'이 높이 휘날렸을 것이다. 맨해튼 코크의 아이들처럼 아일랜드 코크의 아이들도 아일랜드 이름 일색일 것이었으며, 먼 바다를 보며 "녹색 자갈"을 불렀을 것이다. 여기에 조부와 부친과 함께 항구마을 '코크'에 대한 정서를 공유하는 이민 3세대 작가 해리건의 기억을 덧붙이면, 아이리시 메모리는 '토착'과 '이산'이라는 상반된 아이리시 정체성을 아우르는 3대에 걸친 장구한 아이리시 연속체를 형성한다.

5. 나가며

1845년경 아일랜드 이민자들이 미국에 입성하면서 이들의 가슴에 아련한 추억 혹은 애틋한 향수로 남아있었을 고향에 대한 기억도 함께 새로운 땅에 유입되었음은 두말할 나위가 없다. 결과적으로 아일랜드 이민자들의 고향에 대한 기억은 미국이라는 낯선 토양에 '재배치'될 운명에 처하는데, 여기서 재배치라 함은 이후 이질적인 지리적, 문화적 환경 속에서 최초 아일랜드 이민자들의 고향에 대한 기억 혹은 소위 '아이리시 메모리'가 본래 형태와 의미의 변질을 겪고 종국에는 미국적인 형태로 재구성(reconstruction)되는 일련의 행로를 예견한다. 아이리시 메모리가 미국이라는 환경에서 겪게 될 재구성 방식은 크게 두 가지로 생각해 볼 수 있다. 첫째가 하향식(top-down) 재구성으로, 이는 미국의 토착민 주류 세력인 와스프가 이 낯선 이방인들의 정체성과 기억을 편파적으로 규정하고 타입으로 고착시키는 경향이다. 실제로 아일랜드 이민자들은 미국 주류 사회에서 포테토 피플, 주정뱅이, 싸움꾼, 바우어리 보이 등의 경멸적 호칭으로 불렸다. 특히 '바우어리 보이'는 아일랜드인 특유의 어투를 흉내 낸 호칭으로, 사회질서를 혼탁케 하는 '난폭하고 위험한 외국인'(rowdy and dangerous foreigners)이라는 부정적인 뉘앙스를 함축한다. 둘째는 상향식(bottom-up) 재구성으로, 이는 아일랜드 이민자들 낯선 환경에서의 생존을 위해 자기 정체성과 기억을 스스로 재창조하려는 의식적 노력의 결과로 볼 수 있다. 하향식 재구성이 아일랜드 이민자에 대한 미국 주류 백인사회의 부정적 시각을 표출하는 반면, 상향식 재구성 방식의 근저에는 아일랜드 이민자들이 자신의 정체성과 기억에 대해 갖는 자부심과 긍정적 입장이 자리하고 있음은 당연하다. 해리건이 극작과 무대공연을 통해 창출한 아이리시 캐릭터 '댄 뮬리건' 역시 후자의 입장에서 재구성된 것으로, 결과적으로 이 인물은 작가에게 영향을 직·간접적으로 영향을 주었을 아이리시 정체성과 기억에 대한 긍정적 수용 태도를 반영한다 하겠다.

미주

1) 향후 본문에서 아일랜드인의 고향에 대한 기억은 '아이리시 메모리'라는 용어로 대체하여 쓰기로 한다.

2) 초기의 대표적 흑인 캐릭터 타입은 '행복한 샘보'(happy Sambo)로, 이들은 백인의 조롱과 멸시에도 항상 미소를 띠며 백인들의 눈과 귀를 즐겁게 해주는 흑인상이다. 초기 동양인 무대 캐릭터로 순진무구한 '아 신'(Ah Shin)이 있다. 동명 타이틀의 극을 집필한 마크 트웨인(Mark Twain)은 극에 등장하는 이 캐릭터를 '어리석지만 위험스럽지 않은' 중국인이라 묘사했다. 남북전쟁을 전후로 자유인이 된 흑인들에 대한 백인사회의 우려를 반영한 폭력적인 흑인 캐릭터 타입 '블랙 브루트'(Black Brute)가 등장하기 시작하고, 또한 중국인 이민자들이 백인 노동시장을 잠식한 결과 백인 노동자들 사이에 반중국인 감정이 확대되면서 『중국인은 물러가라』(*The Chinese Must Go*, 1877) 등의 선동극을 통해 부정적인 이미지의 중국인 캐릭터가 등장하기 시작하지만, 초기 중국인 이민자들은 백인사회로부터 '근면하고 성실한 노동자'라는 평판을 받았다. 자세한 내용은 앞 장 〈1870년대 백인 노동분쟁과 반중국인 감정: 헨리 그림, 『중국인은 물러가라』〉를 참고할 것.

3) *The Mulligan Guard* (1873)를 필두로 '뮬리건 가드' 시리즈를 이루는 작품들로 *The Mulligan Guards and the Skidmores* (1875), *The Mulligan Guard Picnic* (1878), *The Mulligan Guard Ball* (1879), *The Mulligan Guard Surprise* (1880), *The Mulligan Guard Nominee* (1880), *The Mulligan's Silver Wedding* (1881), *Cordelia's Aspirations* (1883), *Dan's Tribulations* (1884)가 있다.

4) 카를로 골도니(Carlo Goldoni, 1707-1793)는 이탈리아의 코메디아 델라르테(Commedia Del'arte)의 전속 극작가로, 즉흥적 희곡 공연에 치중했던 극단의 빈약한 시나리오를 문학성 있는 대본의 수준으로 끌어올렸다. 그는 보다 현실성 있는 등장인물을 구현하기 위해, 판에 박힌 캐릭터 타입에 의존한 가면극과 즉흥극 요소들을 억제함으로써 코메디아 델라르테의 개혁을 추진했다.

5) 미국 배우 프랭크 샨프로(Frank Chanfrau)가 1850년대에 창출해낸 모스(Mose)라는 이름의 '바우어리 보이' 캐릭터는 맨해튼 남동부를 무대로 하는 다혈질적인 자원 소방대원이다. 그는 의협심에 넘쳐 싸움과 소동을 일삼는 부랑아로, 당대 백인주류 사회의 편견적 시선에 비친 아일랜드 이민자의 부정적 이미지를 표출한다.

6) 댄을 방문한 세 명의 빚쟁이는 무도장 대관료를 받으러 온 갈릭(Garlic), 결혼예복 대금을 받으러 온 슈나이더(Sneider), 뮬리건 가드 35명분의 유니폼 대금을 받으러 온 로젠펠트(Rosenfelt)다. 극중 이들의 에스닉 정체성에 대한 구체적 명시는 없으나, 이름의 뉘앙스와 억양으로 보아 갈릭은 이탈리아계, 슈나이더와 로젠펠트는 독일계 백인으로 추정된다. 세 명이 독촉하는 빚에 대해 댄은 갚아야 할 이유를 인지하지 못 하며, 실제로 일부는 그럴 필요가 없는 것이다. 연회장 대관료의 경우 건물 붕괴로 인해 행사가 중단되

었으며, 결혼예복은 아들 토미가 키티와의 비밀 결혼식을 위해 아버지 몰래 외상거래 한 것이다. 뮬리건 가드 유니폼은 댄의 동료 몰리 맥과이어(Molly Mcguire) 이름으로 거래한 것이며, 게다가 무도회 행사의 중단으로 더 이상 쓸모가 없어진 품목이다. 빚쟁이들은 차례로 댄과 난투를 벌이다 쫓겨난다. 이어 흑인 여자가 만찬장에 등장하여 빌린 시계를 돌려주지 않는 퓨터와 그의 동료 프림로스와 난투를 벌인다. 이 와중에 로크뮬러와 동료 정육업자들이 도살용 칼을 들고 뮬리건 가드와의 한판 대결을 위해 만찬장에 난입한다. 만찬장 전역에서 혼전과 난투가 만연한 가운데 막이 내린다.

7) 이 표현은 그가 1903년 11월호 『피어슨 매거진』(*Pearson's Magazine*)에 기고한 글의 제목으로 사용되었다.

8) 맨해튼 남동부에 위치한 6선거구는, 동쪽 바우어리(the Bowery), 서쪽 브로드웨이(Broadway), 남쪽 채텀 스트리트(Chatham Street), 북쪽 커낼 스트리트(Canal Street)를 접경으로 한다. '파이브 포인츠'는 이 지역 중심부의 오거리 지점으로, 질병과 범죄가 득실대는 빈민굴의 대명사였으며 자유민이 된 흑인들과 백인 이민자들이 에스닉 공동체를 이루며 미국 '멜팅 팟'(melting pot)의 원조가 되었다.

9) 캐슬 가든은 맨해튼 남단의 배터리 공원(Battery Park)에 위치한 성채로, 1855년부터 1890년까지 미국 최초의 이민자 입국소로 사용되었으며 이 기간 동안 8백만 명 이상의 유럽 이민자들이 이곳을 거쳤다. 현재 이곳에는 엘리스 섬(Ellis Island)과 자유의 여신상(the Statue of Liberty) 행 연락선 매표소가 들어서 있다.

10) 해리건의 모친 앨런은 남부 흑인의 음악과 춤을 좋아했을 뿐만 아니라 재현하는 데에도 재능이 있었다. 그녀는 저녁마다 거실에 아이들을 불러놓고 피아노를 연주하며 흑인들의 춤과 노래를 들려주곤 했다. 해리건은 "내가 아는 흑인 춤과 노래는 모두 어머니에게서 배운 것"이라고 술회했다(Moody, *Ned* 11)

11) 16세기 이후로 영국의 속국이었던 아일랜드는 20세기 초에 시작된 독립 노력 끝에 1937년 영국으로부터 독립을 쟁취했으나, 실상은 아일랜드 북쪽이 영국에 편입된 반쪽짜리 독립이었다. 본의 아니게 민족 분단의 아픔을 안게 된 아일랜드의 영국에 대한 반감은 현재에도 첨예하다. 잉글랜드를 상징하는 빨강과 아일랜드를 상징하는 초록의 색 대조 이미지는 아일랜드의 민족적 자긍심을 표출하는 흔한 수법이다. 일례로, 아일랜드 풋볼 리그의 전설 '마요'(Mayo) 카운티 팀은 'The Green Above the Red'라는 애칭으로 불리는데, 이는 토마스 오스본 데이비스(Thomas Osborne Davis)가 가사를 붙인 항쟁가 제목에서 따온 것이다. 실제로 팀의 유니폼은 녹색 바탕에 가슴 부위에 빨간 가로줄이 있는 디자인으로, 초록이 빨강을 압도하는 분위기를 자아낸다. 뉴욕 시라큐스 시의 티퍼래리 힐(Tipperary Hill)은 아일랜드 이민자들이 세운 마을인데, 1920년대 이 지역에 신호등이 설치되는 과정에서 빨간 등이 녹색 등 위에 있다는 이유로 주민들의 항의가 있었고 결국 녹색 등을 위로 옮기게 된 사례도 있다(Wikipedia "Tipperary Hill").

12) 실제로 해리건은 귀가하는 길에 1선거구 지역의 아일랜드계 아이들 무리를 지나치곤 했는데, 이 경험에서 "우리 구역 아이들" 곡을 착상했다고 한다(Moses 177). 또한 동요 "녹색 자갈"의 원제는 '녹색 무덤'(Green Grave)으로 아일랜드 아이들이 장례식 놀이를 하면서 불렀다고 한다(Ocracoke 2004).

인용 문헌

· Byrne, James P. "The Genesis of Whiteface in Nineteenth-Century American Popular Culture." *MELUS* 29.3/4 (2004): 133–149.

· Dickens, Charles. *All the Year Around: A Weekly Journal Conducted by Charles Dickens.* March 16, 1861.

· Dormon, James H. "Ethnic Cultures of the Mind: The Harrigan-Hart Mosaic." *American Studies* 33.2 (1992): 21–40.

· Finson, Jon W. ed. *Edward Harrigan and David Braham: Collected Songs 1873–1882.* Madison: A-R Edition, 1997.

· Flynn, Joyce. "Sites and Sights: The Iconology of the Subterranean in Late Nineteenth-Century Irish-American Drama." *MELUS* 18.1 (1993): 5–19.

· Harrigan, Edward. *The Mulligan Guard Ball* (1879). In *Dramas from the American Theatre 1762–1909*. Ed. with Introductory Essay by Richard Moody. Boston: Houghton Mifflin, 1966.

· ──────. "Holding the Mirror Up to Nature." *Pearson's Magazine* (November 1903): 2–6.

· ──────, et al. "American Playwrights on the American Drama." *Harper's Weekly* 33 (Feb. 2, 1889): 97–99.

· Kahn, E. J., Jr. The *Merry Partners, The Age and Stage of Harrigan and Hart.* New York: Random House, 1955.

· Kennedy, Liam. "Memory and Hearsay: Ethnic History and Identity in Billy Phelan's Greatest Game and Ironweed." MELUS 18.1 (1993): 71–82.

· Londré, Felicia Hardison, and Daniel J. Watermeier. *The History of North American Theatre.* New York: Continuum, 1998.

· Moody, Richard. *Ned Harrigan: From Corlear's Hook to Herald Square.* Chicago: Nelson-Hall, 1980.

· ──────. *Dramas from the American Theatre 1762–1909.* Boston: Houghton Mifflin, 1966.

· Moses, Montrose J. "Edward Harrigan." *Theatre Arts Monthly* 10.3 (March 1926).

· Ocracoke Island Journal. "Green Gravel." (July 31, 2004).

· Quinn, Arthur Hobson. *A History of the American Drama, vol. 2: from the Civil War to the Present Day*. New York: Appleton-Century-Crofts, 1927.

· Riis, Jacob. *How the Other Half Lives: Studies Among the Tenements of New York*. New York: Charles Scribner's Sons, 1901.

· Wikipedia. "Delmonico's." Accessed June 15, 2011.

· 〈http://en.wikipedia.org/wiki/Delmonico's〉

· Wikipedia. "Tipperary Hill." Accessed June 15, 2011.

· 〈http://en.wikipedia.org/wiki/Tipperary_Hill〉

· Williams, William H. A. *'Twas Only an Irishman's Dream: The Image of the Irish and Ireland in American Popular Song Lyrics, 1800–1920*. Urbana: U of Illinois P, 1996.

· Wilson, Garff B. *Three Hundred Years of American Drama and Theatre: From Ye Bare and Ye Cubb to Hair*. Englewood Cliffs: Prentice-Hall, 1973.

James A. Herne, *Margaret Fleming* (1890)

이 글은 2009년 4월 인천대학교에서 열린 한국현대영미드라마학회 봄학술대회에서 발표되고, 『현대영미드라마』 22권 2호(2009년)에 게재된 논문 「제임스 헌의 '진실을 위한 예술'론과 휴머니즘: *Margaret Fleming*에서의 사회적 혼혈 이슈와 여성 문제」를 다듬어 정리한 것이다.

〈그림 19〉 『마가렛 플레밍』 초연 포스터
(1891년 보스턴 치커링 홀). 출처: 위키피디아

1890년대 사회적 혼혈 이슈와 여성: 제임스 헌, 『마가렛 플레밍』

1. 들어가며

19세기 후반 미국의 배우, 극장매니저이자 비평가인 극작가 제임스 헌(James A. Herne, 1839~1901)은 멜로드라마로 대표되는 당대 미국의 주류 극작 관행에 깊은 우려를 표출했다. 그 자신 멜로드라마 작가이기도 했던 헌은, 멜로드라마가 인간조건의 현실을 직시하는데 실패했으며 그 대신 경박한 하룻밤의 오락거리를 제공하는 수준에 머물고 있음을 지적했다. 헌은 1897년 2월 『아레나』(*The Arena*)에 게재한 「드라마에서의 진실을 위한 예술」("Art for Truth's Sake in the Drama")이라는 제목의 기고문을 통해 미국 연극계의 상기한 풍토에 일침을 가하고, 드라마의 숭고한 목적이 사회의 불의와 불평등을 있는 그대로 보여줌으로써 대중들이 생의 진실에 눈뜨게 하고 궁극적으로는 이를 타파하는데 있음을 골자로 하는 '진실을 위한 예술'(Art for Truth's Sake)이라는 사실주의 극작철학을 공식 표명했다. 헌의 극들은 미국 연극사에서 깊이 없는 멜로드라마(mindless melodrama)와 경박한 소극(frivolous farce)

으로 대표되는 기존의 극작 전통이 사실주의라는 새로운 극작 전통으로 대체되는 전환기를 체현하는 시금석이자 "현대 사실주의 드라마의 선구"(precursor of modern realism drama)로 여겨진다(Vaughn 168; Wilson 227; Postlewait 123). 아울러 "당대 최고의 사실주의 극작가"로서 헌이 미국 연극사에 끼친 영향은 유럽의 사실주의 극작가 헨릭 입센(Henrik Ibsen, 1828~1906)의 업적에 비견되며, 그러한 이유에서 그는 '미국의 입센'(American Ibsen)으로 일컬어진다(Miller 253, 254).[1]

헌의 1890년 극 『마가렛 플레밍』(*Margaret Fleming*)은 앞서 언급한 작가의 극작 철학과 그 결과가 낳은 극적 사실주의(dramatic realism)가 가장 잘 발현된 작품으로 평가된다(Bucks and Nethercot 313). 이 극은 "타협 없는 사실주의"(uncompromising realism)를 표방하면서 당대 극작가와 연극제작자가 꺼려했던 불륜 문제(marital infidelity)와 남녀 애정관의 이중적 잣대(sexual double standard)라는 주제를 여과 없이 파고드는 과감함을 선보인다(Vaughn 173). 이런 이유로 이 극은 초연 당시 미국 연극사상 "가장 급진적인 희곡 중 하나"(one of the most radical plays)로 여겨졌으며(Garland 543), 반세기 뒤에는 연극사가들에 의해 현대 미국 사상극(modern American drama of ideas)의 시작으로 평가받게 된다(Bucks and Nethercot 313; Pizer 264; Matlaw 455). 혁신적 극작가로서 헌의 명성은 주제뿐만 아니라 극작스타일, 문체, 구성 등 기술적(technical) 부분에서도 입증된다. 실제로 『마가렛 플레밍』에는 기존 가정 멜로드라마(domestic melodrama)의 전형적 특징인 과장되고 판에 박힌 극장치들, 예를 들어 영웅과 악당의 뚜렷한 대립, 격정적 언행, 관객을 의식하는 장황한 독백과 방백, 갑작스런 운명의 전환 등을 찾아볼 수 없다(Vaughn 175; Matlaw 456; Miller 254). 반대로 『마가렛 플레밍』에서 발견되는 현미경으로 들여다보듯 세밀한 인물묘사와 무대세트 설명은 입센의 『인형의 집』(*A Doll's House*, 1879)과 『유령』(*Ghosts*, 1881)의 장면들을 떠올리게 한다. 이런 점에서 『마가렛 플레밍』은 당대 비평가 하우웰스(William Dean Howells)가 지적하듯, 입센적 드라마(Ibsenesque drama)의 미국식 모델로서의 면모를 보인다(Miller 254 재인용).

이 극의 첫 공연이 지니는 역사적 의미도 크다. 1890년 7월 4일 매사추세츠 주 린(Lynn)에서의 시험공연 후 열 달 뒤인 1891년 5월 4일 『마가렛 플레밍』은 보스턴에서 공식 초연될 기회를 갖는다. 그러나 이 데뷔 공연장은 정식 극장이 아니었다. 이유인 즉, 극이 다루는 주제와 접근 방식이 지나치게 과격하다고 판단한 극장관계자들이 선뜻 공연장 대여를 꺼렸기 때문이다. 우여곡절 끝에 헌은 작은 연주회장을 빌려 무대를 급조했고, 이 간이무대에서 3주에 걸쳐 『마가렛 플레밍』이 초연된 것이다(Matlaw 455). 후일 이 공연은 미국 '독립극장 운동'(independent theatre movement)의 시발점이 된 중대한 사건으로 여겨지며, 그로 인해 헌은 종종 유럽 독립극장 운동의 선구자로 여겨지는 프랑스의 안드레 앙토넹(André Antonine)과 독일의 오토 브람(Otto Brahm) 등에 비견되기까지 한다(Perry 193-94; Vaughn 173).[2]

이번 장은 입센적 리얼리즘의 미국적 선구이자 극작가 헌의 '타협 없는 사실주의' 혹은 '진실을 위한 예술' 철학의 전형으로서 『마가렛 플레밍』이 당대 미국 사회의 문제를 직시하고 이를 구체적 현실담론으로 끌어내는 양상을 탐구한다. 먼저, 헌의 '진실을 위한 예술' 철학의 의미를 되짚어 보고 이것이 헌의 극에 어떻게 구체화되고 있는지를 살펴보고자 한다. 구체적으로 『마가렛 플레밍』에서 다뤄지는 불륜의 문제와 관련하여, 남편의 비도덕적 행위가 낳은 버림받은 아이의 정체성을 '사회적 혼혈'(social mulatto)의 관점에서 분석하면서, 이 극이 미국 사회가 안고 있던 사생아 문제를 단순히 인종적인 문제를 넘어서 한층 복잡다변해진 사회적 정체성의 문제로 인식하는 세련된 현실감을 보여주고 있음을 밝힌다. 아울러, 애정관의 이중적 잣대라는 주제와 관련하여,

남편의 불륜을 단죄하고 가정의 상처를 봉합하는 주도적 역할자로서 여성의 모습을 통해 이 극이 심지어 입센의 여성상과도 차별되는 미국적 여성상을 제시하는 현대적 면모를 발하고 있음을 살펴본다.

2. 진실을 위한 예술로서 드라마

아서 홉슨 퀸(Arthur Hobson Quinn)이 지적하듯, 헌은 자신이 유럽의 사실주의 작가들, 특히 동시대 영국 소설가 찰스 디킨스(Charles Dickens, 1812~1870)로부터 많은 영향을 받았음을 인정했다(History 130; "Ibsen and Herne" 172). 특히 퀸은 헌의 딸인 연극배우 줄리 헌(Julie Herne)과의 서신인터뷰를 통해, 헌이 디킨스에 충성을 다짐했으며 자신이 미국 사실주의극의 선구자 위치에 서게 된 것도 디킨스로의 가르침을 따른 결과라고 평소 언급했었다는 사실을 확인했다.

> 분명히 해야 할 점은, 제 아버지의 "독창성," 즉 미국 사실주의 드라마의 선구자로 여겨지게 해준 그분의 자질들이 비록 후기 희곡들에서 보다 분명해졌긴 하지만 초기 멜로드라마 작품들에서도 이미 드러나고 있다는 것입니다. ... 또한 잊지 말아야 할 것은 제 아버지가 디킨스에게 충성을 맹세한 사람이라는 점입니다. 저는 아버지로부터, 디킨스가 가르친 대로 행했노라고 말씀하시는 것을 여러 번 들었습니다.

> The Point that I think should be made clear, however, is that my father's "originality," the qualities that entitle him to be considered a pioneer in the field of American realistic drama, are present in his earliest melodramas, though possibly they

> are not as evident as in his latter plays ... It must also not be forgotten that he himself owed allegiance to Dickens. I have heard him say repeatedly that Dickens taught him to act. ("Ibsen and Herne" 171-72)[3]

퀸의 분석에 따르면, 디킨스 소설에서 헌의 마음을 사로잡은 부분은 일상에 대한 진솔한 묘사와 탐구, 인간의 노동에 대한 존중, 그 결과로 소설에 충만한 인간 군상들의 "인간미"(humanity)였다(*History* 130). 디킨스의 소설은 상당 부분 작가의 유년기 체험에 기초한 것으로 알려진다. 특히 디킨스는 부친이 채무 관계로 수감되자 12세의 나이에 구두약공장에서 하루 10시간의 노동으로 생계를 꾸렸다. 불우한 시절 그가 직접 체험한 빈민층의 열악한 생활 조건, 이를 통해 그에게 자연스럽게 형성된 하층민 노동자에 대한 동정심, 반대급부로 상류층에 대한 분노와 회의가 후일 그의 문학의 주요 소재가 되었음은 주지의 사실이다. 결과적으로 그의 전 작품에는 보통 사람들에 대한 깊은 공감과 애정이 배어 있다.[4]

멜로드라마 작가로 극작 이력을 시작한 헌은 당대 사실주의 작가들, 특히 디킨스의 소설에서 살아있는 인간의 삶에 내재한 아름다움에 눈을 떴고, 이러한 통찰을 극작과 무대화를 통해 구현하고자 했다(*History* 138-39). 그리고 실제 삶에 대한 극작가 헌의 지대한 관심과 열정은 전술한 바와 같이 그가 1897년 2월 『아레나』의 기고문을 통해 천명한 '진실을 위한 예술' 철학으로 고스란히 표출되었다.

헌이 말하는 '진실을 위한 예술'이란 당대의 예술 가치로 확고한 위치를 점유한 '예술을 위한 예술'(Art for Art's Sake)에 "반하는"(against) 또한 이를 "뛰어 넘는"(over) 의미를 지니는 것이었다("Art for Truth" 361).[5] 헌은 두 개의 대립적 예술 가치를 비교하면서, 예술을 위한 예술이 창작의 기쁨을 강조한다면 진실을 위한 예술의 강조점이 다름 아닌 '인간미'에 있음을 역설한다.

"예술을 위한 예술"은 특히 섬세한 터치와 기교에 관심을 두는 듯하다. 이러한 예술은 심미적이다. 이러한 예술은 미(美)를 강조한다. 이러한 예술은 매력적이어 보이기를 목적으로 한다. 이러한 예술은 항상 아름다워야 한다. 이러한 예술은 불쾌한 면을 포함해서는 안 된다. 이러한 예술은 결코 기분을 상하게 하지 않는다. 이것은 소위 고급 예술이다. 이러한 예술은 진실을 추한 것으로, 혹은 최소한 항상 아름답지는 않은 것으로 생각한다. 예술가들은 이것을 창작해내는 기쁨으로 보상을 받는다. 반면, "진실을 위한 예술"은 인간미를 강조한다. 주제가 매력적이거나 아름답다는 사실로, 혹은 기분을 상하게 하지 않는다는 것으로는 충분하지 않다. 이러한 예술은 무엇보다 어떤 거대한 진실을 드러내야 한다. 즉, 이러한 예술은 항상 진실을 반영해야 한다. 진실은 항상 아름답지만은 않으며, 진실을 위한 예술에서 이 점은 필수불가결한 것이다.

"Art for art's sake" seems to me to concern itself principally with delicacy of touch, with skill. It is aesthetic. It emphasizes beauty. It aims to be attractive. It must always be beautiful. It must contain no distasteful quality. It never offends. It is high-bred, so to speak. It holds that truth is ugly, or at least is not always beautiful. The compensation of the artist is the joy of having produce it. "Art for truth's sake," on the other hand, emphasizes humanity. It is not sufficient that the subject be attractive or beautiful, or that it does not offend. It must first of all express some large truth. That is to say, it must always be representative. Truth is not always beautiful, but in art for truth's sake it is indispensable. ("Art for Truth" 362)

이어서 헌은 비유적 표현을 통해 '미'(beauty)와 '진실'(truth)이라는 두 가지 예술 가치의 경중을 따지면서 진실을 위한 예술의 원칙과 소명을 보다 분명히 한다.

> 예술을 위한 예술은 어떤 고상한 건물의 정교한 장식과 관련이 있을지 모르겠다. 반면, 진실을 위한 예술은 건물 자체에 해당한다고 볼 수 있다. 진실을 위한 예술은 진지하다 ... 진실은 모든 예술의 본질을 이룬다. 진실 없이 어떻게 예술이 가능할 수 있는지 나는 잘 모르겠다. 나는 아주 희박하게라도 진실을 말해야 하는 것이 진정한 예술가의 임무라고 생각한다. 다시 말해서, 만일 밝혀야 할 진실이 있고 또 그 일이 불쾌감을 주지도 명성을 잃지도 않는 것이라면, 예술가는 응당 진실을 밝혀야 한다. 반대로 만일 예술가가 불쾌감을 줄 것인가 아니면 평판을 잃을 것인가 사이에서 갈등을 해야 한다면 그는 응당 자신의 원칙에 입각하여 대담하게 진실을 말해야 한다.

> Art for art's sake may be linked to the exquisite decoration of some noble building; while art for truth's sake might be the building itself. Art for truth's sake is serious ... Truth is the essential of all art. I do not well see how there can be art without some truth. I hold it to be the duty of the true artist to state his truth as subtly as may be. I other words: if he has a truth to manifest and he can present it without giving offense and still retain its power, he should so present it, but if he must choose between giving offense and receding from his position, he should stand by his principle and state his truth fearlessly. ("Art for Truth" 362-63)

위에서 보듯, 헌은 아름다움은 단지 예술의 겉치장에 불과하며 진실성이야 말로 예술의 뼈대이자 본질이라고 말한다. 때문에 진실을 위한 예술은 외견상 볼품은 없을지언정 생에 대한 진지함을 잃어서는 안 된다는 것이다. 헌은 조건을 불문하고 예술가가 반드시 지켜야 할 것은 진실에 대한 충실 '원칙'이라 강조하면서 현실과 타협하지 않는 정신을 언급한다. 이제, 예술가로서 흔들림 없는 원칙은 극작가 헌이 주장하는 예술의 목적성과 사회참여 정신에 대한 강조로 구체화된다.

> 일반적으로 드라마의 직분은 즐거움을 주는 것이라고 생각한다. 나는 드라마가 보다 숭고한 목적을 지닌다고 주장하는 바다. 즉, 드라마의 사명은 [진실에] 관심을 유도하고 그것을 터득하게 하는 것이다. 타각(他覺)적인 설교에 그쳐서는 안 되며, 자각(自覺)적으로 깨닫도록 가르쳐야 하는 것이다. 때문에 나는 드라마에서 진실을 지지하는 바, 그것은 드라마의 근본이며 [생에 대한] 의문의 진상을 규명하기 때문이다. 진실은 불평등한 잣대와 부당한 제도를 공격한다. 진실은 정직한 만큼 굽힘이 없다. 진실은 강직한 만큼 다정하다. 진실은 인간에 대한 지고지선의 신뢰를 지닌다. 진실은 시작이 좋았던 것이 결과가 나쁠 수 없다는 것을 믿는다. 진실은 개인의 관심사가 우리 모두의 관심사라는 점을 분명히 개진한다. 진실은 보다 나은 진보, 나아가 인류 개개인의 자유를 지지한다.

> It is generally held that the province of the drama is to amuse. I claim that it has a higher purpose--that its mission is to interest and to instruct. It should not preach objectively, but it should teach subjectively; and so I stand for truth in the drama, because it is elemental, it gets to the bottom of a question. It strikes at unequal standards and unjust systems. It is as unyielding as it is honest. It is as tender as it is inflexible. It has supreme faith in man. It believes that that which was good in the beginning cannot be bad at the end. It sets forth

clearly that the concern of one is the concern of all. It stands for the higher development and thus the individual liberty of the human race. ("Art for Truth" 370)

결국 극작가 헌이 강조하는 드라마의 목적성은 사회의 불평부당을 폭로하고 개선하는 것이며, 이러한 목적성은 궁극적으로 인간 개개인을 향한 보편적 휴머니즘으로 귀결된다. 즉, 그의 참여주의 예술철학의 근간에는 인류에 애정이 관통하며, 이는 그가 그토록 디킨스의 소설에 천착한 이유와 맞닿는다.

1890년 작 『마가렛 플레밍』은 진실을 위한 예술 철학이 지향하는 극적 사실주의를 가장 잘 체현한 극이다(Bucks and Nethercot 313). 헌 자신이 7년 전 『아레나』에서 밝혔던 소신 대로, 첫 무대에서 이 극에는 예술적 겉치장이 제거되어졌다. 햄린 갈란드(Hamlin Garland)는 1891년 10월 『아레나』에 기고한 글을 통해 같은 해 5월 4일 보스턴의 피아노 연주회장 치커링 홀(Chikering Hall)에서 공식 초연된 이 극의 실상을 다음과 같이 전했다.

당대 몇몇 저명한 문인들의 지지를 받았던 이 극을 올릴만한 [전용]극장을 구할 수 없었던 헌 부부는 홀을 빌려 이용할 수밖에 없었으며, 기계적 환영이 완전히 제거되고 배경 및 효과 장치가 모두 배제된 『마가렛 플레밍』을 무대에 올렸다. 모든 이들, 심지어 작가의 친구들까지도 이 극의 참패를 예견했다. 이와 같은 환경에서 극의 실패는 뻔해 보였다.

Mr. and Mrs. James A. Herne, unable to obtain a hearing in the theatres for their play, which had been endorsed by some of the best known literary men of the day, were forced to hire a hall, and produce Margaret Fleming bare of all mechanical illusion, and shorn of all its scenic and atmospheric effects. Everybody, even their friends, prophesied disaster. In such surroundings failure seemed certain. ("Mr. and Mrs. Herne"; reprinted in Wolter 219)[6]

갈란드의 묘사대로라면, 연극전용 공간에서도 아니고 게다가 무대공연에 수반되는 기계설비, 조명장치, 배경세트마저 갖추지 못한 『마가렛 플레밍』의 초연은 멜로드라마가 주는 흥미로운 볼거리에 익숙한 당시 관객의 기준에 수준미달이었음에 틀림없다. 이 극이 볼품없는 모양새로 무대에 오른 것은 무엇보다 전용극장을 찾지 못한 데서 기인한 불가피한 결과였을 것이다. 그리고 보통의 제작자라면 이런 여건 속에서 극을 포기하는 것이 당연할 것이다. 이런 공연은 갈란드가 예견하듯 참패를 거둘 것이 자명하기 때문이다.

〈그림 20〉 피아노 제조사의 전시매장 2층에 위치한 연주장 치커링 홀 전경 (1900년경). 출처: 미국국회도서관

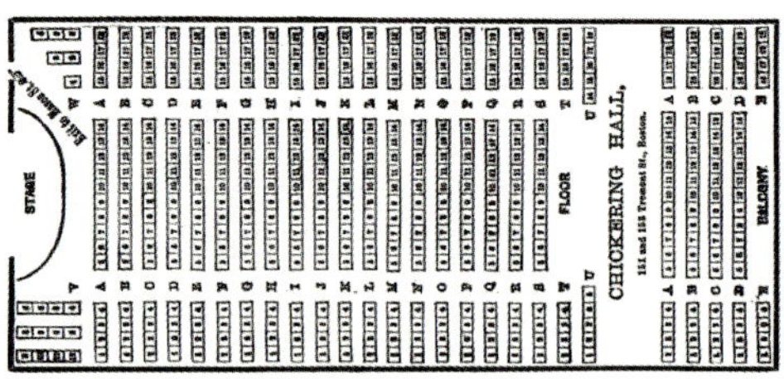

〈그림 21〉 치커링 홀 내부구조와 좌석배치 (1887년경). 출처: 위키피디아

갈란드의 예상대로 이 극은 초연 이후 같은 해 12월에 있었던 뉴욕 공연에서 비평가와 관객 모두에게 냉담한 반응을 받으며 흥행에 참패하고 말았다. 리차드 무디(Richard Moody)는 당시의 흥행 기준으로 "사실적 지방색"(authentic local color)과 "박진감 넘치는 볼거

리"(lifelike spectacle)를 들면서, 『마가렛 플레밍』은 이러한 기준을 충족시키기에는 너무 시대를 앞서가고 있었으며 바로 이 점이 흥행에 실패한 원인이라 분석한다. 아울러 무디는 이 극이 선보이는 "심리적이고, 내면적이며, 기탄없는 새로운 사실주의"(psychological realism, inner realism, the new outspoken realism)가 당대 관객의 취향에 어울리기를 기대하는 것은 시기상조였다고 덧붙인다(660).

자명한 결과를 눈앞에 두고도 헌은 예상 밖의 선택을 했다. 그는 전용극장을 찾을 수 없었음에도 공연을 강행했다. 이처럼 무모한 선택이 가능했던 이유는 앞서 언급한 헌의 예술 철학에서 찾을 수 있다. 거듭 강조하지만, 예술의 본질은 외형적 아름다움보다 진실성에 있다는 시각, 그리고 진실에 충실하기 위해서 현실적 조건과 타협하지 말아야 한다는 정신이 바로 이 볼품없는 극의 공연이 가능했던 이유였다. 이런 이유에서 갈란드는 이 볼품없는 볼거리에서 '급진적'이고 '주목할 만한' 가치를 발견한다.

> 미국 공연사상 미국 작가가 쓴 가장 급진적인 희곡들 중 하나가 공연되었다 ... 이 극과 작가를 좀 더 잘 아는 이들은 대중이 있었음을 확신했다. 이것은 주목할 만한 하나의 사건이었으며, 『마가렛 플레밍』의 명성은 여전히 연극계에 회자되고 있다. 이러한 결과를 이끈 두 가지 이유가 있었다. [첫째는] "생에 대한 전적인 진솔함과 무조건적 진실성에 의해" 환영을 창조해냈던 헌 부인의 비할 데 없는 연기였다. 둘째는, 이 극 자체가 어느 비평가가 말했듯이 "신기원을 여는" 극이었기 때문이다. 이 극은 상투적인 줄거리와 장광설 없이 가능했듯이, 배우들이 웅변과 북새통을 내버렸듯이, 배경 막, 조명 세트, 기계장치 없이도 능히 가능한 극이었다.

> [There] was produced one of the most radical plays from a native author ever performed in America ... a few who knew the play and its authors better, felt confident that there was a public for them. It was a notable event, and the fame of Margaret Fleming is still on its travels across the dramatic world. There were two reasons for this result, the magnificent art of Mrs. Herne, which "created illusion by its utter simplicity and absolute truth to life," and second, because the play was, in fact, as one critic said, "an epoch-making play." It could afford to dispense with canvas, bunch-lights, machinery, as it dispensed with conventional plot and epithet, and as its actors discarded declamation and mere noise. ("Mr. and Mrs. Herne"; reprinted in Wolter 219).

갈란드는 『마가렛 플레밍』이라는 사건에서 거품이 제거된 생의 진솔한 초상으로서 예술, 동시대 비평가 하우웰스가 "볼품없으나 진실하다"(it was ugly, but it was true)고 극찬한 예술의 형식을 발견하며(Miller 254 재인용), 이것은 다름 아닌 헌의 진실을 위한 예술 철학의 실천인 것이다. 기존의 멜로드라마가 극적 환영을 위한 기계장치에 의존하고 권선징악의 줄거리와 화려한 장광설로 간을 내며 심금을 울리는 웅변과 눈과 귀를 즐겁게 하는 북새통으로 맛을 내는 예술이었다면, 『마가렛 플레밍』은 부차적 도구와 재료 없이도 조미가 가능한 예술이고 또 이러한 가능성을 미국 최초로 시연해보인 극이었다. 바로 갈란드가 이 극을 미국 연극사의 "신기원을 연"(epoch-making) 작품이라 평가한 이유다. 아울러 갈란드는 신기원적 시도로서 이 극이 안고 있는 미흡함도 지적하는 균형적 시각을 잃지 않는다.

> 진실이라는 기준에서 봤을 때, 이를 다루는 방법이 두드러지게

직접적이고 진솔하긴 하나 이 극은 이를 구성하는 면에서 두세 가지 미흡한 점을 안고 있다. 미국 무대에서 상연되는 여타 극들과 비교해 볼 때, 이 극은 목적성, 진행, 호소력에 있어 월등히 우수한 극으로, 가히 새로운 드라마의 대표라 할 만하다. 이 극은 가장 엄격한 시험의 무대에 올랐으며 이를 성공적으로 이겨냈다. 이 극이 미국 드라마에 어떤 영향을 미칠 것인지에 대해서는 단언하기는 힘들다. 분명한 것은 크건 작건 그 영향은 진보를 향한 영향일 것이며, 전적으로 긍정적인 영향임에 틀림없다.

Measured by the standard of truth it fails at tow or three points in its construction, though its treatment is markedly direct and honest. Measured by any play on American stage, it stands above them all in purpose, in execution, in power, and is worthy to stand for the new drama. It was exposed to the severest test, and came out of it triumphantly. What the effect will be upon the America drama, it would be hard to say. Certainly whether great or small, that influence will be toward progress, an influence that is altogether good. ("Mr. and Mrs. Herne"; reprinted in Wolter 219).

갈란드는 『마가렛 플레밍』이 진실을 위한 예술로서 아직 보완할 점이 있지만, 뚜렷한 목적을 전달하는 능력에 있어서는 동시대 여느 미국 드라마보다 뛰어나다고 평가한다. 아울러, 대중의 냉담한 반응에도 불구하고 이 극이 향후 미국 드라마 전통에 지대한 영향을 미칠 것이라는 기대를 잊지 않는다. 주목할 것은 윗글에서 『마가렛 플레밍』이 '새로운 드라마'(the new drama)의 선구로 평가된 점이다. 이것은 이후 '사상극'(drama of ideas)이라 명명되는 미국 사실주의 드라마를 칭하는 것으로, 『마가렛 플레밍』은 훗날 "미국 최초의 사상극"(America's first modern drama of ideas)으로서 미국 연극사에 분수령을 가른 작품으로 평가된다(Matlaw 455). 또한 퀸이 지적하듯이 새로운 드라마의 선구로서 이 극은 당대 비평가 하우웰스를 비롯, 작가 갈란드와 매리 윌킨스(Mary E. Wilkins) 등이 이 극에서 발견했던 미국의 새로운 사실주의 예술 운동에 대한 믿음의 표현이었다(*History* 140).

3. 불륜과 사생아: 사회적 혼혈 담론

『마가렛 플레밍』은 매사추세츠 주 켄톤(Canton) 지역의 백인 공장주 필립 플레밍(Philip Fleming) 일가의 이야기를 다룬 가정드라마다. 성공한 사업가 남편과 아름답고 헌신적인 아내, 그리고 갓 태어난 딸의 조합은 행복한 중산층 가정의 전형이다. 그러나 속내를 들여다보면 이 가정에도 어두운 일면이 있음을 알게 된다. 가족의 주치의 라킨 박사(Doctor Larkin)를 통해 밝혀지듯, 필립의 아내 마가렛 플레밍(Margaret

〈그림 22〉 미국행 증기선에 오르는 독일이민자들 (1874년 11월 7일 『하퍼스 위클리』). 출처: 위키피디아

Fleming)은 녹내장 증세를 보이고 있으며 정신적 충격을 받을 경우 실명할 수 있는 위급한 상태에 있다. 필립에게는 아내 모를 비밀이 하나 있는데, 그가 공장 여공과 정을 통했으며 여공이 최근 그의 아들을 출산했다는 사실이다. 이런 내막을 알고 있는 라킨 박사는 마가렛에게 가해질 충격을 염려하여 그녀에게 이 사실을 함구할 것을 필립에게 당부한다.

플레밍 가에는 독일 이민 여성 마리아 슈미트(Maria Schmidt)가 하녀로 일한다. 파란만장한 자신의 삶을 마가렛에게 토로하는 장면에서 마리아는 자신의 여동생 레나 슈미트(Lena Schmidt) 이야기를 꺼낸다. 레나는 어느 미국인 사내와 사랑에 빠졌다가 버림받고 설상가상 아이까지 낳게 되어 건강이 극도로 악화되어 생사를 다투고 있다는 것이다. 딱한 사정을 듣고 마가렛은 마리아를 일찍 퇴근시켜 레나를 돌볼 수 있도록 선처하고, 자신도 레나의 산후조리를 돕기 위해 집을 나선다. 마가렛은 레나의 거처에 도착하지만 그녀는 이미 숨을 거둔 상태다. 마가렛이 직면하는 충격적인 사실은 레나가 실은 필립과 정을 통한 여공이며, 그녀가 낳은 아들이 필립의 아이라는 것이다. 이 모든 사실은 마리아를 통해 폭로된다. 라킨 박사가 염려했던 대로 마가렛은 충격으로 실명한다.

『마가렛 플레밍』이 다루는 불륜 문제와 관련해 주목해야 할 점은, 이 극이 사생아(illegitimate child) 문제를 언급한다는 것이다. 이 주제는 사상극(drama of ideas)으로서 이 극이 문제화하는 이슈로서 뿐만 아니라, 극 행위를 전개하는 실질적 장치로서도 기능한다. 즉, 사생아의 출생 소식으로 인해 마가렛은 남편의 외도 상대인 레나의 거처로 발길을 옮기고, 여기서 사생아의 존재를 통해 남편의 외도에 눈뜨게 되며, 아이러니하게도 이 눈뜸의 경험을 통해 그녀는 실명하게 된다. 흥미로운 것은 사생아를 대하는 마가렛의 태도다. 그녀는 아기를 다독이고, 생모를 대신해 자신의 젖을 물린다.

> 마가렛: 괜찮아–아가야–괜찮아–(그리고 그녀는 아기를 다독이려는 듯 손을 내민다.) 옳지–옳지–가여운 것. 칭얼거리면 못 써요–칭얼거리지 말아라, 아가야–말 잘 듣지–옳지–옳지, 이제 됐다 ... (돌연 초조해진 듯 재빠른 몸놀림으로 옷의 단추를 풀고 아기에게 젖을 물린다. 이와 함께 장면은 서서히 암전된다.)
>
> MARGARET: Hush—child—hush—(*Then she reaches out her hand as if to pat it.*) There—there—poor little thing. Don't fret—it's no use to fret, child—be quite now—there—there, now ... (*suddenly with an impatient, swift movement she unbuttons her dress to give nourishment to the child, when the picture fades away into darkness.*) (501-502)

남이 낳은 아기에게 젖을 물리고 나아가 이 아기를 집으로 데려오는 마가렛의 행동은 가부장적 사회에서 가장의 아내가 감내해야 할 숙명적인 모습으로 비칠 수 있다. 그러나 그녀의 행동은 남편의 외도의 산물을 '거두어주는' 수준에 그치는 것이 아니라 버려진 생명이 향후 겪게 될 고통과 험난한 운명으로부터 그를 '구제'하는 혈연을 넘어선 보편적 인간애의 표출로 해석될 여지를 남긴다. 마가렛은 남편의 외도가 낳은 사생아를 집안의 수치로 여기는 것이 아니라, 이 아기를 아들로 받아들이고 장래에 대해 아버지로서 책임을 져야 한다며 필립에게 강변한다.

> 마가렛: 이제, 당신의 아이를 위해 뭔가를 해야 해요.
> 필립: 아무렴, 우리의 소중한 아이니까.
> 마가렛: 아니요, 우리의 아이 루시가 아니라, 당신의 아들 말이

에요. ...

필립: (놀라서) 그 아이를 여기로 데려왔단 말이요?

마가렛: 그럼요, 여기 아니면 어디로 가겠어요?

필립: 당신이 그랬단 말이요?

마가렛: 그 외에 무슨 방도가 있겠어요? 그 아이가 세상에 태어날 충분한 이유를 가진 이상, 응당 당신의 집에서 보호받아야 하겠지요.

필립: (그녀의 관대함에 감동하여) 당신이 이렇게까지 해 주리라곤 꿈에도 생각지 않았어, 마가렛.

마가렛: 아무튼 아이는 여기에 있어요. 이제 이 아이를 어떻게 하실 참인가요?

필립: (무력하게) 어떻게 하면 되겠소?

마가렛: 이름을 지어주고, 교육을 시키세요. 이 아이에게 가르치세요. 당신이 아이 어미에게 그릇되게 했던 것에 대한 대가를 치르세요. 엄마를 창피하게 여기지 않도록, 그리고 언제가 되었건 어떤 식이 되었건 과거를 사랑하도록 아이를 가르치세요, 필립. 이 불쌍한 아이를 위해 해 줄 수 있는 최선을 다 하세요.

MARGARET: Then, you must do something for your child.

PHILIP: Yes, our dear child.

MARGRET: No, not our child—not Lucy. Your son. ...

PHILIP: (*Amazed*) You brought that child here?

MARGARET: Yes, where else should he go?

PHILIP: You have done that?

MARGARET: What other thing was there for me to do? Surely if he was good enough bring into the world, he is good enough to find a shelter under your roof.

PHILIP: (*Moved by her magnanimity*) I have never dreamed that you would do that, Margaret.

MARGRET. Well, he is here. Now, what are you going to do

> with him?
>
> PHILIP: (*Helplessly*) What can I do?
>
> MARGARET: Give him a name, educate him. Try to educate him. Try to make atonement for the wrong you did his mother. You must teach him never to be ashamed of her, to love memory—remember that, Philip, no matter when, or how. You can do fine things for this unfortunate child. (507-508)

마가렛은 자신의 혈육도 아니고 생모조차 없는 아이지만, 세상에 태어난 이상 살 권리가 있는 생명체이며 누군가는 양육의 의무를 져야 한다는 소신을 분명히 한다. 그녀가 보기에 유일한 혈육인 남편이 의당 이 의무를 져야 한다. 양육의무를 사회적 책임으로 돌리는 마가렛이 남편에게 요구하는 내용에는 아이에게 이름을 부여하고 교육시키는 일이 포함된다. 특히 아이에게 이름을 부여한다는 것은 그를 플레밍 가문의 자식으로 받아들이겠다는 의미를 갖는다. 주인과 하녀 간의 부적절한 결합으로 인해 밑바닥 인생이 될 운명을 안고 태어난 아이는 플레밍 가에 편입됨으로써 유복한 중산층 시민으로 재탄생하는 것이다.

주목할 점은 이 부분에서 표출되는 '신분적' 혹은 '계층적' 혼혈이라는 사회 문제다. 전통적으로 혼혈이라 함은 인종적 혼혈을 의미했다. 특히 미국 사회에서 혼혈이라 함은 흑백혼혈, 구체적으로는 백인주인과 흑인노예 사이의 부적절한 관계가 빚은 결과물로서 혼혈아(mixed-blood)를 말하는 것이었다. 흑백혼혈 문제는 중대한 사회 문제였으며, 문학의 좋은 소재가 되기도 했다. 특히 '비극적 혼혈'(tragic mulatto) 캐릭터는 대중에게 매우 인기 높은 주제였으며, 이는 드라마에서도 예외가 아니다. 부시코트(Dion Boucicault)의 1859년 작 『옥토룬』(*The Octoroon*)의 경우에서 보듯, 혼혈 문제, 특히 비극적 혼혈 캐릭터는 극과 무대에

서 빈번히 등장했으며, 그들은 예외 없이 흑백혼혈, 즉 인종적 혼혈이였다.[7)]

『마가렛 플레밍』은 『옥토룬』에서 다루는 인종적 혼혈과 차별되는 사회적 혼혈 주제를 제시한다. 백인이자 미국 시민인 필립과 독일 이민자 레나의 부적절한 관계가 낳은 사생아는 인종적으로는 백인이지만 계층적·신분적으로 혼혈성을 지닌다. 부유한 중산층 공장주와 생모인 하층 노동자 여공의 결합의 산물인 이 아이는 계층적 혼혈 정체성을 갖는다. 또한 미국 시민인 생부와 아직 시민으로서 법적 권리를 보장받지 못하는 이민자 생모 사이에서 태어났기에 이 아이는 신분적 혼혈이기도 하다. 여덟 방울 중 한 방울의 흑인 피가 섞였기에 흑인이 되어야 하는 『옥토룬』의 조이(Zoe)처럼, 『마가렛 플레밍』에 등장하는 사생아 역시 계층적·신분적으로 약자인 생모의 혈통을 물려받아 이민자이자 하층 인생으로 분류된다. 아울러, 이 아이는 혼외정사라는 비정상적 관계에 의해 탄생한 '비합법적 출생'(illegitimate birth)이라는 정체성을 지닌다. 『옥토룬』의 혼혈 캐릭터 조이가 자신의 인종적 정체성이 폭로되는 순간 비극적 운명으로 추락하는 것처럼, 『마가렛 플레밍』의 사생아 역시 탄생하는 순간 사회적 혼혈이라는 정체성과 그에 따르는 비극적 미래에 봉착한다.

사생아는 극적으로 플레밍 가문의 아들로 입적되어 비극적 운명으로부터 구제받음으로써, 『옥토룬』의 흑백혼혈 조이가 자살로 생을 마감하는 결말과 궤를 달리한다. 이렇게 다른 결말은 당시 계층적 혼혈이 인종적 혼혈보다 쉽게 백인 주류사회에 용인되어졌고, 결과적으로 비극성의 정도가 덜 하였음을 보여주는 증거일 수 있다. 더욱 중요한 것은 『마가렛 플레밍』에서 다뤄지는 사생아라는 주제가 남북전쟁과 노예해방의 역사적 순간 이후 미국 사회에 계층적·신분적 혼혈이라는 또 다른 타자의 문제가 불거지던 당시 환경을 반영한다는 점이다.

4. 애정관의 이중적 잣대: 차별적 여성상으로서 마가렛

『마가렛 플레밍』이 당대 비평가와 관객에게 급진적이고 도발적인 극으로 인식된 데에는 극중 여주인공이 체화하는 비전통적 여성상이 담당한 몫 또한 컸다. 후대 비평가들은 마가렛에게서 "초기 페미니스트의 기질"(early feminist bent)을 포착하고(Mullenix 63), 그녀를 "진보적 여장부"(progressive heroine)라 칭하며(Stephens 288), 이 비전통적 여성상에서 여성 문제에 대한 진지한 논의로 가는 "새로운 방향"(a new direction)을 발견한다(Klob 149). 이처럼 현대에 와서 마가렛이라는 인물은 종종 페미니즘의 시각과 여성의 성역할에 대한 논의와 관련되어 해석된다. 이 여주인공이 직면하게 될 운명을 예견하듯, 당대 비평가 갈란드는 이 극에서 "여성 문제에 있어 급진주의"(radicalism on the women question)라는 사상적 원류를 발견했다(553).

한편, 마가렛이 체화하는 급진성과 도발성에 대해 타협적인 평가를 내리는 입장도 있다. 일례로, 엘리자베스 뮬레닉스(Elizabeth Reitz Mullenix)는 마가렛이 진보적인 여장부로 그려지는 동시에 내재적 한계 또한 안고 있다고 지적한다(72). 19세기 멜로드라마에 등장하는 여성 캐릭터에 대한 로즈마리 뱅크(Rosemarie K. Bank)의 개괄적 분석을 인용하면서, 뮬레닉스는 마가렛이 결국 "사랑스런 아내, 자매, 어머니"(loving wife, sister, and mother)이자 "안정적이고 생산적이며 품위 있는 사회의 초석"(cornerstone of a stable, productive, and decent society)으로서 "도덕적으로는 남성보다 우월하지만 순진하며 남성의존적인 여성으로 우상화되는" 인물상에서 벗어날 수 없다고 말한다(72-73). 강유나는 『마가렛 플레밍』의 결말에 대해 "단호한 결별도 예전으로의 회귀도 아닌, 이상할 정도로 유보적인 상태로 끝난다"고 평가하면서, 이 유보적 결말을 "믿고 있던 가족이라는 가치체계에 대해 충격적인 인식변화를 겪지만, 그렇다고 해서 완강히 현 체제를 거부하고 튀어나가지도 못하고 그 안에서 예전처럼 안주하지도 못하는" 상태로 해석한다(13-14).

마가렛의 여성상에 대한 타협적 해석은 그녀가 체화하는 진보적 여성상에 대한 석연치 않은 평가 혹은 한계점–초기 페미니스트적 기질과 여성 문제에 대한 진지한 논의에 대한 새로운 방향을 제시하지만 결국 '초기' 단계라는 점에서 비롯하는–에 대한 근거가 된다. 마가렛이 "페미니스트의 대변자"(feminist spokeswoman)로서 여성의 힘을 표출하는 것은 분명하나 "사회로부터의 질책이 두려운 나머지 결국 남편과 이혼을 못 하고" 있으며, 그녀의 실명은 신체의 무력함 뿐만 아니라 그로 인한 남편에 대한 사회적·정신적 의존성을 나타내는 것이라는 뮬레닉스의 해석 역시 같은 맥락을 이룬다(77). 뮬레닉스는 마가렛의 도덕적 우월성에 관계없이 결국 신체적·사회적·정신적으로 "갇혀버린"(trapped) 몸이라고 결론짓는다(77).

언급한 마가렛의 여성상에 대한 타협적 해석들은 이 극의 결말을 입센의 『인형의 집』(*A Doll's House*, 1879)의 결말과 다를 바 없는 것으로 보고 있다는 인상을 준다. 즉, 가정에서 여성의 정체성과 성역할 문제를 제기하면서도 마가렛은 보호자인 남성에 대한 거부할 수 없는 의존성에 의해 결국 가정으로 귀속될 수밖에 없다는, 그것이 아니라면 노라의 경우처럼 마가렛 역시 사회에서 일탈하는 선택을 할 수밖에 없다는 해석이 그것이다. 이것이 초기 페미니스트 캐릭터가 지니는 한계라면 노라는 이러한 한계성을 체화해 낸 인물이며, 따라서 마가렛 역시 노라의 미국적 버전에 불과하다는 것이다.

실제로 도로시 벅스(Dorothy S. Bucks)와 아서 네서코트(Arthur H. Nethercot)는 1946년 논문에서 『마가렛 플레밍』과 『인형의 집』의 유사성을 항목별로 비교해 보이는데, 그 내용은 "용서와 화해의 가능성"(the possibility of later forgiveness and reconciliation), 마가렛과 노라 간 "인물

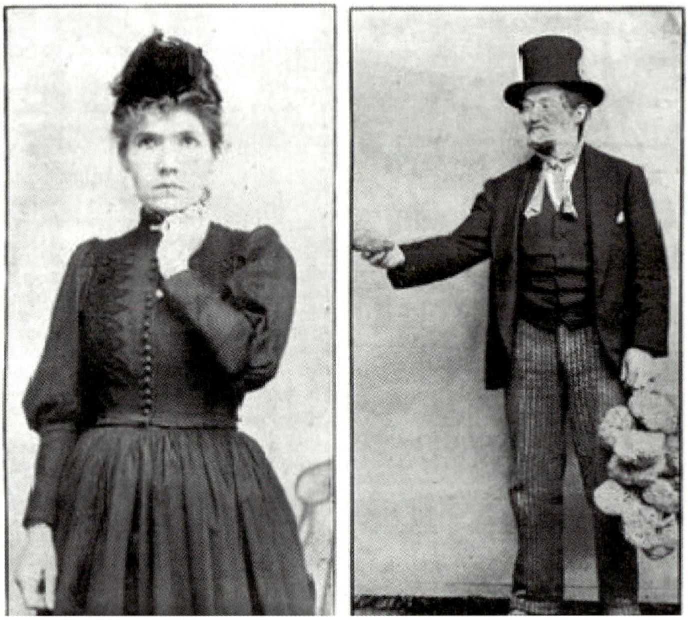

〈그림 23〉 초연에서 단역 방물장수 조 플레처를 연기한 헌(오른쪽)과 마가렛을 연기한 헌의 아내 캐서린 코코란(왼쪽). 출처: 위키피디아

의 유사성"(similarity of the character), 그리고 "여성 문제 및 여성의 권리와 지위에 관한 관심"(deep concern with the problem of women and women's rights and position)으로 요약된다(323-24). 『마가렛 플레밍』이 『인형의 집』에게서 직접적으로 영감을 받아 쓰인 극이라는 점을 골자로 하는 이 논문에서, 벅스와 네서코트는 마가렛이 여성 문제에 대한 작가의 관심을 대변하긴 하나 노라가 그랬듯 "여성이기에 앞서 철부지 아내"(more child wives than women)이자 아이의 엄마이기에, 궁극적으로는 남편을 용서하고 한층 성숙한 엄마이자 아내가 되어 가정의 원래 자리로 돌아가게 될 운명이라 결론짓는다(323).[8]

『마가렛 플레밍』을 해석하는 이러한 입장은 집필 당시에도 있었다. 에드워드 풀러(Edward Fuller)는 이 극이 선보이는 "비전통적" 면모를 마

가렛이 남편의 부정에 대해 "응징의"(vindictive) 태도를 취하는 행위 자체에 국한시키면서, 이것이 헌의 드라마가 말하는 전부라고 축소평가한다. 그는 마가렛을 『인형의 집』의 노라와 다를 것 없는 여성, 즉 기성 가정관에 대치되는 인물 정도로 평가하면서 남편에 대한 마가렛의 태도를 기성 도덕률의 입장에서 "용인될 수 없는"(intolerable) 것으로 일축한다. 풀러는 사회통념을 벗어난 마가렛의 태도와 필립을 끝내 용서하고 생을 마감하는 레나의 태도 비교를 통해, 마가렛이 레나처럼 남편의 부정을 용서하고 아내이자 어머니의 자리로 되돌아가야 한다는 뉘앙스를 풍기면서 은연중 기성 도덕률의 잣대를 들이대는 태도를 취한다.

> 이야기를 간략히 요약해볼 수 있겠다. 마가렛과 결혼 한 필립 플레밍은 다른 여자와 밀통을 하고, 그녀는 아이를 낳고 필립을 용서하면서 죽는다 ... 마가렛은 충격으로 실명하고 미쳐버리지만, 곧 평정심을 찾고 『인형의 집』의 노라와 헬머가 그랬듯이 남편에게 훈계한다. 이것이 ... 헌 씨의 미국 사회상에 대한 "비전통적인" 연구의 전부이며, 이 연구는 남자가 [도덕적으로] 결백해야 한다면 여자는 응징의 태도를 견지해야 한다는 교훈을 전하는 듯하다. 이 극에서 풍기는 도덕적 악취는 익숙하지 않은 이들에게 참기 힘든 것이다 ... 나는 품위의 정도를 벗어남으로써 예술이 발전이 있을 것이라고 생각지도 않으며, 과거 우리의 모든 위대한 극작가들이 고집해왔던 원칙들에 반항함으로써 연극에 쇄신을 이룰 것이라고도 생각하지 않는다.

> The story may be briefly summarized. Philip Fleming, married to Margaret, has had an intrigue with another woman, who bears him a child, forgives him, and dies ... Then Margaret is stricken blind and goes mad, but recovers her wits in time to lecture her husband à la Nora Helmer in

> A Doll's House, and to tell him how she loathes him and can never forgive him. And this ... is all there is to Mr. Herne's "unconventional" study of socal life in America, the lesson of which appears to be that if a man ought to be pure a woman ought to be vindictive. To unaccustomed nostrils the moral stench of the play is intolerable ... I do not think that art will ever make any progress by overstepping the bounds of taste, or that the theatre can be reformed by revolt against the principles to which all our great dramatists in the past have held. ("An Independent Theatre"; reprinted in Wolter 220)

이 비평가의 시각은 다분히 빅토리아 시대 여성관 관점에서 마가렛의 행동을 분석한다. 즉, 외부의 위협과 타락 요인으로부터 가정을 지켜내야 하며, 이를 위해서 남편의 외도까지도 수동적으로 감내하는 것이 아내와 엄마로서 여성이 지켜야 할 본분이라면, 마가렛 역시 그러한 여성이어야 한다는 것이다. 빅토리아 시대 여성상을 대변하는 인물로 오스카 와일드(Oscar Wilde)의 『윈더미어 부인의 부채』(*Lady Windermere's Fan*, 1892)에 등장하는 윈더미어 부인이 있다. 그녀는 남편의 외도에 대한 보복으로 다른 남자와 야반도주를 결심하나, '과거를 지닌 여성'(woman with a past)으로 등장하는 생모의 조언을 통해 가정으로 돌아가는 방법을 선택한다. 윈더미어 부인과 달리 노라는 가정을 떠나는 길을 택한다는 점에서 당대의 전형적 여성상과 차별되는 인물이다. 그러나 그녀 역시 빅토리아 시대 여성이기에, 가정을 벗어난 아내이자 엄마가 맞닥뜨리기에 세상은 너무 냉혹한 것이다. 노라가 남편의 이중성과 가정에서 자신의 정체성을 깨닫고 가출을 결정하는 과감함과 단호함을 보이긴 하나, 그녀는 시종일관 남편에 대해 종적인 관계에 있다. 남편과 가정의 가부장적 질서가 동일시되는 상황에서 남편과의 이별은 가정과의 이별을 의미하는 것이기에 그녀의 가출은 남편으로부터의 도망이며, 가출 후 삶의 막연함을 생각할 때 그녀의 가출은 대책 없는 현실 도피이다. 결국 그녀의 자발적 가출은 가부장적 질서로부터의 반강제적인 퇴출이다.

이런 점에서 마가렛은 윈더미어 부인뿐만 아니라 노라와도 차별되는 인물임을 간과할 수 없다. 이와 관련하여 『마가렛 플레밍』의 결말은 『인형의 집』의 결말과 다른 면모를 보인다. 노라는 집을 나가야 하는 운명에 봉착하지만, 마가렛은 집을 지킨다. 노라와 윈더미어 부인과 달리 마가렛은 가정을 버려야 할 것인지에 대한 갈등이 없다. 『마가렛 플레밍』에서 집을 나가는 것은 남편이며 마가렛은 오히려 집나간 남편을 받아들이는 입장에 있다. 이렇듯, 비전통적인 여성상이라는 유사성에도 불구하고 마가렛은 노라와 현격히 다르다. 노라가 가정을 지킬 것인가 버릴 것인가 문제로 갈등한다면, 마가렛은 비정상적인 가정의 질서를 두고 볼 것인가 아니면 바로 잡을 것인가 문제를 놓고 갈등한다. 노라가 가정에서 아내와 엄마로서 역할과 타협할 것인가 말 것인가의 갈등에 치우친 인물이라면, 마가렛은 가정의 질서라는 체제의 문제를 놓고 이러한 가치체계와의 타협할 것인가 말 것인가의 문제에 천착한다. 전자의 경우 노라는 수동적 입장에서 남성중심 사회로부터 용인을 기다리거나 혹은 그게 싫으면 사회로부터 스스로 이탈하는 선택 속에서 갈등하지만, 후자의 경우 마가렛은 단죄의 칼을 쥐고서 남편의 외도의 경중을 따지고 그의 향후 거취문제를 판단하는 능동적인 입장에 서게 된다. 남편이 없는 동안 집안에는 남성성의 공백이 생긴다. 이를 기점으로 결말에 이르기까지 집안에는 마가렛의 존재와 남편에게 앞날의 계획을 지시하는 그녀의 목소리가 지배한다.

가정드라마로서 『마가렛 플레밍』에서 강조되어야 할 점은 가정이 지켜지는가, 남편과 아내가 자신의 위치를 지키는가, 이혼하는가, 예전으로 돌아가는가 등 형태적 가치가 아니라, 부부의 관계가 어떻게 변화했는가 하는 질적 가치다. 앞서 비평가들이 말한 것처럼, 이혼이 없었기에 가정은 지켰지만, 지켜낸 가정의 성격은 이전과 크게 달라졌음을 알 수 있다. 가업의 경영자로 지시를 내리는 것은 필립이 아니라 마가렛이며, 그 지시를 받는 것은 아내가 아닌 남편이다. 이제 『윈더미어 부인의 부채』나 『인형의 집』의 결말과는 달리 집으로 돌아가야 할 것인가 하는 갈등의 주체는 여성이 아닌 남성이며, 이를 용인해주고 받아들이는 쪽은 남자가 아닌 여자다. 이렇듯 『마가렛 플레밍』은 가정관과 애정관을 바라보는 시각에서 기존의 작품과 현격한 차별성을 보인다. 작가 헌은 남성과 여성에게 동등한 잣대를 제시하면서 팽팽한 긴장감의 끝에 여성의 능동적 역할로 갈등을 해결하는 방법을 통해 기존 사회의 성역할 구도를 전복한다.

헌의 '진실을 위한 예술'론에 인간에 대한 보편적 휴머니즘이 녹아있다고 한다면, 『마가렛 플레밍』은 특히 여성에 대한 작가의 보편적 인간애를 표출한다. 갈란드가 1891년 이 극의 초연에 대한 평에서 강조했듯이, 무대에 선 마가렛은 단순히 한 여인으로서가 아니라 당대를 살던 여성들의 대변자로서 모습을 발한다.

> 눈을 잃음으로써 오히려 내적 광명과 깨달음과 힘을 얻게 된 여인 마가렛으로 거기 선 그녀는 흡사 인류로서 여성 그 자체, 선각자와 같은 어떤 존재인 듯 했다. 그녀는 모든 여성들을 대변하고 있는 듯이 보였으며, 우리는 이제야 비로소 그들의 슬픈 역사를 진실로 읽기 시작하고 있는 것이다.
>
> [S]he seems to be all of the woman, and something of the seer, as she stands there as Margaret whose blindness has somehow given her inward light, and conviction, and strength. She seemed to be speaking for all womankind, whose sorrowful

history we are only just beginning to read truthfully. (Quoted in Hewitt 260)

많은 비평가들이 이 극을 가정 '비극'으로 분류해 왔다. 이 극이 빅토리아 시대를 시간적 배경으로 하면서 시대 가치의 말단 상징인 가정이 상처받는 과정을 그리고 있기에 『마가렛 플레밍』은 분명 비극적 특질을 지닌다. 다른 측면에서, 빅토리아 시대 가정관과 도덕관에 입각하여 이 극을 분석하는 비평가들의 입장대로 이 극의 결말이 남편에 대한 용서와 부부의 화해 가능성을 열어두고 있다는 점을 감안한다면, 이 극은 단순히 비극만은 아니다. 오히려, 역경을 통해 가정의 가치를 되돌아봄으로써 당대의 공고한 가정관·애정관을 강화하는 효과를 갖는다면 그저 가정드라마 정도로 분류해도 무방할 것이다. 아울러, 가정의 붕괴나 부부의 화해 시각에서 벗어나, 가정을 지키는 주체로서 여성의 입장과 가정의 질서를 재편하는 과정에서 여성의 주도적 역할을 감안할 때, 『마가렛 플레밍』은 단순히 비극으로만 규정될 수 없는 새로운 차원의 논의를 촉구한다.

5. 나가며

'진실을 위한 예술' 선언을 통해 헌은 자신의 극작 목적이 사회의 불평등과 부정의를 폭로하고 이를 개선하는데 있다는 사회 참여적 예술철학을 표명했다. 이 예술론을 통해 헌은 당대 인기장인 멜로드라마에 만연한 오락위주의 사실주의적 볼거리 경향에 반기를 드는 대신, 당면한 사회문제를 있는 그대로 보여주고자 노력했다. 이러한 노력 속에서 헌은 대중들이 생의 진실에 눈뜨게 하는 것을 목적하는 '사상극'이라는 새로운 사실주의 극작을 시도했다. 『마가렛 플레밍』은 헌의 예술론이 가장 잘 발현된 극이며, 이런 의미에서 이 극은 현대 미국 사상극의 선구로 평가된다. 아울러 헌은 영국 작가 디킨스의 보통 사람들에 대한 공감과 애정, 그의 소설에 충만한 인간 군상들의 인간미에 깊이 영감을 받았다. 그 결과, 헌이 표방한 진실을 위한 예술 철학의 근간에는 보편적 휴머니즘이 녹아있다. 『마가렛 플레밍』은 특히 사회적 혼혈이라는 소외 계층과 남성중심 사회에서 사회적 약자인 여성에 대한 작가의 보편적 인간애를 표출한다. 『마가렛 플레밍』이 미국 사실주의 드라마의 선구이고 또한 이 극이 휴머니즘에 기초한 작가의 예술 철학을 대변하는 작품이라고 한다면, 이 극이 체현하는 미국 사실주의 드라마의 시작은 생의 진실에 대한 염원과 인간에 대한 깊은 애정과 함께 하고 있었다 하겠다.

미주

1) 이러한 별칭은 특히 존 페리(John Perry)가 집필한 극작가 헌의 전기 *James A. Herne: the American Ibsen* (Chicago: Nelson-Hall, 1978)의 타이틀로 사용되면서 대중화되었다. 이와 관련하여, 헌이 입센으로부터 직접적으로 영향을 받았는가의 문제에 관한 논쟁이 있었다. 대표적인 예로, 1946년 도로시 벅스(Dorothy S. Bucks)과 아서 네서코트(Arthur H. Nethercot)는 헌이 당시 유럽의 사실주의 작가들, 구체적으로는 입센으로부터 직접적인 영감을 받았다고 주장하면서(311), 입센의 『인형의 집』(*A Doll's House*)과 헌의 『마가렛 플레밍』의 유사성을 항목 별로 분석하기까지 했다(322-324). 이에 반대하여, 이듬해 아서 홉슨 퀸(Arthur Hobson Quinn)은 헌의 딸이자 연극배우인 줄리 헌(Julie A. Hern)과의 서신 인터뷰를 통해 헌이 입센으로부터 직접 영향을 받았다는 주장은 근거가 없다는 새로운 의견을 개진하면서, 『마가렛 플레밍』을 비롯한 헌의 어떤 작품에서도 입센을 모방한 흔적은 찾아볼 수 없다고 주장한다("Ibsen and Herne" 176). 이러한 의견차에도 불구하고, 양측 모두 헌의 작품이 미국 내에 새로운 사실주의 극작 전통의 전기를 마련했다는 점에 공감하면서 그의 업적을 입센의 그것에 비견하는데 이의를 제기하지 않는다.

2) 앙토넹이 1887년 프랑스 파리에 세운 '자유 극장'이라는 뜻의 떼아뜨르 리브레(Théâtre Libre)는 세계 최초의 독립 극장(independent theatre)이자 유럽 독립 극장 운동의 시발점으로 여겨진다. 2년 뒤인 1889년 브람은 독일 베를린에 역시 '자유 극장'이라는 뜻의 프라이에 뷔네(Freie Bühne)을 설립하였다. 1891년에 영국 런던에 문을 연 독립 극장(Independent Theatre)과 1898년 스타니슬라프스키(Konstantin Stanislavsky)와 네메로비치-단첸코(Vladmir Nemerovich-Danchenko)가 세운 러시아의 모스크바 예술 극장(Moscow Art Theatre) 역시 독립 극장 운동의 결과물이었다. 사실주의 연극의 실험을 주목적으로 하는 이들 극장들은 국가로부터 정식 공연 허가를 받지 않은 단체였기에 검열과 단속의 눈을 피해 소수 후원자 관객들을 대상으로 하여 음성적으로 극을 상연했다. 이 시기 유럽의 독립 극장 운동은 훗날 현대 연극계에 일게 될 소극장(little theatre), 대안 연극(alternative theatre), 오프-브로드웨이(Off-Broadway) 등과 같은 움직임들의 전신으로 여겨진다.

3) 이 부분은 퀸이 쥴리 헌에게서 직접 받은 서신 내용을 1947년도 5월 *American Literature*에 게재한 논문 "Ibsen and Herne: Theory and Facts"에 옮긴 것이다. 디킨스로부터의 영향과 관련하여, 헌은 실제로 30대 중반인 1876년 샌프란시스코의 맥과이어 극장(Maguire's New Theatre)에서 무대 매니저로 일할 당시 디킨스의 소설 『올리버 트위스트』(*Oliver Twist*, 1837-39)를 공연 대본으로 직접 각색하기까지 했다. 이보다 앞서 이십대 후반이던 1868년에는 소설 속 인물 빌 사익스(Bill Sykes)의 역할로 무대에 오르기까지 했다(Quinn, *History* 130).

4) 일례로, 디킨스는 구두약에 상표를 붙이는 작업을 하던 유년 시절의 동료 밥 파긴(Bob Fagin)에 대한 기억을 떠올리면서 그 친구의 이름을 후일 『올리버 트위스트』(*Oliver Twist*, 1837-39)에 등장하는 인물의 이름으로 차용하였노라고 털어놓았다(Forster 22). 아이러니 한 것은 유년 시절 디킨스에게 도움을 주던 긍정적 이미지였던 이름 '파긴'이 『올리버 트위스트』에서는 어린이들을 이용해 소매치기를 일삼는 탐욕스런 포주의 이름으로 등장한다는 것이다. 또한 이 시절의 열악한 생활 조건에 대한 분노는 후일 자전적 소설 『데이비드 카퍼필드』(*David Copperfield*, 1849-50)에서도 회고되고 있는데, 이때까지 디킨스는 이 불우한 시절에 대한 기억을 자신만의 비밀로 간직하였으며, 심지어 아내에게까지도 밝히지 않았다고 한다(Maurois 11-12). 15세 때인 1827년경 디킨스는 변호사 사무실의 사환으로 일하기도 했는데, 『니콜라스 니클비』(*Nicholas Nickleby*, 1838-39)와 『황폐한 집』(*Bleak House*, 1852-53)에는 이 시절 디킨스가 목도한 법조계 생활의 모습과 법체계의 그늘 속에서 자행되던 빈민 착취의 실상이 생생하게 묘사되어 있다. 디킨스의 구두약 공장 시절에 대한 상세한 내용은 Foster 19-33, 밥 파긴과 관련된 일화는 Chesterton 38-39, 변호사 사무실 사환 시절에 대해서는 Pope-Hennessy 33-42를 참고할 것.

5) '예술을 위한 예술'이라는 용어는 'l'art pour l'art' 라는 프랑스어의 영어식 번역으로, 프랑스 철학자 빅토르 쿠쟁(Victor Cousin, 1792-1867)가 처음 사용했고 프랑스 작가 테오필 고티에(Théophile Gautier, 1811-1872)에 의해 19세기를 대표하는 철학 혹은 미학의 슬로건으로 유럽 사회에 유포되었다. '예술을 위한 예술' 미학은 예술의 기능적 의미 대신 보다 본질적인 가치에서 의미를 두면서, 모든 예술의 유일한 목적은 '아름다움' 그 자체에 있다고 강조한다. 영국 극작가 오스카 와일드(Oscar Wilde, 1854-1900) 역시 '예술을 위한 예술' 철학의 신봉자였다.

6) 헌의 아내 캐서린 코코란(Katherine Corcoran)은 아일랜드계 배우로 젊은 시절 남편 헌과 함께 무대에 올랐으며, 『마가렛 플레밍』 초연 때에는 여주인공 마가렛 역을 연기했다. 실제로 헌은 여주인공 역으로 아내 캐서린을 염두에 두고 극을 집필했다고 한다. 헌 자신은 극의 1막에 등장하는 단역 방물장수 조 플레처(Joe Fletcher) 역을 연기했다.

7) 『옥토룬』은 평생을 백인 농장주의 딸로 살아오던 한 여인이 자신의 정체성이 흑백혼혈이었음이 밝혀지게 되면서 고뇌와 실연의 아픔을 겪다가 결국 자살로 생을 마감한다는 비극적인 내용을 담고 있다. 자세한 내용은 앞 장 〈1860년대 남북전쟁과 흑인노예 문제: 디온 부시코트, 『옥토룬』〉을 참고할 것.

8) 벅스와 네서코트는 용서와 화해의 가능성에 대해 부언 설명을 한다. 『인형의 집』의 원작에서는 이러한 가능성이 확실히 보이지 않지만, 이후의 교정쇄 본에서 입센 스스로가 부부의 용서와 화해로 끝나는 해피 앤딩을 선보인다고 말하면서, 『인형의 집』은 이별 이후의 화해라는 구도를 분명 지니고 있다고 주장한다(322-23).

인용 문헌

· 강유나. 「"멋진 악운"(Good Bad Luck): *Margaret Fleming*과 *Long Day's Journey into Night* 속의 멜로드라마적 유산」. 『현대영미드라마』 17.3 (2004): 5-25.

· Bucks, Dorothy S. and Arthur H. Nethercot. "Ibsen and Herne's Margaret Fleming: A Study of the Early Ibsen Movement in America." *American Literature* 17.4 (1946): 311-33.

· Chesterton, G. K. *Charles Dickens*. New York: Schocken, 1965.

· Forster, John. *Life of Charles Dickens*. Vol. 1. London: J M. Dent, 1927.

· Fuller, Edward. "An Independent Theatre." *Lippincott's Monthly Magazine* (Philadelphia) 49 (1892): 371-375.

· Garland, Hamlin. "Mr. and Mrs. Herne." *The Arena* (Boston) 4 (1981): 543-560.

· Herne, James A. Margaret Fleming. In Nineteenth Century American Plays. Ed. Myron Matlaw. New York: Applause, 2001. 460-510.

· ------. "Art for Truth's Sake in the Drama." *The Arena* (Boston) 17 (Feb. 1897): 361-370.

· Hewitt, Barnard. *Theatre U.S.A. 1665 to 1957*. New York: U of Illinois, 1959.

· Klob, Deborah S. "The Rise and Fall of the New Woman in American Drama." *Educational Theatre Journal* 27 (1975): 149-160.

· Matlaw, Myron, ed. *Nineteenth Century American Plays*. New York: Applause, 2001.

· Maurois, André. *Dickens*. Trans. Hamish Miles. New York: Frederick Ungar, 1967.

· Miller, Tice L. "Plays and Playwrights: Civil War to 1896." *The Cambridge History of American Theatre, vol. II: 1870-1945*. Ed. Don B. Wilmeth and Christopher Bidsby. Cambridge and New York: Cambridge UP, 1999. 233-261.

· Moody, Richard, ed. *Drama from the American Theatre 1762-1909*. Boston: Houghton Mifflin, 1966.

· Mullenix, Elizabeth Reitz. "Katherine Corcoran and Margaret Fleming: Exploring the Feminist Dynamic." *The Journal of American Drama and Theatre* 4.2 (1992): 63-81.

·Perry, John. *James A. Herne: the American Ibsen*. Chicago: Nelson-Hall, 1978.

·Pizer, Donald. "An 1890 Account of Margaret Fleming." *American Literature* 27.2 (1955): 264-267.

·Pope-Hennessy, Una. *Charles Dickens*. New York: Penguin, 1945.

·Postlewait, Thomas. "The Hieroglyphic Stage: American Theatre and Society, Post-Civil War to 1945." *The Cambridge History of American Theatre*. Vol. 2. Ed. Don B. Wilmeth and Christopher Bigsby. Cambridge and New York: Cambridge UP, 1999. 107-195.

·Quinn, Arthur Hobson. *A History of the American Drama, vol 2: from the Civil War to the Present Day*. New York: Appleton-Century-Crofts, 1927.

·------. "Ibsen and Herne: Theory and Facts." *American Literature* 19.2 (1947): 171-177.

·Stephens, Judith L. "Gender Ideology and Dramatic Convention in Progressive Era Plays, 1890-1920." *Performing Feminism: Feminist Critical Theory and Theatre*. Ed. Sue-Ellen Case. Baltimore: Johns Hopkins UP, 1990. 283-293.

·Vaughn, Jack A. *Early American Dramatists: From the Beginning to 1900*. New York: Frederick Ungar, 1981.

·Wilson, Garff B. *Three Hundred Years of American Drama and Theatre*. Englewood Cliffs: Prentice-Hall, 1973.

·Wolter, Jürgen C. *The Dawning of American Drama: American Dramatic Criticism, 1746-1915*. Westport: Greenwood, 1993.

Clyde Fitch,
The City (1909)

이 글은 『현대영미드라마』 25권 2호(2012)에 게재된 논문 「조지의 선택: *The City*에 나타난 기업윤리 이슈와 미국적 가치」를 다듬어 정리한 것이다.

HARPER'S WEEKLY

A JOURNAL OF CIVILIZATION

New York, October 9, 1909

A NEW KIND OF GULL IN NEW YORK HARBOR

〈그림 24〉 라이트 형제(Wright Brothers)의 뉴욕항 비행
(1909년 10월 9일자 『하퍼스 위클리』 표지).
출처: 미국국회도서관

1900년대 도시의 성장과 기업윤리: 클라이드 피치, 『도시』

1. 들어가며

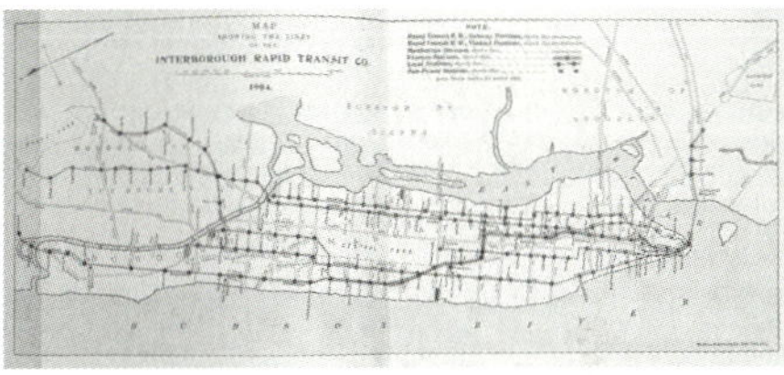
〈그림 25〉 뉴욕지하철 급속환승 노선도 (1904년). 출처: 뉴욕공립도서관

세기의 전환기인 1900년대 초반, 미국 사회는 급격한 삶의 변화에 직면했다. 도시의 성장과 함께 대중교통과 통신수단의 일반보급은 일상에서 체감하는 시간과 거리의 개념에 변화를 가져왔다. 특히 뉴욕시는 20세기 전반 산업·교통의 중심으로 부상하게 된다. 1904년 뉴욕주 자동차 속도법(Speed Law for Automobiles)은 당시 자동차 보급률과 교통문제 실태를 말해주며, 같은 해 운행을 개시한 뉴욕지하철 급속환승(Interborough Rapid Transit) 시스템은 분주하고 빨라진 도시생활의 상징이 되었다. 1876년 발명된 전화기는 1900년경 일상에 침투하며 시간·거리 단축에 일조했다.[1] 도시의 성장과 일상의 시간·거리 단축이라는 변화에 발맞

See General Index, Page 2

NEW YORK CITY
(Including all Boroughs)
Telephone Directory
New York Telephone Company
and
The New York and New Jersey Telephone Company

AMERICAN TELEPHONE & TELEGRAPH CO.
LOCAL
LONG
DISTANCE
TELEPHONE
BELL SYSTEM
AND ASSOCIATED COMPANIES

May 6th, 1909

IMPORTANT NOTICE

〈그림 26〉 뉴욕시 전화번호부 (1909년).
출처: 위키피디아

추어, 기업은 공격적 판매전략으로 시장과 고객층을 전국 규모로 확대했다. 기업의 성장은 비윤리적 경영행태를 낳았고 종종 정계의 결탁을 동반했는데, 이 과정에서 기업의 비리가 정치적 이익에 의해 비호되는 일이 잦았다. 정경유착의 폐단은 '머크레이커'(muckraker)라 불리는 논객들의 출현을 낳았는데, 이들은 정계와 재계의 비도덕성과 추문을 소재로 대중적 취향에 부응하는 자극적 문학을 양산했다.[2] 이 시기는 또한 테오도어 루즈벨트(Theodore Roosevelt) 대통령 재임기간(1901-1909)과 중첩된다. 그는 대기업 통제, 상업위원회 권한 확대 등 특히 경제 분야에 대한 정부개입을 강화하는 소위 '통제와 질서'(control and order) 개혁을 단행했다(Pitt 61). 그는 머크레이커 논객들의 고발에도 민감하게 반응했다. 업튼 싱클레어(Upton Sinclair)의 소설 『정글』(*Jungle*, 1906)이 육가공업체의 위생문제를 폭로하자, 루즈벨트가 해당 기업에 대해 대대적인 감사를 명하고 육가공품 포장 검사를 법제화한 일화는 유명하다(Berkin et al. 674).

클라이드 피치(Clyde Fitch, 1865-1909)의 극 『도시』(*The City*, 1909)는 세기의 전환기에 미국 사회가 직면한 상기한 변화들을 그려낸다. 도시의 성장과 후유증이 중첩되는 1900년대 초반을 배경으로, 이 극은 지방 명문가족이 대도시로 이주하면서 겪는 영고성쇠를 다룬다. 도시생활이 개인에게 미치는 악영향을 통해 동시대 사회문제를 고발하는 이 극은, 특히 당시 사회적 이슈로 불거진 '기업윤리'(business ethics) 문제를 정면으로 다루며 지도층의 위선과 부패상을 폭로한다. 이처럼 『도시』는 미국적 풍토와 사회상을 반영함으로써 유럽 드라마와 차별되는 미국적 사실주의 드라마를 확립하려 한 피치의 목적의식이 완숙에 이른 "최고의 야심작"(the most ambitious play)으로 평가된다(Hewitt 297). 이번 장은 기업윤리 이슈가 극의 쟁점으로 부각되는 과정을 추이하면서, 이 이슈가 극중 주인공의 선택을 통해 새로운 시대의 미국적 가치로 창출되고 있음을 살펴본다. 아울러, 주인공의 선택이 함의하는 '새로운 시대의 미국적 가치'가 작가 피치가 천착한 '새로운 시대의 미국드라마'의 정체성 찾기 노력의 극적 표출일 수 있음을 밝힌다.

〈그림 27〉『정글』 초판 표지 (1906년). 출처: 위키피디아

2. 도시와 시골

1막의 배경은 뉴욕주 북부 시골마을 미들버그(Middleburg)에 위치한 랜드 일가(the Rand family)의 저택이다. 가장 조지 랜드(George Rand, 이하 랜드로 호칭)는 은행을 둘이나 소유한 성공한 기업가이자 명망 높은 지역인사다. 그는 뉴욕시가 제의한 고위직을 마다하고 미들버그에 남고자 한다. 도시생활을 동경하는 자녀들은 그를 설득해 뉴욕시로 이주할 것을 종용한다. 랜드 부인(Mrs. Rand)까지 가세해 장남 조지 랜드(George Rand Jr., 이하 조지로 호칭)에게 가업을 맡기고 뉴욕으로 떠나자고 설득해보지만, 가장의 뜻은 완고하다. 오히려 랜드는 가족들의 '뉴욕

병'(New York bee)을 문제 삼는다.

> 랜드: 조지 말야, 차분한 데도 없고 불평뿐인 녀석에게 은행 둘을 맡기다니, 가당찮은 소리! 녀석은 머리에 온통 뉴욕 생각뿐이라니까.
> 시실리: 참나! 아빠만 빼고 우리 모두 같은 생각인걸요 ... 엄마도 저희만큼 뉴욕을 원하신다니까요. 단지 말씀만 안 하실 뿐이지 ...
> 랜드: 그게 다 조지와 테레사에게 물든 탓이야. 테레사가 보낸 편지에서 내 이미 감 잡았다. 유럽이 그 애를 버려놨어! 뉴욕에서 학교 다닐 때부터 내 알아봤지. 여행을 보내면 좀 나아질까 했더니, 도리어 병을 키웠어!

> RAND: George is too restless, too discontented yet for me to trust him with my two banks! He's got the New York bee in his bonnet.
> CICELY. Oh! We all have that, father,—except you ... Mother's just as bad as the rest of us. Only she's afraid to say so ...
> RAND. That's the effect of George—and Teresa. I've notice all the innuendos in her letters home. Europe's spoiled the girl! The New York school started the idea, but I hoped travel would cure her, and instead—! (Act I: 821-2)

가족들은 도시생활과 시골생활을 대립시켜 전자의 장점과 후자의 단점을 부각하는 보다 적극적인 설득공세를 펼친다. 이 과정에서 도시와 시골을 대비하는 노골적인 비유와 수사가 속출한다. 아울러 가장과 식솔 간 '일대 다' 대립구도가 예견하듯 이러한 비유와 수사적 표현들은 시골에 대한 편파적 비방 일색이다. 둘째 딸 시실리 랜드(Cicely

Rand)는 "늘 같은 노인네들과 케케묵은 일들"(always the same old people and the same old thing) 뿐인 미들버그의 삶을 "무덤에서 사는"(live in a cemetery) 것에 비유한다(822). 무덤의 이미지는 조지의 말에서도 예외가 없다. 정치인으로 성공하기 위해 뉴욕에 진출하려는 그에게, 시골의 삶은 "숨 막히는"(we're all choking here) 고통이요, 야망을 싹틔우지 못한 채 "하릴없이 고사해가는"(dry-rotting for not enough to do) 것과 같다(824). 반대로, 뉴욕은 정체된 조지의 삶에 "숨통을 틔울"(a new lease of life) 희망이다(824). 랜드 부인도 자녀들을 거들며 미들버그에 대한 염증과 뉴욕에 대한 기대감을 하소연하듯 토로한다.

> 랜드 부인: 따분하고 텅 빈 우리 삶, 이젠 신물이 나요. 이곳 사람들의 비좁은 시각. 어제의 뉴스로 오늘을 살아야 하고, 미들버그의 촌티가 물씬 풍기는 그런 스타일의 옷가지들 입어야 하는 것. 모든 게 진저리나요! 시실리 말에 찬성이에요. 난 그 애가 진짜 세상을 체험할 기회를 갖기를 바라요, 이곳의 소진되어 버린 삶이 아니라! ... 그 애는 전차의 휴식과 버스의 자장가를 원해요! 그래요, 나도 뉴욕을 원해요. 하지만 우리 애들을 위해, 무엇보다 조지의 명성과 출세를 위해 뉴욕이 필요해요!

> MRS RAND: I'm tired, myself, of our humdrum, empty existence. I'm tired of the narrow point of view here! I'm tired of living to-day on yesterday's news, and wearing styles adapted to what Middleburg will stand for! I sympathize with Cicely. I want her to have a chance with the real world—not our expurgated edition! ... she longs for the rest of a cable-car and the lullaby of a motor-bus! Yes, I want the City for myself, but even more for my children, most of all for George to make a name and career for himself! (Act 1: 824)

부인에게 미들버그의 삶은 따분함, 공허함, 편협함으로 멈추어버린 '어제의' 세계, 생명력이 소진되어 '박제가 된' 세계로 요약된다. 반대로 뉴욕의 생활은 매순간 새로운 '오늘의' 세계이자 '살아있는' 세계이며, 기회로 충만한 '가능성의' 세계다. 비슷한 시기 유럽을 풍미한 미래주의(Futurism) 선언을 시연이라도 하듯, 그녀는 뉴욕에서라면 전차와 버스 소음조차 휴식과 자장가일 수 있다고 단언한다.[3]

극 초반부터 부각되는 도시와 시골의 대립은 이후 극 전체를 지배하는 주제가 된다. 이러한 지배적 모티브는 또 다른 유사모티브를 함의하는데, 새로운 시대와 구시대 질서의 대립이 그것이다. '도시와 시골' 대립구도의 경우, 가장을 제외한 나머지 가족들이 주축이 되어 도시의 장점을 부각하기 위해 반대급부로 시골에 대한 편파적 비방에 의존한다. 대조적으로, '신구' 대립은 랜드가 주축이 되어 시골생활을 옹호하려는 목적을 띤다. 여기서 랜드는 새로운 시대의 도래와 함께 구시대 가치가 신세대(자녀들)는 물론 기성세대(랜드 부인)에 의해 무시되는 세태를 비판한다. 랜드는 맹목적 도시 동경을 신세대의 병적 질환으로 규정함으로써, 뉴욕으로 떠나려는 가족들의 바람을 원천적으로 무효화한다.

> 랜드: 너희 어린것들은 오직 쾌락과 재미만을 지, 그리곤 그 병을 너희 엄마에게 옮겨놓고 말이야 ... 너흰 도시에 대한 지나친 과대망상에 사로잡혀 있어. 이 나라는 뉴욕 같은 도시 몇 개만으로 이루어지지도, 이들이 이끄는 것도 아니다. 이 나라를 만들고 이끄는 건 전국에 흩어져 있는 작은 마을들이지. 이들이 진정 미국의 뼈대와 힘줄이야! ... 뉴욕은 야망을 이기적인 탐욕으로 만들어버리지! 그곳에선, 네가 무엇을 얻든 더 원하게 돼! ... 그곳엔 만족이란 없어!

RAND: It's only amusement and excitement you children are after, and you've inoculated your mother with the germ ... You've got an exaggerated idea of the importance of the City. This country isn't made or run by New York or its half dozen sisters. It's in the smaller towns,—and spread all over the country,—that you find the bone and sinew of the United States! ... the City turns ambition into selfish greed! There, no matter what you get, you want more! ... There's no such thing as being satisfied! (Act 1: 854-5)

랜드는 시골을 미국 건국정신으로 상징되는 구시대 가치의 산실로 이해한다. 독립전쟁 시절 대영제국과 미국 시민군의 대결은 골리앗과 다윗의 싸움에 비견된다. 시민군의 승리는 골리앗에 대한 다윗의 승리이며, 거대함에 대한 작음의 승리이다. 독립국가 미국을 구성한 것 역시 도시로 성장하기 전의 소박한 시골 마을들이었다. 미국 건국정신

〈그림 28〉 로이체 작 〈델라웨어 강을 건너는 워싱턴〉 (1851년).
출처: 뉴욕 메트로폴리탄 미술관

에는 이처럼 소박함에 대한 존중의 뜻이 담겨 있으며, 랜드는 건국정신을 강조함으로써 '도시 병'과 개인주의가 만연한 새로운 시대에 자칫 퇴색되기 쉬운 시골생활의 소박함과 가족화합의 중요성을 정당화한다. 건국정신과 구시대 가치를 지향하는 랜드의 태도는, 저택 서재 벽에 걸린 채 무대를 압도하듯 내려다보는 판화작품 〈델라웨어 강을 건너는 워싱턴〉을 통해 가시화된다.

> 장면: 랜드 가의 집. 미들버그에 위치한 어느 거대한 저택의 서재 ... 홀에는 자단(紫檀)나무 가구 일습이 들어서 있으며, 가구는 갈색과 붉은색 문양이 장식된 벨벳 천으로 덮여 있다. 짙은 고동색 벽지를 바른 벽에 토르발센의 〈사계〉 액자그림이 걸렸고, 벽난로 선반에는 〈델라웨어 강을 건너는 워싱턴〉 판화가 놓여 있다.
>
> SCENE. At the Rands'. The library of a substantial house in Middleburg ... It is furnished in a "set" of rosewood furniture, upholstered in brown and red figured velvet. The walls are covered with dark maroon wall-paper, with framed photographs of Thorwaldsen's "Four Seasons," and over the mantel there is an engraving of "Washington Crossing the Delaware." (Act 1: 821)

판화의 원작은 엠마누엘 로이체(Emanuel Leutze)의 1851년 작 동명 기록화로, 1776년 12월 25일 조지 워싱턴 장군이 영국군 주둔지를 기습하기 위해 시민군과 함께 델라웨어 강을 건너는 장면을 포착한다. 이는 시민군 승리의 결정적 계기가 되었고, 워싱턴은 훗날 독립국가 미국의 초대 대통령이 된다. 건국정신을 신화화하는 이 그림은 저택 중심부에 위치함으로써 가장 랜드의 권위와 중첩된다. 후광(halo)처럼 그림을 등지고 건국정신을 설파하는 랜드의 모습과 식솔들의 도시 병을 꾸짖는 가장의 모습이 혼융되면서, 랜드의 시골옹호론은 미국 시민이 따라야 할 당위성을 띤다. 베르텔 토르발센(Bertel Thorwaldsen, 1770-1844)의 그림 〈사계〉가 함축하는 '시간성'과 '생의 유한함'이라는 주제와의 묘한 대비는, 로이체의 그림에 중첩된 랜드의 시골옹호론에 초시간적이고 초역사적인 아우라-랜드 가와 함께 해왔고 앞으로 가풍으로 남게 될-마저 감돌게 한다.[4]

'일대 다' 대결이라는 불리한 상황에도, 랜드의 시골옹호론은 건국정신과 결탁된 가장의 권위에 탄력을 받아 양적열세를 극복하고 가족들의 도시옹호론과 힘의 균형을 이룬다. 가족들의 장황한 설득을 향해 랜드가 내뱉는 "필요 없어!"(I don't want to!), "전혀"(Not at all!), "싫어!"(I don't like it!) 등 짧지만 단호한 답변들(824)은 양적열세를 상쇄하는 그의 권위적 위치를 잘 드러낸다. '도시와 시골' 대립구도에서처럼 랜드의 시골옹호론 또한 뉴욕에 대한 편파적 비방 수준을 벗어나지 못한다. 그러나 작가는 두 쌍의 편파적 대립구도가 표출하는 신세대 목소리와 구세대 목소리를 양적·질적 비중의 적절한 배합을 통해 대등하게 제시함으로써 '도시 대 시골' 논쟁에 균형적인 시각을 유지한다.

3. 기업윤리 이슈

'도시와 시골'의 팽팽한 대결구도는 1막 후반에 균형이 깨진다. 결정적 계기는 가장의 죽음이다. 뉴욕 이주 문제를 놓고 대립 중인 랜드와 조지에게 한 남자가 찾아온다. 하녹(Hannock)이라는 이름의 이 사내는 오랜 동안 랜드를 협박해 돈을 뜯어온 인물이다. 랜드는 하녹의 모친에게 생활비를 대왔고 그녀가 죽은 후에도 하녹의 경제적 후견인을 자처했다. 그러나 술과 마약으로 돈을 탕진하고 감옥을 드나드는 하녹에게 실망한 랜드는 지원을 중단했다. 랜드가 모친을 돌봐준 이유가 둘의 '부적절한' 관계라고 믿는 하녹은, 모친의 인생을 망친 대가로 랜드에게 금전적 요구를 해온 것이다. 하녹은 랜드가 모친에게 보냈던 편지를 물증으로 내보이며 협박하지만 랜드는 동요하지 않는다. 급기야 하녹은 랜드를 굴복시킬 마지막 카드를 제시하는데, 그것은 존경받는 기업인 랜드의 이면에 감추어진 비윤리적 경영행태다.

> 하녹: 당신이 2년 동안 나를 은행에서 일하게 했을 때, 난 두 눈으로 똑똑히 봤어 ... 당신의 수법을 면밀히 관찰했지 ... 뉴욕의 보험회사와 숱한 기업들을 지옥으로 몰아간 바로 그 수법 말이야, 그것들도 내가 훤히 꿰고 있는 당신 수법에 비하면 빙산의 일각도 안 되지. 확신하건데, 만일 주정부에서 미들버그에 조사라도 나오는 날에는, 당신도 끝장이야 ...
> 랜드: 거짓말! 거짓말이야! 돈을 뜯어내려는 수작일 뿐이지! 네 놈 수작이 시작하기도 전에 넌 공갈협박으로 구속되고 말걸! (숨이 막힌다.)
> 하녹: 저런, 아실만한 분이 왜 그러실까! 날 구속시키면 ... 당신의 모든 비리도 들통 나고 말 텐데!

> HANNOCK: The two years you had me working in the bank, I kept my eyes open ... I watched and studied your methods ... those very methods in New York, that have been raising hell with the insurance companies and all sorts of corporation, aren't a patch on some of your deals I know of! And I tell you, if there should be a State investigation in Middleburg, you'd go under ...
> RAND: It's a lie! It's a lie! Just to get money out of me! I told you, before you began, you'd come to blackmail! (*He chokes*)

HANNOCK: Well, you know how to prove it! Have me arrested ... and let the whole things be thrashed out! (Act I: 826)

랜드는 결국 하녹에게 수표를 쥐어주고 그를 떠나보낸다. 랜드는 현장을 지켜본 조지에게 비밀을 털어놓는다. 하녹은 자신의 외도행각이 낳은 조지의 이복형제이며, 하녹조차 이 사실을 모른다는 것이다. 랜드는 하녹을 잘 보살펴달라는 부탁과 함께, 그의 출생을 비밀로 해줄 것을 조지에게 당부한다. 유언과도 같은 이 말을 끝으로 랜드는 방으로 들어가던 중 돌연 쓰러져 질식사한다.

하녹의 등장은 랜드의 비윤리적 경영행태와 외도행각의 폭로 외에, 그가 뉴욕을 거부하고 시골 정착을 고집하는 이유와 직결된 단서를 제공한다. 랜드는 자신의 경영수법이 미들버그에서 비밀리에 지속될 수 있다고 믿는다. 설령 들킨다 해도 지역 인사로서 그의 명성이 안전망 역할을 할 것이다. 반대로, 대도시 뉴욕에서 그의 수법이 정부의 감시와 통제를 피할 수 없음 또한 그는 알고 있다. 랜드가 후계자 조지에게 시골을 떠날 수 없는 이유로 강조한 '내 방식'(my methods)의 의미가 이 지점에서 비로소 분명해진다.

랜드: 이봐라, 얘야! 넌 내 일을 위해, 내 방식으로 훈련되었다. 나를 알고 존경하는 미들버그에서 내 방식은 문제될 게 없지 ... 하지만, 뉴욕에서는 미들버그 공공도서관도 내게 아무런 도움도 줄 수 없을걸. 파크 스트리트 교회 역시 내 은행 경영 방식을 보증해주리라 장담할 수 없는 판에, 현재 벌집 같은 뉴욕에 목숨을 걸고 뛰어드는 건 어리석은 모험이야.

RAND: Look here, boy! You're trained in my methods, for my job. Those methods are all right for Middleburg, where I'm known and respected ... But the public libraries of Middleburg wouldn't help me in the City, nor the Park Street Church be a sufficient guarantee for my banking methods, to let me risk myself in the hornet's nest New York is at present. (Act I: 825)

랜드가 강조한 '내 방식'과 하녹이 말한 '바로 그 수법'(those very methods)이 결국 같은 것이며, 다름 아닌 비윤리적 경영행태였음이 드러난다. 기성세대의 모범이자 지역의 "최고 시민"(the foremost citizen)이었던 랜드의 실체는 사리사욕에 가득한 "저속한 자본가 귀족"(low-end robber baron)이었던 것이다(Denton 2003). 하녹의 등장은 랜드의 추문 폭로와 함께 '기업윤리'라는 새로운 변수를 제공하면서 극을 한층 복잡한 형국으로 이끈다.

2막은 뉴욕시를 배경으로 한다. 랜드의 사망 이후, 가족은 도시에 정착한다. 조지는 가업을 성공적으로 경영하는 한편, 소원대로 정치에 입문해 뉴욕주지사 후보 당내경선 결과를 기다리고 있다. 조지는 후견인이자 당내 영향력이 큰 정치인 알버트 보리스(Albert Vorhees)와의 대화에서, 자신의 정치적 이상과 소신을 분명히 밝힌다.

조지: 조직정치는 어제의 유물이죠. 대중이 그 엔진에 올라타 모두 분쇄해버렸으니까요!
보리스: 인간은 조직보다 위대하지, 인간에겐 하나님의 영혼이 있으니까.
조지: 맞아요, 제가 보여주려는 것도 정당의 정신이 다름 아닌 지도자의 타협하지 않는 정직성에 있다는 것입니다.

GEORGE: Machine politics are a back number. The public has got on to the engine, and smashed the works!
VORHEES. Man is greater than a machine, because God's

soul is in him.

GEORGE. Yes, and what I'm going to show is that the soul of a political party is the uncompromising honesty of its leader. (Act II: 833)

'인간적인' 정치를 지향하는 조지는 '정직성'을 정치인의 최고 덕목으로 삼는다. 보리스는 조지의 정직성을 확인하는 일련의 질문을 던지면서 정직성의 구체적 조건으로 기업유리와 사생활을 지적하는데, 조지는 둘 모두에서 자신의 결백을 확신한다. 보리스는 결국 조지를 뉴욕 주지사 최종후보로 잠정 확정한다.

보리스: 자네 삶에서 요만큼이라도 떳떳치 못 한 부분은 없나, 조지? ... 사업 쪽은 어떤가?

조지: 제 아버님이 어떤 분이셨는지 잘 알잖아요, 제 경영방식도 그분께 배운 것이지요 ... 단 한 가지도 원칙에서 벗어난 적 없습니다.

보리스: 좋아! ... 그럼 자네 사생활은?

조지: ... 전 부모님을 사랑했고, 그분들의 애정은 저의 전부였습니다. 그분들께 배우고 받은 대로 엘리너를 사랑해 왔구요. 제 사생활에 대해서는 걱정 마세요.

보리스: 그럼 됐네! 비공식적이긴 하지만, 이변이 없으면 당내경선 최종후보는 자네 몫이야!

VORHEES: Is there anything in you life that isn't absolutely above board, George? ... In business?

GEORGE: You know what my father stood for, and my business methods he taught me ... I've not deviated from a single principle.

VORHEES: Good! . . . And in your private life?

GEORGE: ... I loved my father and my mother, and their affection meant everything to me. From their influence, I went under Eleanor's. You needn't have on worry about my private life.
VORHEES: Then that's all! And unofficially I can tell you, barring the unexpected accident, the nomination is yours! (Act II: 834)

완전무결한 기업윤리와 사생활에 대한 조지의 자신감은 향후 순탄한 정치 여정을 기대케 한다. 그러나 2막의 시작을 여는 하녹의 등장으로 이런 기대감을 상쇄하는 불길함이 무대에 감돈다. 예상치 못한 등장만큼 놀라운 것은 그의 변신이다. 말끔한 정장 차림으로 업무에 열중하는 그에게서 과거 부랑자 모습은 찾을 수 없다. 더 놀라운 것은 그가 조지의 심복비서(confidential secretary)인 점이다. 그는 인기 높은 루즈벨트 대통령의 애칭을 벤치마킹해 "테디 2세"(Teddy, Jr.)라는 조지의 별명을 유포하는 등 선거운동에도 탁월한 능력을 발휘한다. 그러나 마약을 못 끊고 서랍에서 주사기를 뒤적이는 모습은 그가 여전히 랜드 집안에 불길한 인물임을 암시한다. 불길함은 곧 현실로 드러난다. 조지의 심복을 자처하는 하녹의 진짜 속셈은 조지의 당선이 자기에게 가져올 응분의 대가와 보상에 있다. 그는 조지가 등장하기 전 보리스와 먼저 만나 자신의 속내를 '협박하듯' 드러낸다.

하녹: 자, 그 쪽도 알다시피, 내가 조지 랜드의 오른팔 아니오! 난 내 몫을 다 했소! 그럼, 그 대가로 내가 갈 곳은 어디요? ... 이봐요, 보리스 선생, 이제 할 말을 해야겠소! 만일 조지 랜드가 뉴욕주지사에 당선되고자 한다면, 조지 본인과 선거인들 모두 내 몫을 잊으면 안 된다구! ... 명색이 '주지사' 랜드의 당선인

데, 그의 심복비서에게 자리 하나쯤 떨어져야 구색이 맞는 거 아니겠느냐 그 말이오!

HANNOCK: Well, I've been George Rand's right hand, you know! I've done my share of the work. Where do I come in on the reward end? ... Look here, Mr. Vorhees, I might as well have my say out now! If George Rand wants to be elected Governor of New York, he and his electors have got to square me! ... I say there's something good in the way of a job coming to his confidential secretary out of "Gov." Rand's election! (Act II: 832-3)

보리스는 하녹의 요구를 부당거래로 여긴다. 정치보좌관으로서 하녹의 순수성을 의심하게 된 보리스는, 그를 비서직에서 해임할 것을 조지에게 조언한다. 보리스가 하녹을 "공갈협박자"라 칭하는 순간(he showed me the hoof of a blackmailer, 835), 하녹의 과거가 소급되고 2막의 시작과 함께 감지되었던 하녹에 대한 불길함도 현실이 된다. 고민 끝에 조지는 용단을 내려 하녹에게 해임을 통보하나, 하녹은 자신이 목격한 조지의 부당거래와 비윤리적 경영행태를 무기로 도리어 조지를 협박하고 나선다.

하녹: 이제부터 네 놈의 실상에 대해 눈을 뜨게 해주지! 예를 들어, 뉴브런스위크 건에 대해 말해 볼까? ... 네 거래가 필리를 뉴욕교도소로 보낸 트로이 건하고 다른 게 뭐가 있지? ... 넌 부당이익을 취했어! 네 '영향력'을 이용해 엄청난 이익을 챙겼지 ... 이게 불법 금전사취가 아니고 부당 자금유용이 아니라면, 필리 건은 분명 오심이었다 그 말씀이지.

HANNOCK: I began to open your eyes for you! For instance,

> how about the New Brunswick deal? ... What's the difference between your deal, and the Troy business that sent Pealy to State's Prison? ... you got the unfair! You got paid pretty high for your "influence" ... If that isn't taking money under false pretences, if it isn't using funds you haven't the right to use,—there was a miscarriage of justice in the Pealy case, that's all. (Act II: 840)

보리스는 하녹을 제거하라 요구하고, 하녹은 상기한 비윤리적 경영 행태를 보리스에게 알리겠다며 조지를 협박한다. 여기에, 하녹을 보살펴달라던 부친의 유언이 중첩되면서 조지는 난감해진다. 하녹의 거취 문제는 조지의 정치적 야망의 성패와 직결되기 때문이다. 조지가 하녹을 버린다면, 그의 과거사가 폭로될 것이고 결국 주지사 최종후보에서 사퇴해야 할 것이다. 반대로 조지가 하녹과 타협하여 그를 곁에 둔다면, 이는 본인이 자신하던 '정직함'에 흠을 낼 것이며 결과적으로 정치적 이상을 포기할 수밖에 없다. 설상가상, 여동생 시실리와 하녹이 혼인신고까지 마친 연인 사이임이 밝혀지면서, 조지의 상황은 악화된다. 조지는 "부친을 대신해" 가장으로서 둘의 결혼을 불허하나(I, as your elder brother, representing your father, forbid it, 842), 시실리는 조지의 가부장적 권위에 완강히 맞선다. 1막에서 랜드와 가족의 대결을 떠올리는 이 장면은, 하녹의 주장처럼 부친의 비윤리적 경영수법의 전수자인 조지가 결국 부친의 복사판이 되었음을 시사한다. 시실리와의 이별을 거부하는 하녹에게, 조지는 급기야 비밀 폭로라는 최후의 카드를 사용한다. 그는 시실리와 하녹이 실은 이복남매지간임을 실토한다.

> 조지: 아버지와의 약속을 깰 수밖에. 하지만 당신께서도 이런 날 이해하시겠지 ... 그 애는 네 아내가 아냐! (하녹은 조지를

> 보고는 비웃는다. 하녹에 대한 조지의 분노는 오직 이 비극적 상황만이 잠재울 뿐이다.) 네 결혼은 결혼도 아니라구! ... (시실리가 방금 빠져나간 문간을 바라보며, 목소리를 가까스로 가다듬고, 힘겹게 낮은 소리로 털어놓는다.) 시실리는 네 여동생이야!
>
> GEORGE. I must break faith with father, but of course he'd be the first to ask me to ... She isn't your wife!—(*Hannock looks at him and sneers. George's rage at Hannock is only governed by the tragedy of the whole thing*) Your marriage wasn't any marriage! ... (*Looks towards the door where Cicely has gone, and, with difficulty, manages to control his voice, as he lowers it*) Cicely is your sister! (Act II: 844)

망연자실해 있는 하녹에게, 조지는 사건의 전말을 설명한다. 랜드는 젊은 시절 외도를 벌였고, 하녹은 그의 사생아였다는 것. 사실을 함구하는 조건으로 랜드가 하녹의 생모에게 생활비를 대주었다는 것. 랜드가 조지에게 남긴 유언, 즉 하녹을 보살피되 출생의 비밀을 그가 절대 알아서는 안 된다는 내용까지. 조지는 시실리에게도 사실을 폭로하려 하나, 하녹은 절체절명의 심정으로 이를 막는다. 둘의 결혼이 사회적으로 용인될 수 없다 해도, 사랑의 진정성마저 부인되는 것은 용납할 수 없기 때문이다. 그는 휴대하고 있던 총으로 조지에게 다가가는 시실리를 향해 방아쇠를 당긴다. 숨졌지만 그녀는 영원히 하녹의 아내로 남을 것이며, 하녹은 이렇게 해서라도 그녀와 헤어질 수 없는 것이다. 극 전체를 통해 하녹의 인간적 고뇌와 진정성이 처음으로 표출되는 장면이다.

조지의 폭로는 하녹이 랜드 집안과 연루되는 것을 원천 봉쇄하려는 의도에서 감행되었으나, 역으로 하녹이 연루된 가문의 추악한 과거가 폭로되는 아이러니를 낳는다. 이는 결과적으로 비윤리적인 경영행태 외에 사생활 면에서 랜드 가문의 또 다른 약점을 노출하는 빌미가 되고, 하녹은 이를 무기로 조지를 협박함에 있어 보다 유리한 고지를 점유하게 된다. 그러나 예상과 달리 하녹은 시실리를 죽인 총으로 자살을 시도한다. 총을 빼앗긴 하녹은, 자신이 죽으면 랜드 가의 추악한 과거가 영원히 비밀에 붙여질 것이고 조지의 정치적 야망도 실현될 것이라면서 조지에게 총을 넘겨 줄 것을 제안한다.

> 하녹: 총을 넘겨! ... 이게 우리에게 남은 가장 쉬운 방법이란 걸 모르겠어? 어쨌건 내가 죽으면 끝이야 ... 체포할 필요도, 법정에 설 필요도, 추문에 휩싸일 필요도 없잖아! 내가 그 애의 오빠라는 것, 네 아버지가 어떤 사람이라는 것을 누가 알겠어! 네 어머니를 구할 방법이 뭐겠어! 네가 살 길이 뭐겠냐구! 우리 모두가 살 길이 뭐겠느냔 말야! ... 넌 그저 잠깐 돌아서 있으면 돼 2초도 안 걸릴 거야!
>
> HANNOCK: Give me the gun! ... Don't you see it's easiest way all around for us? I've got to die anyway ... There's no arrest, no trial, no scandal! Nobody'll know I was her brother; nobody'll know about your father! Think what it'll save your mother! Think what it'll save you! Think what it'll save everybody! ... All you have to do is to turn your back a minute—it won't take two! (Act II: 846)

이로서 극은 또 다른 국면으로 치닫는다. 하녹의 제안은 가문의 오명을 덮을 것이고, 조지가 꿈꿔왔던 정치가로서의 미래까지 보장하는 달콤한 제안이다. 하지만 하녹에게 총을 건네주고 그의 죽음을 방조한다면, 조지는 부친이 그랬듯 떳떳하지 못한 과거를 평생 떠안고 살아가게 될 것이고, 그것은 삶의 신조인 '정직함'과 영원히 작별하는 일인 것이다. 야망이냐 정직한 삶이냐, 선택의 기로에서 결정권은 오롯이 조지의 몫으로 남겨진다.

4. 조지의 선택, 미국적 가치

조지는 하녹에게 총을 넘기지 않는다. 대신 조지는 하녹을 법의 이름으로 단죄하고, 자신의 정치적 야망도 기꺼이 포기하기로 결심한다. 하녹은 자신이 법정에 서게 된다면 조지의 비윤리적 경영행태 역시 낱낱이 폭로될 것이며, 결국 조지의 정치적 야망은 물론 사랑까지 잃게 될 것이라 말한다. 이것을 막는 길은 자신이 죽는 것뿐이라며, 총을 넘길 것을 조지에게 제안한다.

> 하녹: 내가 죗값을 치러야 한다면, 너 역시 죗값을 치러야 할 걸 ... 난 널 지켜봤어, 그리고 널 부추겼지, 네 애비의 수법을 따르도록 말이야! 심문 과정에서 모든 게 낱낱이 드러나겠지 ... 그리고 넌 정치적 야망은 물론 사회적 지위까지 모든 걸 잃겠지. 한 가지 더 있어–네가 사랑하는 여인! ... 네 놈에게 얼마나 기만당했는지 알게 된다면 ... 그녀는 분명 네게 정나미가 뚝 떨어지고 말걸 ... 하지만 넌 알잖아, 내 입을 봉할 방법이 뭔지! 총 내놔–
>
> HANNOCK: If I have to pay my price, I'll make you pay yours ... I've watched you, and tempted you, and helped you go on with his methods! Every bit of this will come out in my trial ... And you'll lose, not only your ambition, but your position in the world, and one more thing besides,—the

woman you're in love with! ... when she finds out how deceived she's been in you ... she won't have that much love left for you ... But you know what'll shut my lips tight!. Gimme the gun— (Act II: 846-8)

하녹의 마지막 항변은 조지의 결정을 힘들게 하는 또 다른 변수를 제공하는데, 바로 조지의 약혼녀 엘리너 보리스(Eleanor Vorhees)와의 문제다. 엘리너는 보리스의 여동생으로, 조지의 정직함에 반해 그의 연인이 되었다. 정치의 꿈을 버리면서까지 양심에 충실하려는 조지는, 사랑 앞에 다시 갈등한다. 시실리와의 이별에 직면해 하녹이 그랬던 것처럼, 윤리적 신뢰에 기초한 사랑의 진정성이 붕괴된다는 것은 조지에게 이별보다 더 큰 고통이다. 조지는 결국 애초의 결심을 따르기로 한다. 그는 정치적 야망과 사랑을 포기하면서까지 하녹을 단죄하고 자신도 당당히 법의 심판을 받겠다는 용단을 내린다. 조지는 그것이 '옳은 일'이며 자신의 삶에 '정직할 수 있는' 길이라 말한다.

조지: 자네는 의당 마땅한 처벌을 받아야 해, 그리고 나도 내 죄과를 받겠네! ... 그것이 내가 당당할 수 있다는 것을 보여줄 내 유일한 기회야. 무엇이 옳은 일인지 분명해질 때, 비로소 내가 정직할 수 있는 거겠지.

GEORGE: You must take your punishment as it comes, and I must take mine! ... This is my only chance to show I can be on the level! That I can be straight, when it's plain what is the right thing to do! (Act II: 849)

조지가 지닌 "최고의 성품"(finest qualities)은 "누구도 법과 타협할 권리가 없다"(he has no right to allow [one] to escape the law)는 원칙에 대한 가

혹할 만큼 확고한 신념이다(Quinn 292). 이런 점에서 조지는 부친과 차별된다. 자신의 부정에 관대했던 랜드와 달리, 조지는 자기를 단죄함으로써 스스로에게 엄격한 길을 택한다. 구체적 실천으로 그는 사회적 지위와 사랑 등 모든 권리를 포기하고 밑바닥에서 다시 시작하리라 결심한다. 3막에서 조지는 보리스에게 정황을 설명하고 주지사 후보 사퇴의 뜻을 밝힌다. 보리스는 조지에게 귀향 의사를 묻는다. 정치의 꿈을 접은 이상, 뉴욕은 조지에게 더 이상 의미가 없기 때문이다. 그러나 조지는 뉴욕에 남아 재산을 사회에 환원하고, 부당거래 실체를 공개하고, 경영에서 물러남으로써 빚을 청산하겠다고 말한다. 조지가 세상의 비난을 "이겨내야 할 곳은 바로 여기"(I've got to fight it out right here, 850) 뉴욕인 것이다.

이처럼 극의 종결부는 1막 후반 랜드의 사망과 함께 자취를 감춘 '도시와 시골' 논쟁으로 회귀한다. 랜드의 죽음은 가족들이 시골에서 벗어나 뉴욕으로 탈출하게 되는 계기 이상의 의미가 있다. 그의 죽음은 구시대 가치의 대변자 랜드의 추악한 실상이 폭로되는 일련의 사건과 관련이 있고, 이후 뉴욕에 입성한 조지가 정직성에 타격을 입고 정치의 꿈을 접는 과정과도 연관을 맺는다. 랜드와 조지의 이러한 운명은 그들이 애초 시골과 도시를 옹호하기 위해 내세웠던 근거들의 신빙성을 무효화하면서, 랜드 가족이 뉴욕에 정착하면서 일단락된 것으로 보였던 '도시와 시골' 논쟁을 다시 소급시킨다. 이 논쟁은 3막 후반부 이르러 랜드 부인의 등장으로 다시 쟁점화 되는데, 특기할 것은 부인의 태도 변화다. 미들버그 시절 도시옹호론을 펼쳤던 그녀는, 딸의 죽음과 아들의 좌절 등 가문의 위기를 목도한 뒤 뉴욕에 온 걸 후회하며 시골생활에 대한 미련을 감추지 못한다.

> 랜드부인: 오, 왜 이런 곳에 왔단 말인가! 그건 일생일대의 큰

실수였다! 너희들 아버지의 터전이자 나의 옛 고향을 떠난 이후로 잠시도 행복한 적이 없었어! ... 조지 넌 얼마나 실망이 크고 불행한 거니 ... 시실리, 우리 아가!–그렇게 가버리다니! ... 왜 고향에 머물지 않았을까? ... 오, 뉴욕이 우리 모두에게 대체 무슨 짓을 한 거야!

MRS RAND: Oh, why did we ever come here! That was the first and great mistake! I haven't had a happy moment since I left their father's and my old home! ... how disappointed and unhappy you are ... Cicely, the baby of you all!—killed, like this! ... Why didn't we stay home? ... Oh, what the City has done for the whole of us! (Act III: 852)

부인은 시골옹호론으로 돌아서긴 하지만, 여전히 '도시와 시골'의 이분법적 대결논리에서 벗어나지 못한다. 반면, 어머니의 변심과 푸념에 대응하는 조지의 태도는 시종일관 극을 지배해온 '도시와 시골' 대결구도에 변화를 제시한다.

조지: 아뇨! 어머니가 틀렸어요! 뉴욕을 비난 마세요! 뉴욕의 잘못이 아니라, 우리 자신의 잘못이에요! ... 뉴욕은 인간에게 기회를 줄 뿐, 기회를 성취하는 것은 인간의 몫이지요! 평생 작은 시골마을에서 살 수도 있겠죠, 성인군자입네 행세하며 세상과 자신을 속이면서 말이죠, 정작 속으론 위선자이면서! 하지만 시골은 그런 실상을 발견할 기회를 주지 않죠 ... 허나 뉴욕은 달라요!!! ... 그곳은 우리가 입은 가식의 옷을 모두 발가벗기죠 ... 그리곤 우리에게 말합니다, 최선을 다해 성공해, 아니면 꺼져! 결국 우리 안의 성품이 헐벗음을 감추는 옷이 되지요, 뉴욕 앞에서 거짓은 통하지 않아요! 전 알아요, 제가 그랬으니까요!
GEORGE: No! You're wrong! Don't blame the City. It's not

her fault! It's our own! ... She gives the man his opportunity; it is up to him what he makes of it! A man can live in a small town all his life, and deceive the whole place and himself into thinking he's got all the virtues, when at heart he's a hypocrite! But the village give him no chance to find it out ... But the City!!! ... there she strips him naked of all his disguises ... then she says to him, Make good if you can, or to Hell with you! And what is in him comes out to clothe his nakedness, and to the City he can't lie! I know, because I tried! (Act III: 852-3)

〈그림 29〉 사전트 작 〈루즈벨트〉(1903년). 출처: 백악관

'도시와 시골' 대결구도가 신세대와 구세대 간 욕심의 충돌–떳떳치 못한 과거를 감추려 시골에 남으려는 랜드와 정치적 야망을 위해 도시로 가려는 아들–에서 싹텄다면, 욕심을 버린 조지에게 두 지역은 더 이상 대결적 관계가 아니다. 도시는 하나의 기회일 뿐, 그것을 최선의 것으로 만드는 것은 인간의 몫이다. 도시와 시골은 좋고 나쁘다는 절대 가치로 분류되는 것이 아니라, "개인 성품의 발현 여부"(how to bring out in a man or woman's nature the largest values)에 따라 의미가치가 달라지는 것이다(Quinn 292). 즉, 조지는 1막에서 논의된 도시와 시골의 부정적 영향들을 환경의 문제가 아니라 환경에 대처하는 인간의 태도 문제로 귀결시킨다(Phelps 150-1). 관건은 장소가 아니라 사람인 것이다. 모친의 시골옹호론에 맞서 조지는 여전히 뉴욕을 변호하지만, 뉴욕을 맹목적으로 낭만시하던 과거와는 다르다. 그가 체험한 뉴욕은 개인의 가식

과 위선이 가차 없이 폭로되는 곳이며, 거짓된 삶에겐 지옥이 될 수도 있다. 그럼에도 조지가 뉴욕을 택한 이유는, 자신에게 충실한 삶에 대한 확신과 그 대가로 주어질 성취에 대한 기대감 때문이다. 한편 조지는, 부친의 삶이 증명하듯, 안일하고 편안한 시골생활의 뒤에 감추어진 위선의 위험성을 지적하면서 "유토피아적 시골생활의 이상"(utopian rural life ideal)에 대해서도 비판적이다(Denton 2003). 즉, 조지의 뉴욕 선택은 철저한 자기반성에 기초한 균형적 시각을 견지한다.

이처럼 조지의 선택은 '도시와 시골' 논쟁을 감정에 이끌린 단순택일의 문제가 아니라, 이성적 판단 개입을 요하는 문제로 변화시킨다. 아울러, 1막에서 '도시와 시골' 논쟁과 함께 부각된 '신구' 논쟁 역시 대립적 이항의 균형적 '절충'에서 해답을 모색해야 한다는 현실적 대안을 제시한다. 여기서 조지의 선택은 새로운 시대에 구시대 가치를 어떻게 접목할 것인가의 문제와 연결된다.

〈그림 30〉 미국 국가문장에 새겨진 모토. 출처: 위키피디아

이와 관련해, 『도시』는 1900년대 초반 미국 사회의 변화에 대한 시상화석과 같은 텍스트로서 성격을 지니고 있음을 간과해선 안 된다. 특히 극에서 부각되는 기업윤리 주제는 실제로 세기의 전환기에 미국이 겪은 후유증이자, 이에 대한 반응으로 '질서와 통제'로 요약되는 루즈벨트 정권의 정치적 방향성을 촉발시킨 원인이었다. 극이 집필될 당시 기업의 부패는 머크레이커 논객들에 의해 폭로되었고, 이에 루즈벨트 정부는 기업비리에 연루된 정관계 인사의 부패척결을 위해 대대적인 캠페인을 벌였다(Wainscott 278). 극중 머크레이커 논객들의 명성 혹은 악명이 언급되고, 루즈벨트 대통령이 자주 인용되는 것은, 시상화석 텍스트로서 이 극

의 성격을 방증하는 예라 하겠다. 덧붙여, 극중 인용되는 루즈벨트 대통령의 정치적 방향성이 속칭 "작은 루즈벨트"(Teddy Jr.)라 불리는 극중인물 조지의 그것과 일치하는 것으로 묘사되고 있는데, 이는 작가의 정치적 성향을 은연중 드러내기도 한다.

〈그림 31〉 미국여권 겉면의 국가문장. 출처: 위키피디아

이런 점에서 특히 주목할 것은 2막의 시작과 함께 랜드 집안의 뉴욕 서재에 걸린 "사전트 작 초상화"(a Sargent portrait, 830)다. 존 싱어 사전트(John Singer Sargent, 1856-1925)는 당대 대표 초상화가로 특히 1903년 작 〈루즈벨트〉(Theodore Roosevelt)로 유명하다. 시간적 맥락에서 볼 때, 극중 언급된 사전트 작 초상화는 다름 아닌 루즈벨트의 초상일 가능성이 크다. 1막 미들버그 서재에 걸린 〈델라웨어 강을 건너는 워싱턴〉을 대신해, 사전트의 초상화는 루즈벨트와 조지가 대변하는 새로운 시대와 정치 방향에 대한 상징물이라 하겠다. 아울러, 뉴욕주지사가 되려는 조지에게 보리스가 강조하는 "개인에 우선하는 전체"(It's E Pluribus Unum, not E Pluribus me-um!, 833)의 중요성에 대한 시대적 요청은 신세대 정치인 조지에게서 기대되어지는 '질서'라는 보수적 가치에 대한 바람이자, 당시 루즈벨트 대통령의 정치적 방향성에 대한 동조의 표현이라 하겠다.

'여럿이 모여 하나'(one from many)라는 의미로 통일과 협동의 정신을 강조한 이 라틴어 표현은 1776년 미국 건국과 함께 제작된 국가인장(Great Seal)에 새겨지고 이후 국가문장(Coat of Arms)에 각인될 미국 건국정신의 표상이다. 보리스와 조지 등 신세대 정치인이 구시대 가치를 회복하려는 노력은, 조지의 숙제이기도 한 '새로운 시대에 구시대 가치를 접목하려는 노력'이다. 이러한 노력은 극을 관통하는 '새로운 시대의 기업윤리' 이슈의 형태로 구체화된다. 조지는 구시대의 대변자인 부친에게서 시작되어 신세대인 자신에까지 이어져 온 비윤리적 경영행태를 단죄하고, 부친의 '수법'(methods)의 산물인 현재의 모든 기득권을 포기하는 용단을 내린다. 조지의 선택은 왜곡되고 병들어온 미국 건국정신이라는 구시대 가치를 새로운 시대에 접목하려는 노력의 실천이자, 세상에 유일하게 떳떳할 수 있는 "올바른 행동"(the right thing to do, 849)이며, "밑바닥부터이지만 당당하게 다시 시작할 수 있는"(Begin all over again at the bottom, but on the level, 853) 이유가 된다.

5. 나가며: 새로운 시대의 미국 드라마

조지의 선택이 함의하는 '새로운 시대의 미국적 가치'라는 화두는 작가가 천착한 '새로운 시대의 미국드라마'의 정체성 찾기 노력의 극적 표출로도 보인다. 당시 미국드라마의 전반적 경향은 멜로드라마에서 사실주의 극으로 이동으로 요약되며, 세부적으로 유럽풍과 차별되는 미국적 캐릭터, 장면, 풍토, 주제 등에 기초한 미국적 사실주의 극 확립으로 정리된다(Wilson 223-40). 이러한 움직임 속에서 동시대 작가인 피치가 갖는 의미는 각별하다. 무엇보다 그가 미국드라마에 남긴 최대 공헌은 "미국 남녀에 대한 정교한 묘사"(portraiture of American men and women)에 있는데, 특히 그는 사회적 금기로 인해 솔직하게 표출되지 못했던 동시대 인간군상의 본성을 섬세하게 그려냈다(Quinn 295). 피치는 또한 미국적 장소와 풍토를 시각화함에 있어 "사적 정확성"(historical accuracy)과 "적확하고 신빙성 있는 사실성"(reality with precision and authenticity)을 추구했으며(Quinn 268; Wainscott 275), 철두철미한 실사와 고증 작업은 미국적 장면구축 관행의 전형이 되었다. 이튼(Walter Prichard Eaton)은 당대 미국인의 삶을 알려면 신문이나 역사적 기록보다 피치의 극을 읽는 게 낫다고까지 말한다(496). 이러한 면모 덕에 피치는 "정력적인 역사가"(Hustling Histrionicus)라는 별명도 얻었다(Atkinson 55). 사실주의와 극적 진실에 대한 피치의 생각은 1904년 「극과 대중」("The Play and the Public")이라는 제목의 글에서 피력된다.

> 진실해라. 여기 그리고 저기에 덩그러니 실재하는데, 한 치의 큼과 작음이 어찌 있을 수 있단 말인가! 문학성이 어떻다, 예술성이 어떻다 그런 것은 상관 말고, 실재하는 것을 비추어라. 그것이 무엇인지 그리고 그것이 무엇을 의미하는지 실제로 관찰하고 절감하면서. 현대 드라마에선 그것이 예술이요 문학이다 ... 연극관행이라는 물에 반사된 하늘을 보는 것은 틀린 것이다. 대신, 머리를 들어 실재하는 하늘을 보라.

> Be truthful, and then nothing can be too big, nothing should be too small, so long as it is here, and there!. Apart from the question of literature, apart form the question of art, reflect the real thing with true observation and with sincere feeling for what it is and what it represents, and that is art and literature in a modern play ... It is a mistake to look at the reflection of the sky in the water of theatrical convention. Instead, look up and into the sky of real life itself." (qtd. in Moody 820).

피치의 극작 여정이 새로운 미국적 사실주의에 대한 당대의 열망과 그 결과가 낳은 미국 극작기법의 발전과정에 대한 예증이라는 윌슨(Garff Wilson)의 평가(235-6)와, 피치의 요절을 비극으로 단언한 퀸

(Arthur Hobson Quinn)의 유감표현(296)은 피치가 미국드라마에서 점유하는 위상을 단적으로 말해준다.

피치의 극작관과 스타일은 『도시』에서도 예외가 없다. 이 극은 선악여부를 규정하기 힘든 인물들, 혹은 선할 수도 사악할 수도 있는 인물들을 선보이며 멜로드라마의 특징인 단편적 캐릭터 구축 경향을 벗어난다. 하녹의 경우, 악인이면서도 시실리에 대한 사랑과 자살 기도에서 표출되는 인간적 고뇌는 관객의 동정심을 자아낸다. "단순한 악한 이상의 악한"(the villain more than just an evil-doer)인 하녹은 당시 기준으로 상당히 모던한 미국적 캐릭터임에 분명하다(Shea 2003). 극 중 '도시와 시골' 및 '신구' 논쟁과 '기업윤리' 이슈는 지극히 미국적인 주제이자 미국적 풍토에서 자생한 "현대 미국문학의 특산물"(staples of modern American literature)이다(Marks 622). 윌리엄 본 무디(William Vaughn Moody)의 『대분수령』(*The Great Divide*, 1906)이 '동서 대조'(East-West contrast)라는 방대한 스케일의 미국적 주제로 미국드라마에 '새로운 이정표'(a new mark)를 남겼다면(Park 157), 피치는 3년 후 『도시』를 통해 미국적 주제를 보다 미시적인 방향으로 구체화한다. 아울러, 상기한 쟁점들은 비판적 판단을 요하는 "답변이 쉽지 않은 이슈들"(complex issues without easy answers)로 긴장감 있게 제시된다는 점에서(Shea 2003) 현대성을 발한다. 상기한 주제들이 묘사하는 세세한 미국의 모습은 시각적 즐거움을 넘어서 시평(social commentary)의 성격을 갖기까지 하는데(Quinn 275), 이는 작가 피치가 이전 시대의 '볼거리 사실주의'(spectacular realism)를 넘어서 생의 진실과 사회의 의미에 관심을 두는 '진지한 사실주의'(serious realism)에 도달하였음을 방증한다.

『도시』가 동시대 작품들과 차별되는 또 다른 면모는 '사랑과 명예'(love and honor)라는 멜로드라마의 간판 주제를 다루는 새로운 접근방법과 시각이다. 이 극은 이 진부한 주제를 미국적 환경과 감수성에 맞게 변형시킴으로써 새로운 시대에 걸맞은 미국적 주제로 재탄생시킨다. 극중 조지는 정직성이라는 삶의 신조를 지키기 위해 자신의 모든 기득권과 사랑을 포기하는 용단을 내린다. 조지의 선택은 역설적으로 자신에 대한 엘리너의 믿음을 더 공고히 하고 결국 그녀의 사랑을 얻는다.

> 엘리너: 자신이 저지른 잘못을 인정하고 감내한 남자–가진 것을 스스로 비워내고 빈손으로 처음부터 다시 삶을 시작하려는 남자, 지금껏 의지해왔고 그리고 삶의 의미였던 모든 것에 등을 돌린 남자, 그것이 옳은 일이라는 이유로, 그리고 자신에게 정직해야 한다는 그 이유로 세상과 작별하려는 남자–조지라는 그 남자는 착하게 태어나 부정의 유혹이 없었기에 착하게 살았던 과거의 그보다 열 배는 더 존경스러워요! ... 오늘 당신은 내가 어제 사랑했던 그 남자랍니다!
>
> ELEANOR: The man who has done wrong, and can own it up,—face life all over again empty-handed, emptying his own hands of his own accord, turn his back on everything he counted on and lived for, because it is the right thing to do, and because—leaving the world out of it—he had to be honest with himself!—that—George—is the man I look up to ten times more than the one who was born good and lived good because he never was tempted to enjoy the spoils of going wrong! ... Today you are the man I loved yesterday! (Act III: 854)

조지가 명예를 제외한 모든 것을 상실한 상황에서, 조지를 향한 엘리너의 사랑이 변함없이 지켜짐으로써 조지는 결국 사랑과 명예 모두를 쟁취하는 승리자가 된다. 이처럼 이 극은 '사랑과 명예' 문제에 대해

〈그림 32〉 미국을 의인화한 '엉클 샘'(Uncle Sam)과 미국적 가치를 고취하는 메시지 (1917년). 출처: 미국 국회도서관

하나를 얻기 위해 나머지 하나를 희생해야 하는 기존의 접근방식과는 달리, 명예를 통해 사랑을 쟁취하는 혹은 사랑을 통해 명예를 지켜내는 결말을 제시함으로써 멜로드라마적 해피엔딩과 차별되는 독창적이고 '미국적인' 해피엔딩을 제시한다.

앞서 '도시와 시골' 논쟁이 장소를 불문하고 환경에 처한 개인의 성품과 태도의 문제로 귀결됨으로써 두 대립적 공간의 절충 가능성을 보여주었다면, 작가는 이것을 '사랑과 명예' 주제를 전개하는 방식에도 고스란히 적용한다. 즉, 피치는 '사랑 대 명예'라는 기존의 이분법적 대립에서 사랑과 명예의 '공존' 가능성을 타진함으로써 새로운 미국적 주제를 모색한다. 19세기까지 미국드라마가 "유럽 문화의 사생아처럼 출발"하여 유럽의 멜로드라마 답습이라는 타성에서 자유롭지 못했다면(우미성 110-11), 『도시』의 상기한 면모는 유럽 멜로드라마 전통으로부터 탈피를 의미한다. 물론, 이 극의 해피엔딩이 '정의의 승리'라는 권선징악 모티브의 "안위적 절대론"(reassuring absolutism)과 고루함을 버리지 못하고 있음은 멜로드라마적 한계로 지적되기도 한다(Denton 2003). 그러나 엄밀히 말해서, 『도시』가 도출해 내는 '정의의 승리'는 양심적 행동의 당연한 귀결이라기보다 예측이 힘든 부수적 결과물일 뿐이다. 조지의 주장에 따르면, 양심에 따른 행동 자체가 승리를 보장하는 것이 아니다. 운명을 예측할 수 없는 가운데 인간은 양심에 따라야 하며 승리는 이런 행동이 가져올–혹은 가져오지 못 할 수도 있는–보너스일 뿐 당연한 대가는 아니라는 것이다.

기득권을 스스로 포기한 조지의 삶이 해피엔딩일 수 있는 이유 역시 이런 맥락에서 살펴야 한다. 그는 사회적 명예를 버림으로써 양심이라는 보다 큰 명예를 지켰고, 이는 애인의 마음을 얻는 단초가 된다. 밑바닥에서 다시 시작해야 하지만, 그것은 양심이 함께 하는 명예로운 밑바닥이며, 사랑하는 이와 함께 시작하기에 더 없는 행복인 것이다. 멜로드라마의 해피엔딩이 하나를 위해 나머지를 희생하는 '냉혹한' 선택을 요하고 그 결과로 반쪽짜리 행복을 약속한다면, 조지의 해피엔딩은 둘 모두를 '윈윈'(win-win)하는 온전한 행복, 즉 '명예로운 사랑'을 약속한다. 조지가 건국정신이라는 구시대 가치를 기업윤리라는 동시대 이슈에 접목하여 "옳은 일을 하라!"(do the right thing!, 849)는 새로운 시대의 가치 질서로 환원시키듯, 피치는 권선징악이라는 과거 극작 전통과 가치를 현대적인 시각으로 접근함으로써 시대성과 보편성 모두를 '윈윈'하는 미국적 주제로 재탄생시킨다.

『도시』를 관통하는 '도시와 시골' 및 '신구' 논쟁, 그리고 '기업윤리' 등의 주제는 비단 1900년대 미국 사회뿐만 아니라 현재의 독자와 관객에게도 유사한 혹은 상이한 방향으로 대답하기 힘든 사회적 이슈라는 점에서 여전히 현대적인 동시대적 감수성을 전한다.

> 시실리는 "5번가의 가솔린 냄새를 놔두고 갓 벤 건초를 냄새 맡으려 할 사람이 누가 있을까?" 라며 푸념한다. 이 대사는 메트로폴리탄 극장에서 재공연하는 클라이드 피치의 1915년 멜로드라마 『도시』를 즐기는 도시 관객에게 당혹스러울지 모른다. 우리 대다수가 할인가격과 부동산 매물을 비교하고 따져보느라 엄청난 시간을 들이는 것도 결국엔 대도시를 떠나고픈 일념에서 그러는 것일 테니까.
>
> Cicely bleats, "who wants to smell new-mown hay when he

> could smell gasoline on Fifth Avenue?" This line may baffle urban audiences enjoying the Metropolitan Playhouses's revival of Clyde Fitch's 1915 melodrama The City. After all, many of us spend considerable hours swooning over bargain fares and real estate listings in our efforts to abandon the metropolis. (Soloski 2003)

조지의 선택이 함의하는 '새로운 시대의 미국적 가치'라는 화두와, 작가 피치가 천착한 '새로운 시대의 미국드라마'의 정체성 찾기 노력은 서로 교차한다. 허구와 현실의 두 인물의 교차가 낳은 『도시』는 한 세기를 넘긴 지금에도 유효한 논쟁점을 제기한다. 도시화, 세대차, 기업윤리는 여전히 우리에게 시급한 문제이자 답하기 힘든 과제이기 때문이다. 피치의 선택 『도시』가 초연 당시 190회 장기흥행을 기록하며 작가에게 20세기 초반 "가장 사랑받는 작가"이자(Vaughn 154) "미국드라마의 창시자"라는 명예를 안겨주었다면(Phelps 152), 극중 조지의 선택은 21세기에도 여전히 무대를 통해 관객들과 감수성을 공유하고 공감을 얻는다. 미국적 주제 발굴로 시대성과 보편성을 쟁취한 피치처럼, 자기에게 정직함으로써 명예와 사랑을 얻은 조지처럼, 『도시』는 피치의 펜과 조지의 몸을 통해 시대를 초월한 명예와 사랑을 모두 쟁취한다.

미주

1) 1900년경 호텔 객실에 전화기가 비치되어 시내 및 장거리 통화가 가능해졌고, 약국과 은행은 무료전화를 제공했으며, 유료 공중전화기가 거리에 설치되면서 전화기 사용은 일상이 되었다. 본 논문에서 소개할 『도시』가 초연된 1909년 통계에 따르면, 뉴욕시 대형호텔 100곳에서 보유한 전화기는 21,000대에 달했고, 연간 6백만 건의 통화량을 소화해냈다(Aronson 101-2).

2) '머크레이커'라는 호칭은 루즈벨트 대통령이 1906년 연설에서 이들을 존 번연(John Bunyan)의 풍유소설 『천로역정』(*Pilgrim's Progress*, 1678)에 등장하는 '오물 갈퀴를 쥔 사내'(the Man with the Muck-rake)에 비유한 데서 유래한다. 대표적인 '머크레이커' 작가로 업톤 싱클레어(Upton Sinclair), 이다 타벨(Ida Tarbell), 새뮤얼 홉킨스 애덤스(Samuel Hopkins Adams), 링컨 스테픈스(Lincoln Steffens)가 있다. 이들은 육가공기업의 위생문제, 재벌기업 스탠다드 오일컴퍼니(Standard Oil Company)의 독과점, 특허의 약품에 연루된 사기행각, 정치계 비리를 폭로했다. 세부 정보는 미랄디(Robert Miraldi)와 스테인(Harry H. Stein)을 참고할 것.

3) 미래주의는 이탈리아 시인 필리포 마리네티(Filippo Tommaso Marinetti, 1876-1944)에 의해 제창된 예술운동으로, 과거 전통을 부정하고 근대문명이 낳은 속도와 기계를 찬미할 것을 본령으로 삼았다. 1909년 2월 20일 프랑스 일간지 『르 피가로』(*Le Figaro*)에 실린 「미래주의 선언문」("Futurist Manifesto")에서 그는 '기관총 같은 화염과 소음을 분출하며 달리는 자동차가 고대 그리스 승리의 여신(the Victory)보다 아름답다'고 말했다.

4) 덴마크 조각가 토르발센의 〈사계〉는 탄생-유년-장년-노년으로 요약되는 인생의 네 단계를 사계절의 변화에 빗대어 함축적으로 표현한 작품이다. 〈봄〉과 〈여름〉은 집 밖에 있는 사람들, 〈가을〉은 문간으로 들어오는 사람의 모습, 〈겨울〉은 집안에 거주하는 사람의 모습을 묘사한다.

인용 문헌

· 우미성. 「미국희곡과 아메리칸 모더니티」. 『현대영미드라마』 20.3 (2007): 109-131.

· Atkinson, Brooks. *Broadway*. New York: Macmillan, 1974.

· Aronson, Sidney H. "Communications: The Telephone." *American Life, American People*. Vol. 2. Ed. Timothy J. Crimmins and Neil Larry Shumsky. San Diego: Harcourt Brace Jovanovich, 1988. 89-105.

· Berkin, Carol, et al. *Making America: A History of the United States*. Boston: Houghton Mifflin, 1999.

· Denton, Martin. "Reviews: *The City*," *nytheatre.com*. 2003. *Metropolitan Playhouse* ⟨http://metropolitanplayhouse.org/cityReview⟩. 20 June 2012.

· Eaton, Walter Prichard. "The Dramatist as Man of Letters: The Case of Clyde Fitch." *Scribners* (April 1910): 490-496.

· Fitch, Clyde. "The City" (1909). *Dramas from the American Theatre 1762-1909*. Ed. Richard Moody. New York: Houghton Mifflin, 1969. 821-854.

· Hewitt, Barnard. *Theatre U.S.A. 1665 to 1957*. New York: McGraw-Hill, 1959.

· Phelps, William Lyon. *Essays on Modern Dramatists*. New York: Books for Libraries, 1921.

· Marks, Patricia. "Clyde Fitch." Critical Survey of Drama. Vol. 2. Ed. Frank N. Magill. Englewood Cliffs: Salem, 1985. 614-625.

· Miraldi, Robert, ed. *The Muckrakers: Evangelical Crusaders*. Westport: Praeger, 2000.

· Moody, Richard, ed. *Dramas from the American Theatre 1762-1909*. New York: Houghton Mifflin, 1969.

· Park, Jungman. "Reconsidering 'A New Mark' in American Drama: William Vaughn Moody's *The Great Divide*," *Journal of British and American Drama* 21.2 (2008): 155-82.

· Pitt, Leonard, ed. *Documenting America: A Reader in United States History from 1865 to the Present*. Dubuque: Kendall/Hunt, 1989.

·Quinn, Arthur Hobson. *A History of the American Drama, vol. 2: from the Civil War to the Present Day.* New York: Appleton-Century-Crofts, 1927.

·Shea, Laura. "Reviews: *The City.*" *AmericanTheatreWeb.com.* 10 Jan 2003. *Metropolitan Playhouse* 〈http://metropolitanplayhouse.org/cityReview〉. 20 June 2012.

·Soloski, Alexis. "Reviews: *The City.*" *The Village Voice.* 2003. *Metropolitan Playhouse* 〈http://metropolitanplayhouse.org/cityReview〉. 20 June 2012.

·Stein, Harry H. "American Muckrakers and Muckraking: the 50-Year Scholarship." *Journalism Quarterly* 56.1 (Spring 1979): 9-17.

·Vaughn, Jack A. *Early American Dramatists: From the Beginnings to 1900.* New York: Frederick Ungar, 1981.

·Wainscott, Ronald. "Plays and Playwrights: 1896-1915." *The Cambridge History of American Theatre, vol. II: 1870-1945.* Ed. Don B. Wilmeth and Christopher Bigsby. Cambridge and New York: Cambridge UP, 1999. 262-88.

·Wilson, Garff B. *Three Hundred Years of American Drama and Theatre: From* Ye Bear and Ye Cubb to Hair. Englewood Cliffs: Prentice-Hall, 1973.

Copyrights

〈그림 27〉 『정글』 초판 표지 (1906년). 출처: 위키피디아

– http://en.wikipedia.org/wiki/File:TheJungleSinclair.jpg

Edward Sheldon, *The Nigger* (1910)

이 글은 2012년 12월 한국외국어대학교에서 열린 영미연구소 정기학술대회에서 발표되고, 『영미연구』 27집(2012년)에 게재된 논문 「피의 반격: 에드워드 셸던의 『검둥이』에 나타난 혼혈 문제와 '백인 검둥이' 논쟁」을 다듬어 정리한 것이다.

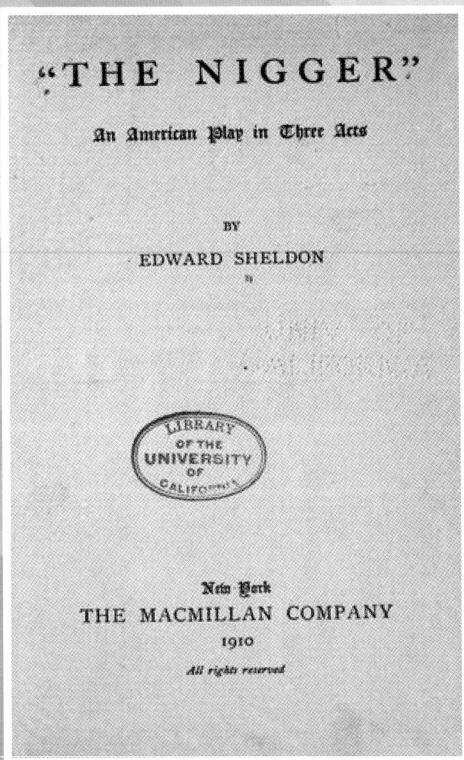

"THE NIGGER"

An American Play in Three Acts

BY

EDWARD SHELDON

New York

THE MACMILLAN COMPANY

1910

〈그림 33〉『검둥이』 초판 표지 (1910년).
출처: 미시건대학교 도서관

1910년대 백인우월주의와 흑백혼혈: 에드워드 셸던, 『검둥이』

1. 들어가며

에드워드 셸던(Edward Sheldon, 1886-1946)의 『검둥이』(*The Nigger*, 1910)는 20세기 초반 미국 남부 사회의 흑백문제를 극화한다. 이 극은 플랜테이션 농장주이자 지역의 명망 높은 백인 정치인으로 살아오던 한 남성이 자신의 흑백혼혈 정체성이 밝혀짐으로써 '검둥이'로 전락하게 된 후에 겪게 되는 좌절, 고뇌, 결단을 다룬다. 이 극이 흑백문제를 다룬 동시대 극들과 차별되며 "중요한 예외적 작품"(important exception)으로 평가받는(Wainscott 280) 이유는, 다른 극들에서 좀처럼 찾아볼 수 없는 흑백문제에 대한 진지한 논의와 성찰이 이 극에서 발견된다는 점에 있다. 20세기 초반까지 양산된 미국드라마에 등장하는 흑인 캐릭터들은 남북전쟁 이후 자유민이 되었음에도 불구하고 여전히 하인과 같은 비중 없는 역할을 부여받고, 심지어 어리석고 우스꽝스런 모습으로 묘사된다. 이러한 사실은 남북전쟁 이전의 흑인 민스트렐시(black minstrelsy)의 핵심적 특징인 흑인의 희화화 전통과 또한 이러한 흑인의 모습을

〈그림 34〉 영화 『재즈싱어』의 한 장면 (1927년). 알 존슨(Al Jonson)은 백인 뮤지컬배우로 흑인을 희화한 분장은 그의 트레이드마크였다. 출처: 워너브로스.

기대하는 백인 관객의 시선에 대한 인식이 여전히 지속되고 있음을 방증한다. 반면, 셸던의 『검둥이』는 흑인노예제 폐지 이후의 미국 사회를 배경으로, 순수한 백인 혈통이 아니라는 이유로 자유민이 누려야 할 할 인간적 대우는 물론 기존의 지위와 기득권을 송두리째 박탈당해야 하는 '검둥이' 주인공의 현실을 진중하게 그려낸다. 이런 점에서 이 극은 "인종차별의 해악을 폭로하려는 초기의 용감한 시도"(Wilson 330)이자 "노예제도 폐지 이후 흑인의 고통을 공감어린 시선으로 묘사하려는 최초의 진지한 시도"(Wainscott 280)로 여겨지며, "남부 흑인문제를 다룬 1910년대 최고 극"(Lovett 4)으로 평가된다.

한편, 이 극이 가치를 발하는 이유는 작가의 문학적 재능이나 작품의 문학적 탁월함에서보다는, 당대의 "민감한 사안을 선택"(selection of serious topics)하고, "중요 문제를 대담하게 다루며"(the courage to deal with a large theme), 주변의 시선에 "위축되지 않고 결연하게 문제에 접근하는"(determination to approach to them unshrinkingly) 셸던의 작가적 태도에서 발견된다(Quinn 88).[1] 결과적으로 이 극은 당대 사회에 대한 작가의 날카로운 문제의식을 수반하는데, 작가 셸던을 일컬어 '진보의 시대'(the Progressive era, 1980s-1920s)로 알려진 "당대의 대변자로 가장 적합한 극작가"라 칭한 러프(Loren K. Ruff)의 표현(164)은, 한 세대 전 극작가 제임스 헌(James A. Herne, 1839-1901)이 주창한 '진실을 위한 예술'

(Arts for Truth's Sake)[2] 전통을 잇는 진지한 문학으로서 셸던의 극이 동시대 극들과 차별되는 이유를 통찰력 있게 지적한다. 이런 점에서 『검둥이』를 단순한 멜로드라마가 아닌 "사실주의 사회 문제극"(realistic social problem play) 혹은 "사상극"(thesis play)으로 분류하는 윌슨(Garff B. Wilson)의 시도는 타당하다(328, 330).

흑백혼혈 남성 주인공의 등장, 흑백 간 로맨스, 그로 인한 백인 사회의 혈통적 순수성 붕괴에 대한 예후 제시로 인해, 이 극은 1909년 12월 4일 뉴욕의 뉴씨어터 극장(New Theatre)에서의 초연 무렵부터 백인 관객들의 우려 섞인 이목을 끌며 논란의 대상이었다(Perry 324). 남북전쟁에 이은 노예해방 선언이 미국 시민으로서 흑인들의 지위와 권리를 보장하는 법적 장치가 되었음에도 불구하고, 반세기가 지난 1900년대 초반의 흑인들은 여전히 노예적 상태에서 자유로울 수 없었다. 백인 중심적 인종우월주의와 흑백차별은 심지어 남북전쟁 때보다 더 악화되었고, 정치·경제·사회·문화적 약자인 흑인은 여전히 자신의 입장을 피력할 기회를 갖지 못했다. 한편, 순수 혈통에 대한 백인들의 병적 집착은 흑인에 대한 강박적 경계와 공포심으로 표출되었고, 흑인에 의해 자신들의 혈통적 순수성이 위협받고 있다는 집단 위기의식으로 수렴되었다. 1900년대 초반 미국 사회가 백인우월주의와 흑백차별의 세계라고 한다면, 흑과 백의 엄정한 차별은 상기한 이분법적 질서 유지를 위한 근간이자 제일의 현실원칙이어야 했다. 시대적 상황이 이러했던 바, 『검둥이』는 제목에서부터 당대 백인 주류사회의 정서와 기대에 관심을 부추기기에 충분했다. 흑인 비하적인 제목에 그들은 편안한 마음으로 객석에 앉아 우스꽝스런 흑인의 모습을 기다렸을 것이다. 그러나 정작 내용은 상기한 백인의 정서와 기대감에 역행하는 것이었다. 흑인 민스트렐시 전통이 여전히 유효한 가운데 흑인 캐릭터가 주연을 맡는다는 것이 정서적으로 용인되지 않던 당시 미국 연극계의 상황을 감안할 때, 순수한 백인 혈통을 위협하는 '검둥이' 캐릭터가 주연으로 무대에 오르고 심지어 백인 여성과 로맨스를 나누는 것은 분명 파격이었다(Austin 241 재인용). 한마디로 이 작품은 백인 주류사회의 입장에서 볼 때 문제작이었던 것이다.[3)]

극중 주인공 필립 모로우(Philip Morrow)는 철저한 백인우월주의자로, 자신도 몰랐던 피의 진실, 즉 믿었던 백인 혈통의 순수성이 흑인의 피로 '오염'되었다는 사실을 통해 현실을 인식하게 된다. 그는 더 이상 백인의 순수함을 주장할 수도, 그 사회에 속할 수도 없는 존재라는 점, 그리고 흑백의 엄정한 이분법적 구분이라는 현실 원리에 따라 그의 '혼혈' 정체성은 흑과 백 어느 쪽에도 속할 수 없다는 점이 그것이다. 필립의 '변주하는'(variating) 인종 정체성은 백인우월주의의 결과로 나뉜 흑과 백이라는 이분된 카테고리 안으로 온전하게 편입될 수 없는 '중간에 끼인'(in-between) 인생들의 '모호한'(ambivalent) 사회적 위치를 피력한다. 흥미로운 것은 혈통과 사회적 위치 간 상반된 영역을 넘나드는 필립의 모호한 정체성과 그에 따른 갈등과 진지한 논의가 극을 지배하면서 작품의 현실적·극적 배경인 엄정한 인종주의와 흑백차별 세계의 우위가 무너지며, 흑과 백이라는 양 극단 사이에 인종정체성의 스펙트럼이 형성됨으로써 이 극이 이분법적 흑백논리 텍스트로부터 벗어난다는 점이다. 필립 개인의 차원에서 볼 때, 백인우월주의에 대한 그의 믿음은 정작 그 자신이 백인의 혈통과 우월성을 박탈당했을 때 그의 인간적 가치를 부인하는 부메랑으로 그에게 되돌아온다. 극 전체 차원에서 볼 때, 극을 지배하는 '백인 검둥이'(white nigger)로 대표되는 혈통의 모호함과 그에 따른 진지한 논의는 제목 '검둥이'에서 백인 주류 대중이 쉽게 기대하게 되는 혈통의 순수함에 대한 우월감과 그들이 흑백차별이 엄정한 이분법적 세계에 살고 있다는 안도감과 기대치에 대해 '피의 반격'을 가한다.

이번 장은 셀던의 『검둥이』에서 흑백혼혈 혹은 '백인 검둥이' 주인공 필립의 몸이 시현하는 인종 정체성의 변주 과정과 그로 인한 자기인식의 발전 양상을 추이한다. 구체적으로 백인 사회의 혈통적 순수성을 지키기 위한 안전망으로서 백인들이 고안해낸 흑백차별이라는 이분법적 '피의 논리'가 오히려 순백의 혈통과 순백의 나라에 대한 그들의 이상화된 믿음을 붕괴시키고, 결과적으로 극중 백인 군중들은 물론 관객과 독자를 혼혈과 혼종의 나라 미국이라는 현실 인식으로 이끄는 '피의 반격'을 감행하고 있음을 살피고자 한다.

2. 핵심과 주변: 백인 내부의 층위와 분화

〈그림 35〉 잭 다니엘 양조장 광고 (1908년 6월 21일 『내쉬빌 아메리카』). 출처: 테네시 주립도서관

극 중 가장 두드러진 대결구도는 두 백인 남자 필립 모로우와 클리프톤 노예스(Clifton Noyes) 사이에서 발견된다. 백인이라는 공통점에도 두 사내의 삶을 가르는 상반된 면모들은 흑백의 다른 인종 간에서 뿐만 아니라 백인 사회 내부에서조차 계층적 위계질서가 존재하고 있음을 시사한다. 필립은 명문 가문 출신에 대학교육을 받은 지식인으로, 남부의 전통적 경제기반인 플랜테이션 농장의 소유주이자 지역의 치안관(sheriff)이기도 하다. 돈보다 명예를 중시하는 그의 성품은 문화적·경제적으로 부족함 없이 자란 그의 성장배경을 반영한다. 반면, 교육을 받지 못한 백인 노예스는

1900년대 초반 새로운 사업으로 부상한 주류제조업자이다. 그에게 있어 삶의 목적은 돈인데, “다이아몬드로 장식한 야회복”(he is in evening dress, with diamond studs)과 “목깃을 불편해 하는 그”(his collar secretly annoys him) 의 모습에서 졸부의 허세와 함께 재력으로도 가려지지 않는 품격의 결핍이 노출된다(362).

필립과 노예스의 상반된 면모는 남부 여성 조지아나 버드(Georgiana Byrd)를 두고 벌이는 두 사내의 사랑 대결에서 표면화된다. 필립을 사랑하는 조지아나가 못 마땅한 노예스는 그녀에게 단도직입적으로 청혼의 뜻을 밝히는 한편, 자신이 배우자로 부적절한 이유를 따져 묻는다. 이에 대해 조지아나가 드는 첫 번째 이유는 노예스의 직업이다.

> 조지아나: 글쎄, 우선은 술장사로 돈을 벌었던 사람이 내 남편이 된다는 게 탐탁지 않네요 ...
> 노예스: 그 말은, 내가 당신이 생각하는 그런 신사가 아니라는 거군. (다시 짧은 침묵) 뭐, 그렇긴 해 ... 그러니까 당신은 주류업자 노예스가 맘에 안 든다, 그런 거네? 당신의 귀족적 품위에 걸맞는 고상한 직업이 아니라서?
>
> GEORGIE: Well, fo' one thing, I shouldn't care to feel that my husband made his money in whiskey ...
> NOYES: I s'pose you mean I'm not yo' idea of a gen'leman. (*There is another slight pause.*) Well, I'm not ... So you don' like the Noyes Distillery Wuhks, eh? Not high-toned enough to suit yo' aristocratic raisin? (365)

노예스는 술 만드는 일을 생업으로 삼아야 했고 돈과 은행계좌에 연연할 수밖에 없었던 자신의 처지를 조지아나에게 하소연하듯 토로한다. 동시에 그는 무일푼으로 자수성가한 자신의 삶과 가업을 물려받아

농장을 경영하는 필립의 삶을 비교하고, 후자를 무위도식 행위로 폄하하면서 은연중 필립에 대한 적개심과 '신분적' 열등감을 표출한다.

> 노예스: 이렇게 난 술 제조업에 내 인생을 바쳐왔어 ... 난 치열하게 싸우며 내 길을 걸어와야 했지. 난 아침에는 말을 타고 어슬렁거리고 오후에는 수표에 서명하는 일 외에는 할 게 없는 수천 에이커의 면화 농장에는 얼씬도 안 했지, 여기 필립처럼 말이야. 만약 필이 무일푼으로 시작했다면 지금 이 위치에 올 수 있었을까? 난 아니라고 봐!
>
> NOYES: So I've spent my life in these heah distilleries ... I've had to fight my way. I didn't step into a thousan'-acre cotton plantation—like Phil hear—with nuthin' t' do but ride a hoss 'round all mawnin' an' sign checks all aftahnoon. If Phil had sta'ted in with nuthin', d' you think he'd be where he is now? I reckon not! (366)

자수성가한 노예스를 "새로운 영역을 개척한 현대인"(Yo' the mode'n man, Mr. Noyes. You have the new wo'ld yo' side!, 366)이라 격려하던 조지아나도, 필립을 폄하하는 태도에 대해서는 정색하며 필립을 변호한다.

> 조지아나: [무일푼이었다 해도] 물론 지금의 그가 되었을 거에요! 그는 지난 15년 동안 수입을 두 배로 늘렸어요, 그리고 이 농장을 주의 명물로 만들었다구요! 그 뿐 인가요? 그가 스물다섯 되던 해에 경마와 무위도식을 끊고 대학에 진학한 거 알죠? 교육의 가치를 깨닫게 되었다는 오직 그 이유 때문이었죠. 게다가 그는 이 지역 치안관이기도 하잖아요? 모든 사람이 남부가 배출한 최고의 시민으로 그를 찬사하고 존경하지 않나요?

> GEORGIE: Of co'se he would! He's doubled his income in fifteen yeahs, he's made this the showplace of the State! An' he's got all the rest, too! Didn't he go to college when he was twenty-five and give up his racing and idleness, just because he came to realize the value of an' education? Isn't he Sheriff of this country? Isn't he looked up to and admired by ev'ry man in the State as the best the South can offer? (366)

위에서 조지아나는 은연중 필립이 노예스보다 월등한 면모들을 열거하는데, 그것은 교육과 사회적 지위와 명예, 그리고 그에 따르는 존경이다. 이러한 면모들은 조지아나가 배우자로서 필립을 사랑하는 이유이기도 하다. 노예스는 필립에 필적할 만한 경제적 성공을 이루었지만, 그는 필립에게 있는 또 다른 면모들을 결여한 것이다. 조지아가 배우자로서 노예스의 원천적 결격 사유들을 공표한 이상, 노예스는 그녀와의 결혼이 불가능한 현실을 받아들여야 한다. 노예스는 체념하듯 조지아나의 배우자가 될 필립의 자격요건을 "전통적 남부 신사의 전형"(ol' type o' the So'th'n gen'leman)인 "완벽한 남자"(the pu'fect man)라는 말로 명료하게 정리한다(366).

노예스의 필립에 대한 정의는 완벽한 배우자 상 이상의 의미를 함의한다. 전도유망한 정치인, 플랜테이션 농장 소유주, 전통적 남부 신사 등 필립의 면모는 남부 백인 사회의 이상적인 모델인 것이다. 반대로 노예스는 남부 백인이 갖추어야 할 요건을 갖추지 못한 인물이다. 필립과 비교할 때 가장 부각되는 노예스의 결점은 돈보다 명예—교육, 사회적 지위와 명예, 존경할 만한 품격을 포함하는—를 숭상하는 인품의 부재다. 필립이 남부 백인 사회의 이상적 모델로서 '핵심 백인'(core white)에 속하며 그들의 정서를 대변한다면, 노예스는 혈통적으로는 백인이지만 정서적 기준에 미달하여 핵심 백인 영역에 진입하지 못하는

'주변부 백인'(marginal white)으로 묘사된다.

한 여인을 놓고 벌이는 필립과 노예스의 대결 구도는 기실 대를 이어 내려오는 두 가문의 오랜 갈등 양상이었음이 노예스의 폭로로 인해 밝혀진다. 필립의 조부와 노예스의 조부는 젊은 날 한 여인을 두고 사랑 대결을 벌인 연적 관계였고, 결국 필립의 조부가 여인의 사랑을 쟁취하게 되었던 것이다. 주목할 점은 필립의 조부가 사랑한 여인이 흑인이었다는 사실이다.

> 노예스: 우리 할아버지와 필립의 할아버지는 처남, 매부지간이었어. 이야기는 1840년대로 거슬러 올라가지. ... 한 여인에게 빠진 두 사내의 이야기라, 정말 진부하긴 해.
> 조지아나: (순진하게) 낭만적이네요! 필립의 할머니 말이군요?
> 노예스: (잠시 후) 아니, 어떤 흑인 여자.
> 조지아나: (작은 음성으로 외면하며) 아, 잘못 짚었네요.
> 노예스: (목청을 가다듬으며) 결국 필립의 할아버지가 이겼지.
>
> NOYES: My gran'fathah and' Phil's—they were brothah's-in-law—they began it in the fo'ties. ... It's the ol' thing—both losin' theah heads ovah the same woman.
> GEORGIE: (*innocently*) How romantic! Phil's gran'mothah?
> NOYES: (*after a pause*) No—niggah woman.
> GEORGIE: (*in a low voice, turning away*) Oh—I didn't—realize—
> NOYES: (*clearing his throat*) Phil's gran'fathah—he won out. (363)

노예스의 폭로는 극 전개상 중대한 의미를 갖는다. 필립 가문의 과거사, 특히 필립의 조부가 사랑했던 여성이 흑인이었다는 사실은 노예스 자신의 최대 관심사이기도 하다. 그는 문제의 흑인 여성이 필립의 조모라고 확신하는데, 만일 이것이 사실로 밝혀진다면 핵심 백인의 이상적 모델이었던 필립이 실은 흑백혼혈이었음이 폭로될 것이다. 나아가, 필립에게 열등감을 가지고 있던 '주변부 백인' 노예스가 급기야 흑백혼혈 정체성을 떠안게 된 필립보다 인종적 우위에 서게 되는 결과가 된다. 술을 판매하며 전국을 떠돌던 그가 돌연 옛 고향 친구인 필립의 농장을 찾아온 이유 역시 언급한 확신을 증명할 문서를 찾기 위함이다. 이 문서가 노예스에게 중요한 이유가 필립에 대한 그의 인종적 우위를 증명해주는 데에 있기도 하지만, 더 중요한 이유는 이 문서가 필립 가문의 재산 상속에 있어 노예스에게 유리한 증거가 된다는 것이다. 기실, 필립의 조부와 노예스의 조부는 인척지간(brothers-in-law)이었으며(363), 결과적으로 필립과 노예스 역시 먼 인척이 된다. 노예스가 상기한 문서를 수중에 넣음으로써 가문 재산의 상속자로서 필립의 혈통적 부적격성을 증명하고, 다음 수순으로 자신이 필립 가문의 인척임을 내세워 재산을 상속받을 속셈을 하는 것이다. 즉, 필립 가문의 과거사, 특히 필립의 조부가 사랑했던 문제의 여인이 흑인이었다는 사실에 대한 노예스의 폭로는 주동인물 필립의 인종적·사회적 정체성의 변화와 그로 인한 운명의 향방에 대한 복선이 된다.

> 노예스: 나도 필립 못지않게 좋은 출신 아니겠어? 우린 혈통이 같으니 말이야. 글쎄 오늘 오후에 드디어 다락에서 나를 '혁명의 아들'[4]로 만들어 줄 문서를 발견하지 않았겠어? 어떻게 생각해?
> 조지아나: (말을 가로막으며) 오, 그럼 그 문서를 손에 넣었겠네요? 필립이 그러더군요, 당신이 그렇게 오랫동안 그 낡은 트렁크들을 뒤지는 걸 보고 필시 거기에 그 문서가 있을 줄 알았다고.
> 노예스: 아무렴, 손에 넣었지.

NOYES: Ain't I as well bawn as Phil? We come from the same stock. Why only this afte'noon I found the paphas up in the attic that'll make me a Son o' the Revolution! How's that?
GEORGIE: (*hailing the interruption*) Oh, you did get them, then? Phil said he knew they were theah, if you hunted long enough in those old trunks.
NOYES: Yes, I got 'em. (363-4)

극은 노예스가 문제의 문서를 이미 수중에 넣은 상태에서 시작한다. 물론 그는 주변인들에게 문서를 찾았다는 것 외에 그것이 구체적으로 어떤 문서이고 어떤 중요성을 갖는지에 대해선 함구한다. 결국 노예스는 처음부터 주동인물 필립의 정체성 및 운명의 향방을 결정할 열쇠를 쥔 인물로 등장한다. 반대급부로, 핵심 백인에서 흑백혼혈로의 인종적·사회적 정체성 변화와 그로 인한 비극적 결말은 주동인물 필립이 직면하게 될 불가피한 운명으로 설정된다.

3. 백색의 변주: 필립의 인종 정체성

극이 전개되면서 노예스가 필립을 찾아온 또 하나의 이유가 밝혀진다. 곧 있을 주지사 선거에서 민주당(the Democrat) 후보로 필립을 추대하려는 것이다. 당시 미국은 남북전쟁 이후 북부를 기반으로 노예제도 철폐와 공업중심의 경제개혁을 지지하는 공화당(the Republican)이 주도하여 국가통합 개혁의 수순을 밟고 있었다. 결과적으로 흑인 노동력을 기반으로 면화생산에 의존하는 남부인, 특히 백인 농장주들이 갖는 북부에 대한 반감은 당연한 것이었다. 극중 필립 역시 "백인우월주의 지지자"(advocate of white supremacy)로서(Quinn 87) 흑백분리론을 옹호하는 전형적인 남부의 백인 농장주이다. 그는 상기한 남부의 원칙과 전통이 손상 받고 있는 세태에 우려를 표한다.

> 필립: 클리프, 이건 죄악이야—이건 남부를 망치는 거라구! 전쟁 이후로 세상이 달라졌어. 만일 우리 혈통을 지킬 생각이라면, 이것만은 꼭 알아야 한단 말일세. 백인은 백인이고 흑인은 흑인이라는 사실, 그리고 피를 섞는 것은 저주받을 일이라는 것을!

> PHIL: Clif, it's a crime—it's demo'alizin' the South! Things have changed some since the wah, an' if we want t' keep our blood clean, we've got to know that white's white an' black's black—an' mixin' 'em's damnation! (368)

노예스는 남부의 원칙에 대한 필립의 신념을 명분 삼아, 그에게 주지사 선거의 민주당 대표로 나설 것을 종용한다. 노예스는 현재 주지사 선거 민주당 후보 지명자인 상원의원 롱(Senator Long)의 자격에 의문을 제기하면서, 선거 입후보에 대한 필립의 관심을 자연스레 도출해낸다. 노예스는 공화당 성향의 링컨 추종자이자 심지어 흑인 친화적인 '백인 검둥이'(white nigger)로서 소위 '북부적' 원칙을 따르는 롱 의원이 백인우월주의와 흑백분리 정서 등 남부의 원칙을 따르는 민주당의 대표가 될 자격이 없다고 지적한다. 남부의 원칙과 전통이 위협받는 세태를 우려하던 필립은 노예스에게 동조를 표한다.

> 노예스: 잘 듣게. 디보이가 토마스 롱을 금주 운동 연단에 내세울 듯하네—
> 필립: (놀라며) 상원의원 롱이 주지사 선거에? 저녁식탁에 검둥이들과 합석하는 그 사내가? 그 '백인 검둥이'가 말야?
> 노예스: 그래 그 작자! ... 그는 더러운 공화당주의에 빠진 변절

자야 ... 그는 속속들이 아브라함 링컨 골수분자임이 분명해!
필립: 팔 할은 금주 지지자, 이 할은 사회주의자, 자넨 그의 공화당주의를 비난하고, 정작 그는 자신을 민주당원이라 말한다! ... 백인 검둥이 녀석!' 도대체 어떻게 그런 작자가 주지사 후보가 된다는 거지?

NOYES. Now listen. DeVoy's goin' t' put up Thomas R. Long on a prohibition platfo'm an'—
PHIL. (*amazed*) Senatoh Long fo' Gove'noh? The man that has da'kies at his dinnah-table? Why, you don' mean "The White Niggah?"
NOYES. That's him! ... He's a renegade to dirty Republicanism ... Why, suh, at heart he's a regulah Abe Lincoln!
PHIL. Eighty per cent Prohibitionist, twenty per cent Socialist, you accuse him of Republicanism, an' he calls himself a Democrat! ... The White Niggah! How in Gowd's name is he goin' t; get the nomination? (369-370)

남부의 원칙을 명분으로 내세워 필립을 민주당 주지사 후보로 추대하려는 노예스의 진짜 이유는 정작 자기 이익과 직결된 것이다. 금주법(Prohibition) 지지자인 롱 의원이 주지사가 될 경우, 주류의 제조와 유통이 금지될 것이며 결국 노예스의 사업에 치명타가 될 것이기 때문이다. 노예스는 어떻게든 롱 의원의 주지사 당선을 막아야 할 입장인 것이다. 필립이 선거 입후보에 관심을 보이자, 노예스는 본심을 드러내며 자신의 목적을 관철시키려는 사업가적 수완을 발휘한다.

필립: (호기심에) 나를 입후보시킬 속셈이군. 아무 대가 없이 일 할 자네가 아닌데, 클리프. 여기서 자네가 얻는 게 뭔가?

노예스: (숨김없이) 솔직히 말함세, 필립. 만에 하나 롱 의원이 주지사가 되어 우리 주에 금주법을 선포하는 날에는, 나도 노예스 양조장도 모두 끝장이야. ... 하지만 자넨 금주 지지자가 아니잖나, 게다가 자네의 줄렙 주 만드는 솜씨또한 일품이지!
필립: (방어적으로) 누구나 마시고 싶은 술은 마셔야 한다는 게 내 평소 신조이긴 하네만—
노예스: 그래서 자네라면 안심이라니까!

PHIL: (*curiously*) Seems like yo' mighty keen to run me in. Yo' not the man who does somethin' fo' nuthin', Clif. What's yo' li'lle game?
NOYES: (*frankly*) I'll be straight with you, Phil. If by any chance Long should get in an' this State go dry—well, that would be the end o' me an' the Noyes Distillery Wuhks. ... But yo' not a prohibitionist, thank Gawd an' yo' ability to make a julep!
PHIL: (*guardedly*) I've always believed that ev'ry man should be able to drink what he wants—
NOYES: So we're safe with you! (370)

결국 필립은 선거에 나서 주지사에 당선된다. 이로써 남부의 원칙이라는 명분뿐만 아니라, 생업의 생사여부에 대한 노예스의 고민도 성공적으로 해결된 것으로 보인다. 필립의 주지사 관저가 위치한 도시는 흑인문제로 연일 소란스럽다. 백인 여성을 성폭행하고 살해한 죄로 체포된 한 흑인의 탈옥 사건으로 백인들은 마음 편할 날 없고, 탈옥수와 경찰의 쫓고 쫓기는 공방과 총성이 끊이질 않는다. 흑인 탈옥수를 쫓는 흑인 경찰들은 인종적 동지애 혹은 의리 때문에 제 임무를 수행하지 못하며, 백인을 살해한 흑인에 대한 기사가 신문의 일면을 장식한다. 필립은 흑인 탈옥수를 잡기 위해 급기야 군대까지 투입할 계획을 세운다. “무력을 동원해서라도 검둥이들의 씨를 말려버려야 한다”(I've got to weed out ev'ry niggah on the for'ce!, 394)는 필립의 강도 높은 표현은 그의 뿌리 깊은 백인우월주의와 흑백분리론을 피력한다.

〈그림 36〉 영화 『국가의 탄생』 포스터 (1915년). 흑인을 야만인으로, KKK단을 영웅으로 묘사해 논란이 컸다. 출처: 위키피디아

한편, 도시의 흑인문제를 해결하기 위해 필립은 한시적 금주령을 내리는데, 이것이 필립과 노에스의 갈등을 촉발하는 동인이 된다. 필립의 이러한 조치는 금주령의 입법화를 저지하려는 목적에서 필립을 주지사 후보로 추대했던 노에스의 기대를 저버리는 처사인 것이다. 노에스는 재차 필립의 생각을 물어보지만, 음주가 흑인들의 난폭성을 부추겨 급기야 살인이라는 폭행으로 이끈 원인이라 믿는 필립은 오히려 금주령을 영구화할 것이며 나아가 롱 의원의 금주법안을 통과시킬 생각을 분명히 한다.

> 필립: 한시적인 게 아니네, 클리프. 금주령은 영구화될 걸세. ... 우리가 흑인들을 이 나라로 데려왔네—그러니까 그들이 여기에 있는 동안 우리가 그들을 책임져야 한다는 생각이야. 만일 우리가 그들을 어린애처럼 두고 있으려면, 우린 그들을 어린애처럼 다루어야 하네. 우리 아기들의 목구멍에 술을 퍼붓는 그런 습관이 우리에게 없지 않은가 말야. ... 난 법안을 통과시킬 것이네. 일주일 내에 우리 주에는 술이 말라버릴 걸세.

> PHIL: It won't be tempo'ary, Clif. It'll be fo' good. ... We

> brough the niggahs ovah t' this country, Clif—an' I reckon we're responsible fo' them while they'ah heah. If we've kept 'em like children, we've got to treat 'em like children. As' we're not in the habit, Clif, o' pourin' liquoh down the throats of our infants. ... I'm goin' t' let that Bill pass. This State'll go dry within a week. (397-8)

배신감을 느낀 노예스는 필립의 의지를 꺾을 마지막 카드로 한 통의 편지를 꺼내놓는다. 그것은 일전에 필립의 농장에서 발견했다는 문제의 문서다. 처음엔 대수롭지 않게 받아들였던 필립도 편지의 내용에 충격을 금치 못 한다. 이 편지는 필립의 조부를 시중들던 벨라(Bella)라는 이름의 흑인 하녀가 다른 곳으로 팔려가면서 여동생 지니(Jinny)—현재 필립의 농장의 유모로 일하는—에게 남긴 글이다. 편지에서 벨라는 "자신이 엄마라는 사실을 그 아이는 모른다"(he didn't know I was his mothah, 400)고 말하는데, 정황상 '그 아이'는 필립의 아버지였고, 결과적으로 벨라는 다름 아닌 필립의 조부가 사랑했다는 흑인 여인이었음이 밝혀진다. 즉, 벨라는 필립의 조모였고, 필립의 몸에는 흑인의 피가 흐르고 있었으며, 필립은 스스로가 자신해왔던 순수한 혈통의 백인이 아니라 흑백혼혈이었던 것이다. 필립이 경멸하던 '백인 검둥이'는 정작 필립 자신의 정체성의 진실로 밝혀진다.

> 필립: (의심의 눈초리로) 클리프, 자네 지금 내 할머니가 검둥이였다고 나에게 말하는겐가, 안색 한번 변하지 않고?
> 노예스: 내 말은 자네 할머니가 검둥이였다는 것은 물론, 필립 자네 역시 검둥이라는 소리야! 이제야 납득이 간다는 눈치로군!
>
> PHIL: (*incredulous*) Are you tryin' t' tell me with a straight face, Clif, that my gran'mothah was a niggah?

> NOYES: What I'm tellin' you is not only that yo' gran'mothah was a niggah, Phil, but that yo' a niggah, too!— Now you've got it square between the eyes! (400)

주목할 것은 이 지점에서 필립을 대하는 노예스의 태도 변화다. 그는 이전과는 달리 필립에게 당당한 자세를 취한다. 이는 필립과 노예스의 계층적 서열이 뒤바뀌어 있음을 반영한다. 흑백혼혈로 밝혀진 이상, 필립은 더 이상 핵심 백인이 아니다. 대신 필립은 자신이 '백인 검둥이'라 경멸했던 롱 의원과 같은 처지가 된다. 그러나 엄격히 말해서 롱 의원과 필립이 공유하는 '백인 검둥이' 정체성에도 차이가 발견된다. 롱 의원은 인종적으로는 백인이지만 단지 흑인친화적 성향으로 인해 '검둥이'라는 수식어를 달게 된 것이지만, 필립의 경우는 인종적으로 '검둥이'인 것이다. 성향은 바꿀 수가 있지만 혈통은 바꿀 수 없다. 아울러 남부적 원칙의 핵심인 백인우월주의와 흑백분리 정서를 감안할 때, 롱 의원의 '백인 검둥이' 정체성은 '주변부 백인'이라는 층위에 놓이지만, 필립의 '백인 검둥이' 정체성은 백인 사회 내의 어느 층위에도 속할 수가 없는 것이다. '검둥이'라는 수식어가 롱 의원에게는 단지 별명일 뿐이지만, 필립에게는 불가항력적인 "존재론적 진실"인 것이다 (it won't be a nickname—it'll be the truth, 411). 앞서 언급했듯이, 노예스 역시 성격은 다르지만 롱 의원과 마찬가지로 '주변부' 백인의 층위에 속하는 인물이다. 백인의 주변부에도 끼지 못 하는 '검둥이' 필립보다 인종적·사회적으로 상위에 있는 자신을 발견한 노예스는, 비로소 필립 앞에 당당해 질 수 있는 것이다. 엄격히 말해서 필립은 흑인이며, 백인 사회에서 그는 노예스의 말대로 무명의 무가치한 존재다. 필립이 가문의 이름을 박탈당할 위기에 직면한 반면, 인척 중 유일한 생존자인 노예스가 모로우 가문의 새로운 상속자로 부상한다. 남부 명문 가문의 명예, 사회적 지위, 농장 등을 소유함으로써 노예스는 백인임에도 불구하고 그를 남부 백인 사회의 주변부에 머무르게 했던 결격 사유들을 충족하게 될 것이며, 이는 그가 주변부 백인에서 '잠재적' 핵심 백인으로 층위 상승했음을 의미한다.

> 노예스: (부드럽게) 자넨 이 모든 게 뭘 의미하는지 모르는 거 같군. 엄밀히 말해서, 자넨 이제 아무 것도 아니야. 자네 재산, 모로우 농장, 자네가 상속받은 모든 것이 이제 법적으로 내 소유가 된다 이 말이지. 이젠 자넨 자기 이름조차 갖지 못 하는 신세라니까. 알아듣겠나, 친구? ... 난 남부의 존경을 몸에 받게 될 거야! 조지아나 양의 배우자가 될 몸이라구!

> NOYES: (*gently*) I wondah if you realize what all this means. It means that you ain't nobody, strictly speakin'. Yo' prope'ty, "Morrow's Rest," eve'ythin' you inherited, belong by rights to me. Why, you ain't even got yo' name. Can you grasp it, ol' man? ... I reckon I'd be looked up to by the South! I'd be the man t' marry Miss Geo'gie! (406-7)

신분적 우위를 점유한 가운데 노예스는 망연자실해 있는 필립에게 협상을 제안한다. 필립이 금주법안을 거부하는 대가로 편지에 기록되어 있는 필립의 과거와 혈통의 진실을 비밀로 함구해 주겠다는 것이다. 그러나 필립은 애초의 생각을 고수한다. 흑인들을 난폭한 기질로 몰았고 종국엔 그들에게 폭도라는 오명을 안겨준 술의 제조와 유통을 금하겠다는 필립의 의지에는 변함이 없다. 더욱이 "나 자신이 흑인이다"라는 필립의 인식은 상기한 오명으로부터 "흑인 형제들을 구해내야 하는 보다 절실한 이유"(If I'm a niggah myself, that's all the mo' reason I should help the othah niggahs!, 407)인 것이다. 결국 필립은 자신의 인종 정체성이 폭로될 위험을 감수하면서까지 노예스와의 타협을 거부하고 금주법을 통과시킬 결심을 굳힌다.

4. 인종과 인간: 보편적 인간애와 역사인식

필립은 금주법 통과를 마무리 짓기 위해 롱 의원을 만난다. 그는 금주법의 최초 입안자이자 필립 자신이 '백인 검둥이'라 폄하해 온 인물이기도 하다. 지난날 주변부 백인으로서 핵심 백인인 필립보다 낮은 계층적 서열에 속해 있었던 롱 의원은 이제 주변부 백인조차 될 수 없는 '검둥이' 필립보다 높은 층위에 위치한다. 롱 의원과 대면하여 필립은 금주법이 흑인들을 돕는 길임을 강조하면서도, 정작 흑인을 자신과 동등한 인격체로 받아들이는 데에는 한계를 보인다. 일례로 그는 흑인들을 노예 신분에서 벗어나 자유를 얻었음에도 불구하고 그 자유를 스스로 이용하지 못 하는 무능력자로 평가하면서, 흑인들에게 투표권을 부여한다 해도 그들의 인격적 발전과 성숙에는 아무런 변화가 없을 것이라 진단한다. 필립이 보기에 흑인들은 영원히 백인들의 도움을 받아야 하는 무지하고 게으르며 열등한 인종일 뿐인 것이다. 이처럼 필립은 흑인들에 대해 백인의 "우월적인 자세"(condescending posture)를 견지한다(Wainscott 283). 아이러니는 필립 자신이 흑인이라는 사실에서 발생하며, 이러한 아이러니는 필립이 흑인들에게 동류의식과 책임감을 느끼면서도 아직 자신의 정체성을 수긍할 준비가 안 되어 있음을 말해준다.

> 필립: 의원님은 흑인들이 투표하는 걸 보고싶겠지만-아니, 난 찬성할 수 없습니다!
> 롱: 흑인 지성인 모두가 투표권을 갖는다는 것, 그것은 그들이

자기 존경이라는 강력한 권리를 갖는다는 것 또한 의미하지요.
필립: 지성인이라뇨! 흑인들은 지성인이 아닙니다! ... 흑인은 사람이 아니라 짐승–흑인은 아프리카의 야만인 ... 그의 몸에는 원숭이의 피가 흐르지요. 흑인은 절대 변화시킬 수 없어요–천년이 걸려도 절대로!

PHIL: I rechon you want t' see the nigghas votin'—no, I cain't stan' fo' that!
LONG: If ev'ry intelligent niggah had the vote, that means he'd have a right power'ful lot o' self-respect, too.
PHIL: Intelligent! But they'ah not! ... the niggah's not a man, he's an animal—he's an African savage ... it's a monkey blood he's got in him, an' you cain't evah change it—no, not in a thousan' yeahs! (417)

그러나 롱 의원과의 긴 대화는 흑인에 대한 필립의 선입견을 바꾸어 놓는다. 롱 의원은 "흑인들은 저마나 인격체"(Ev'ry niggah's a man, 417)이며 "백인이나 흑인 모두가 똑같은 인간"(We're all men an' we're all doin' the same thing, 417-8)이라 강변한다. 이어 그는 인종적 구분과 차이를 뛰어넘는 보편적 인간애에 대한 자신의 철학을 피력한다. 그에 따르면 인간은 다음 세대의 종복(servant)일 뿐 그 이상도 이하도 아닌 존재들이다. 다가올 세대들은 우리가 힘들게 고민하여 일구어낸 것을 누릴 것이고, 그들도 다음 세대들은 위해 힘들게 고민하고 일할 것이다. 이것이 무한히 지속될 세상의 순리요, "장구한 역사의 진리"(ol'-fashioned truth, 418)라는 것이다. 장구한 역사의 흐름 속에서 인류가 떠안은 과업을 감안할 때, 인종을 가르고 따지는 일은 하찮고 의미 없는 일인 것이다. 롱 의원과의 진지한 대화 끝에 필립은 비로소 흑인을 인격체로 바라보게 된다(Wainscott 282). 필립의 이러한 인식의 전환은 자신의 인종 정체성을 이해하고 받아들이게 되는 태도의 변화 과정과 궤를 같이 한다. 이런 맥락에서, 필립이 금주법을 통과시키려는 애초 이유가 막연히 타자로서 흑인을 돕기 위한 것이었다면, 필립이 자신의 흑인 정체성을 긍정하고 받아들이는 지점에 이르러 금주법 통과는 흑인들과 같은 처지에 있는 '자신'의 생존권과 직결된 보다 절실한 문제가 된다.

> 필립: 롱 의원이 내게 길을 열어주었네 ... 그것은 내게 열린 유일한 길이지 ... 난 흑인들을 위해 일해야 하네 ... 나 자신이 흑인이기 때문에, 그리고 그들이 나를 간절히 필요로 하기 때문에!
>
> PHIL: Senatoh Long showed me the way ... It's the only one that's open t' me ... I've got to wuhk fo' the niggahs ... b'cause I'm a niggah myself, an' b'cause they need me awful bad! (429)

〈그림 37〉 금주법안에 서명하는 구드리치(James P. Goodrich) 버지니아 주지사 (1918년). 금주법안은 1919년 1월 연방의회 비준을 거쳐 1920년 1월 발효되었고, 1933년 12월 5일 폐지되었다. 출처: 미국국회도서관

자신의 인종 정체성을 받아들인 이상, 필립은 자신의 정체성이 백인 사회에 폭로되는 것이 더 이상 두렵지 않다. 그래서 그는 노예스의 협박에 굴하지 않고, 오히려 그가 보는 앞에서 금주법 서류에 서명을 한다. 이 지점에 이르러 '검둥이' 필립은 예전의 당당한 모습을 되찾고 한결 여유로운 태도로 '잠재적' 핵심 백인 노예스를 대한다. 순간, 필립의 품격은 예전 남부 백인 사회의 모델이라는 사회적 신분에서 비롯되는 것이 아니라, 온전히 필립이라는 한

인간의 인격 자체로 화한다. 인간 본연의 가치가 인종차별과 위계질서 등 후천적이고 인공적인 가치들을 앞지르는 순간이다. 이처럼 필립은 자신의 흑인 정체성을 온전히 자기의 것으로 받아들임으로써 온전한 인격체로 거듭난다.

> 노예스: 이 길로 곧장 〈큐란트〉 신문사로 달려가 자네 할머니의 편지를 석간 일면에 게재하겠네. ... 그리고 내일 아침 사설을 실어 사람들에게 실토할거야, 그들의 주지사가 금주법안을 통과시키려는 이유를 말이야. 백인이었을 때 그는 백인을 위한 주지사였으나, 이제 흑인이 된 이상 그는 백인들을 지옥으로 몰아가고 있다고! 무엇이 자네로 하여금 금주법안을 통과시키게 하는지 자넨 알고 있나? 바로 인종적 감정이지, 이 빌어먹을 검둥이 놈아!
> (그동안 필립은 책상에 조용히 앉아 무언가를 신속하게 적고 있다. 이제 그가 일어나 자신이 쓴 것을 가리킨다.)
> 필립: 금주법은 이제 통과되었네.
>
> NOYES: I'll go straight from this heah place t' the Courant Buildin' an' have 'em publish yo' niggah gran'mothah's letter on the front page o' theah evenin' edition. ... An' I'll have an editorial to'-morrow tellin' the people o' this State jus' why theah Gove'noh wants 'em t' go dry. When he was a white man, he was all fo' the whites—now that he's black, he's down on 'em like hell! D'you know what's makin' you pass this Bill? It's race feelin'—ye dam' niggah ye!
> (*Phil, during this, has seated himself quietly at this desk and written something quickly, Now he rises and points to it.*)
> PHIL: That Bill's a law now. (423)

한편, 자신을 다른 흑인 동료들과 동일시함으로써 필립의 흑인 이해는 보편적 인간애로 확장되는 양상을 띤다. 흑인들을 향한 그의 보편적 인간애는 극의 종결부에 그가 표출하는 역사인식을 통해 잘 드러난다.

> 필립: 내 할아버지가 할머니에게 행한 것이 전부가 아냐— 지난 삼백년간 백인이 흑인에게 자행해 온 일들! 이제 누군가 빚을 갚아야 할 때인 듯 해 ... 항상 햇빛이 쨍쨍하다면, 과연 우리가 좋은 날씨의 소중함에 대해 생각이나 할까? 난 그렇게 생각지 않아! ... 내 할아버지의 그릇된 행동 하나가 관련된 모든 사람들에게 엄청난 고통을 안겨다준 건 사실이야. 하지만 이 고통이 쓸모 있게 사용된 연후에야 ... 비로소 우린 이 모든 경험의 열매를 얻게 될 거야. 그때 모든 것에 대한 보상이 가능하겠지.
>
> PHIL: What my gran'fathah did t' my gan'mothah isn't all—it's what ev'ry white man has done t' ev'ry niggah fo' the last three hundred yeahs! An' it's time someone had t' pay up ... D' you think we'd be 'especially grateful fo' good weathah if the sun kep' shinin' all the time? I have my doubts! ... My gran'fathah did somethin' wrong, an' its resultin' in mighty seveah pain fo' ev'ry one conce'ned. But aftah this pain's been used ... why, we'll get the fruits o' the whole experience, an' I reckon they'll make up fo' ev'rythin'! (429-30)

이제 필립은 자신의 인종 정체성을 긍정하는 것을 넘어서, 인간에 대한 보편적인 관용과 용서의 깨달음을 통찰한다. 그는 역사 속에서 백인들이 흑인에게 지은 죄에 대해 스스로 십자가를 지려 한다. 고통스런 희생이겠지만, 모든 흑인들의 고통을 보상할 수가 있다면 그것은 '쓸모'(use) 있는 희생이다. 여기서 필립은 흑인이라는 특정 인종에 제한

된 인물이라기보다 보편적 인간가치를 대표하는 구세주적 인물로 보인다. '궂은 날씨에 햇빛의 소중함을 안다'는 격언적 문구가 함의하듯, 인간은 아픔을 통해 기쁨의 의미를 터득하고, 과거 경험에서 보다 나은 미래를 일구는 것이다. 이것이 바로 인종이 아닌 인간으로서 필립이 통찰하는 보편적 인간과 역사에 대한 인식이며, 이는 다분히 앞서 롱 의원이 강변한 세상의 순리와 역사의 진리에 대한 인식–그 안에서 인종의 분류가 무의미해지는–을 반추한다.

5. 나가며: 피의 반격

극의 결말에 필립은 주지사 관저 외곽에 운집한 백인 군중들 앞으로 발걸음을 옮긴다. 그가 문밖으로 나서자 오후의 따사로운 햇살이 그를 비추고, 이와 동시에 열광적인 환호성과 군악대의 〈바로 당신의 조국〉(My Country 'Tis of Thee) 연주가 그를 환영해 맞는다. 그는 한 발짝 대중 가까이 다가서서, 두 손을 가슴에 모으고 좌중을 바라본다. 군중의 박수와 환호성 속에서 군악대가 성조가 연주를 시작할 무렵, 필립이 입술을 떼는 가운데 극은 막을 내린다. 필립은 무슨 말을 하려 했던 것일까?

극의 마지막 활인화(tableau)는 미국 사회에 대한 축도로 보인다. 애국심을 고취하는 군악대의 연주는 다분히 미국이라는 국가적 상징성을 띤다. 이 미국적 공간을 메우는 군중들은 모두 백인들이다. 그들 사이에 겉으로 드러난 흑색은 찾아볼 수 없지만, 백인들이 개념 규정한 '흑인'이 그들 사이에 분명 존재하고 있음은 아이러니다. 이들의 환호와 열광의 대상이 실은 그들이 말하는 '검둥이'인 것이다. 인정하기 싫겠지만, 백인 군중들이 상상하고 기대하는 순수한 백인의 나라는 현실에 존재하지 않는다. 그들이 직시해야 할 미국의 진실은 다른 인종과 혈통이 만나고, 교차하고, 섞여서 만들어진 '이종적'(heterogeneous) 사회라는 것이다. 필립은 군중들이 직시해야 할 현실을 몸소 시현한다. 필립의 몸은 미국 사회의 인종적·사회적 서열과 층위에 대한 축도 자체다. 그는 남부적 가치를 신봉하는 핵심 백인이었고, 주변부 백인이었으며, 검둥이기도 하다. 그의 몸은 백인우월주의와 흑백분리라는 남부적 가치가 만들어 낸 계층적 서열의 모든 층위에 걸친 몸이고, 흑백의 양 극단 사이에서 무한히 분파하는 스펙트럼이며, 흑백의 경계를 농락하듯 '변주하는' 몸이다.

한편, 극에서 다루는 흑인문제가 1900년대 초반 미국 사회에서 비단 남부만의 문제가 아니라 전국가적 당면 과제였다는 사실을 간과해선 안 된다. 1913년 전미흑인지위향상협회(NAACP)의 기관지 『크라이시스』(*The Crisis*) 1월호에 실린 「영구한 숙제」("The Eternal Problem")라는 제목의 사설은 흑인문제가 남부 스스로가 해결해야 할 지역의 문제가 아니라 국민 전체의 지혜를 동원해야 할 국가적 문제라고 역설했다(126). 『검둥이』 초연 후 4년이 경과한 이때까지도 흑인문제는 미국 전체의 문제였고 해결이 쉽지 않을 영구한 국가적 숙제였던 것이다. 하물며 『검둥이』가 초연된 1909년경 흑인문제는 백인들에게 더욱 다급하고 문제였고, 흑백분리와 백인우월주의는 그만큼 더 절실한 백인 사회의 정서였다. 흑백문제와 함께 극에서 전면에 부각되고 있는 흑백혼혈 문제는 '에스닉 혼성'(ethnic blending)이라는 당대 국가적 숙제의 또 다른 일면에 대한 명시이기도 하다. 조이스 플린(Joyce Flynn)이 지적하듯, 20세기 초반 미국 내 어느 에스닉 집단도 일상과 무대에서 육체적 접촉을 포함한 "상호 변화"(mutual transformation)라는 영향력으로부터 자유로울 수 없었다(431). 결과적으로 당대 미국 사회는 "어울림이라는 지속적 과정"(continuing process of becoming)에 있었고, 어울림의 구체적 형태는

"다양한 충동들이 혼융되어 다원적 충동의 합일체로 귀결되는 양상"(synthesis of pluralistic and unitary impulses)으로 요약된다(Chametzky 47).

이제 필립은 막 떼기 시작한 입술 밖으로 자신의 백색 피부 밑에 흐르는 검은 피의 진실을 밝히고자 한다. 그가 자신의 정체성의 진실을 공표하는 순간, 관저 앞에 모인 백인 군중은 그들이 기대하고 믿어온 혈통의 순수함에 대한 우월감과 그들이 흑백차별이 엄정한 이분법적 세계에 살고 있다는 안도감과 기대치에 대해 '피의 반격'을 당하게 될 것이다. 이것이 '순백'의 나라와 남부의 가치를 신봉하는 백인들이 직면하게 될 현실인 것이다. 아울러, 초연 당시 뉴씨어터 극장 객석에 자리한 백인 관객들도 극중 군중들과 같은 운명에 처하게 된다. 그들 역시 필립의 고백을 통해 피의 반격을 당하게 될 것이기 때문이다.

퀸(Arthur Hobson Quinn)은 "야망에 찬 영혼에 대한 동정의 태도"(attitude of sympathy with the aspiring soul)를 셸던의 극작을 관통하는 정신이라고 통찰력 있게 지적한다(98). 극중 인물 필립은 인종 강등(racial degradation)의 고통스런 체험을 통해 인종에 대한 관용의 미덕을 얻고, 흑인 형제들의 인권과 미래를 고민하며, 궁극적으로 자신의 흑인 정체성을 긍정하는 성숙한 인격체로 성장한다. 불리한 여건 속에서 보다 성숙한 인격체로 거듭나기 위해 투쟁하는 필립이야말로 '야망에 찬 영혼'이다. 셸던은 투쟁하는 필립의 야망 찬 포부에 묵묵히 동정의 시선을 던지며, 변화에 대한 작가의 동조적 태도에서 필립이 가하는 피의 반격의 의미를 발견한다. 결국 필립이 남부 백인 사회에 가하는 피의 반격은 다름 아닌 작가 셸던이 미국 사회에 촉구하는 변화에 대한 요구인 것이다.

미주

1) 일례로, 로널드 웨인스코트(Ronald Wainscott)는 극중 주인공이 자신의 흑백혼혈 정체성으로 인해 사랑마저 잃게 될 위기에 처하나 여주인공의 진심어린 이해를 통해 극적으로 사랑을 지켜낸다는 결말 구조에서 상투성과 억지스러움에서 벗어나지 못하는 멜로드라마적 한계를 지적한다(283). 존 넬슨(John Herbert Nelson) 역시 인물성격화와 극구성력 등에서 기존 멜로드라마 전통과 크게 차별되지 않음은 인정하지만, 혼혈 캐릭터에게 중요한 역할을 부여함으로써 주인공으로 부각시켰다는 점에서는 이 극을 기존 극작 전통에서 진일보한 작품으로 평가한다(132). 이 극의 초연 무렵 공연평에서도 이와 유사한 평가를 찾아볼 수 있다. 일례로 1910년 11월 26일자 『뉴욕타임즈』(*The New York Times*)는 브랜더 교수(Prof. Brander Matthew)의 말을 인용해 이 극의 강점이 "문학적 특질"(literary quality)보다는 "극작가의 사상"(dramatist's idea)에 있다고 말했다.

2) 제임스 헌은 1897년 2월호 『아레나』(*The Arena*)에 기고한 글을 통해 오락물과 볼거리 제공 위주의 당대 멜로드라마 관행에 반감을 표하면서, 드라마의 숭고한 목적이 사회의 불의를 폭로하고 궁극적으로 이를 타파하는 데 있다는 '진실을 위한 예술' 철학 및 사실주의 극작론을 천명했다(361-70). 헌의 극작론에 대한 자세한 논의는 앞 장 〈1890년대 사회적 혼혈 이슈와 여성: 제임스 헌, 『마가렛 플레밍』〉을 참고할 것.

3) 이 극이 초연된 뉴씨어터는 1909년 11월 6일 개관했다. 개관 당시 뉴욕 관객, 특히 백인 관객들은 이 극장의 설립을 보면서 미국 드라마의 미래에 대한 "큰 기대감"(great expectation)을 표했다(Hewitt 302). 개관 한 달 후에 무대에 오른 『검둥이』의 실상은 상기한 기대감을 상쇄하기에 충분할 만큼 백인 관객들에게 충격적인 것이었다. 특히 흑백혼혈과 백인 여성의 로맨스라는 주제는 노예 폐지론을 옹호해온 당대 뉴욕의 백인 관객들에게조차 정서적으로 환영받지 못했다(Austin 241). 흑백간의 로맨틱한 사랑이라는 발상은 아직은 시기상조인 주제였으며(Hischak 208, Monfried 14), 여전히 백인 사회에서 철저하게 기피되어야 할 금기의 대상이었던 것이다. 한편 이 극은 흑인 사회에서도 논란이 되었다. 극의 제목을 흑인비하 표현으로 이해한 흑인 관객들이 항의에 나설 것이라는 소문이 퍼지자, 셸던은 서둘러 해명의 글을 통해 극의 제목 '검둥이'가 "흑인이 아니라 백인과 관련된"(reflects on the whites, not on the blacks) 것이라 밝혔다(Meserve 357). 셸던의 해명 내용은 이 극의 문제의식이 인종차별의 근원인 백인우월주의와 이러한 편향적 시각을 양산한 백인 사회를 겨냥하고 있음에 대한 분명한 입장 표명으로 해석된다.

4) 모로우 가문과 노예스 가문은 인척지간이다. 극중 필립의 할아버지가 멕시코 전쟁(Mexican War, 1842)에 참전하여 시민의 명예로운 의무를 다했던 반면, 노예스 가문은 대대로 전쟁터를 전전하며 화약, 탄환, 술을 팔며 사리를 취해왔다. '혁명의 아들'은 모로우 가문의 후계자를 의미하는 말로, 이 표현은 노예스가 모로우 가문에 대해 느끼는 열등감을 드러낸다.

인용문헌

· 박정만. 「제임스 헌의 '진실을 위한 예술론과 휴머니즘: *Margaret Fleming*에서의 사회적 혼혈 이슈와 여성 문제」. 『현대영미드라마』 22.2 (2009): 39–69.

· Austin, Gerlyn E. "The Advent of the Negro Actor on the Legitimate Stage in America." *Journal of Negro Education* 35.3 (1966): 237–245.

· Chametzky, Jules. "Some Notes on Immigration, Ethnicity, and Accumulation." MELUS 11.1 (1984): 45–52.

· "Edward Sheldon's The Nigger." *The New York Times* (November 26, 1910).

· Flynn, Joyce. "Melting Plots: Patterns of Racial and Ethnic Amalgamation in American Drama before Eugene O'Neill." *American Quarterly* 38.3 (1986): 417–438.

· Herne, James A. "Art for Truth's Sake in the Drama." *The Arena* 17 (February 1897): 361–70.

· Hewitt, Barnard. *Theatre U.S.A. 1665 to 1957.* New York: McGraw-Hill, 1959.

· Hischak, Thomas S. "Film and Theatre." *The South: the Greenwood Encyclopedia of American Regional Cultures.* Ed. Rebecca Mark and Rob Vaughan. Wesport: Greenwood, 2004. 193–221.

· Lovett, Robert Morss. "The Drama of Mass Action." *The English Journal* 24.1 (1935): 1–9.

· Meserve, Walter J., and Mollie Ann Meserve, ed. *When Conscience Trod the Stage: American Plays of Social Awareness.* New York: Feedback Theatrebooks, 1998.

· Monfried, Walter. "A Playwright's Own Life Tragedy." *The Milwaukee Journal* (April 23, 1946): 14.

· Nelson, John Herbert. *The Negro Character in American Literature.* New York: AMS, 1970.

· "Opinion: The Eternal Problem." *The Crisis* (January 1913): 126.

· Perry, John. "The New Theatre." *Quarterly Journal of Speech* 58.3 (1972): 322–326.

· Quinn, Arthur Hobson. *A History of the American Drama, vol 2: from the Civil War to the Present Day.* New York: Appleton-Century-Crofts, 1927.

· Ruff, Loren K. *Edward Sheldon.* Boston: Twayne, 1982.

· Sheldon, Edward. "The Nigger" (1910). *When Conscience Trod the Stage: American Plays of Sicial Awareness.* Ed. Walter J. Meserve and Mollie Ann Meserve. New York: Feedback Theatrebooks, 1998. 257-433.

· Wainscott, Ronald. "Plays and Playwrights: 1896-1915." *The Cambridge History of American Theatre, vol. II: 1870-1945.* Ed. Don B. Wilmeth and Christopher Bigsby. Cambridge and New York: Cambridge UP, 1999. 262-288.

· Wilson, Garff B. *Three Hundred Years of American Drama and Theatre.* Englewood Cliff: Prentice-Hall, 1973.

Copyrights

〈그림 33〉『검둥이』 초판 표지 (1910년). 출처: 미시간대학교 도서관

- http://archive.org/details/niggeranamerica00shelgoog
- http://archive.org/stream/niggeranamerica00shelgoog#page/n8/mode/2up

〈그림 34〉 영화 『재즈싱어』의 한 장면 (1927년). 알존슨(Al Jonson)은 백인 뮤지컬배우로 흑인을 희화한 분장은 그의 트레이드마크였다. 출처: 워너브로스.

- http://en.wikipedia.org/wiki/File:Al_Jolson_Jazz_Singer.JPG

Zora Neale Hurston, *The Spears* (1925)

이 글은 *Journal of American Studies* 41.1 (2009)에 게재된 논문 "The Birth of a 'New Negro' Woman Playwright: Zora Neale Hurston, the Howard Connection, and *Spears* as Liaison Double"을 번역, 수정하여 정리한 것이다.

〈그림 38〉 할렘르네상스 흑인문예지 『오퍼튜니티』 표지 (1926년 2월). 출처: 미국국회도서관

1920년대 할렘르네상스와 뉴니그로:

조라 닐 허스튼, 『창』

1. 들어가며

〈그림 39〉 「조라를 찾아서」가 수록된 워커의 에세이집 표지 (1983년). 출처: 위키피디아

조라 닐 허스튼(Zora Neale Hurston, 1891~1960)은 20세기 전반기, 특히 1920년대 할렘르네상스(Harlem Renaissance)라 일컫는 흑인문예운동 시기를 대표하는 흑인 여류 작가이자 인류학자다. 그녀의 이름이 학자와 일반 독자의 관심을 받기 시작한 것은 1970년대 중반의 일이다. 허스튼이 "가장 중요하지만 아이러니하게도 가장 알려지지 않은" 작가라는 문제의식이 1974년경 학계에 일면서 허스튼은 미국 흑인문학에서 자주 발견되는 '서민적 기술방식'(folkways)의 선구자로서 명성을 얻었다(Neal 160). 허스튼이 세상의 관심을 받게 된 데에는 앨리스 워커(Alice

〈그림 40〉 헤멘웨이가 집필한 허스튼 전기 표지 (1977년). 출처: 일리노이대학교 출판사

Walker)와 로버트 헤멘웨이(Robert E. Hemenway)의 공이 컸다. 워커는 1973년 플로리다의 지역에서 허스튼의 묘지를 찾아낸 데 이어, 1975년에는 「조라를 찾아서」("Looking for Zora")라는 에세이를 통해서 세월에 묻혀 있던 허스튼의 존재를 세상에 알렸다. 헤멘웨이는 1977년 허스튼의 전기 집필을 통해 소설가, 민속학자, 인류학자로서 허스튼의 삶과 이력을 상세히 추적함으로써 그녀를 미국 문학사의 중대한 반열에 올려놓는데 일조했다. 이 전기는 "허스튼 연구의 출발점"이 되었다(Pondrom 182). 이후 허스튼의 소설과 에세이를 포함한 산문들이 본격적으로 연구되기 시작했고, 1983년경 그녀는 가장 생산적이고 다재다능한 20세기 아프리카계 미국인(African-American) 작가로 평가받기에 이른다(Holt 1). 그녀의 장편소설 『그들의 눈은 신을 보고 있었다』(*Their Eyes Were Watching God*, 1937)는 현재에도 영문학계에서 지속적으로 연구되는 '정전'(canon) 텍스트이며 2001년에는 한국어로도 번역되어 출간되었다.

한편, 허스튼은 극작에도 관심과 열정을 보였다. 생애에 걸쳐 허스튼은 총 15편의 극작품을 집필했다. 장막극, 단막극, 시사풍자극, 촌극 등을 포함하는 이 극들은 그녀가 1925년부터 1944년에 걸쳐 저작권 신청을 위해 국회도서관에 제출한 타이프본들(typescripts)로, 국회도서관 서고에 방치되어 오다가 1997년 비로소 세상에 공개되면서 극작가로서의 허스튼의 명성이 세인들에게 알려지게 되었다. 이를 계기로 극작가로서 허스튼의 이력과 업적에 대한 재조명 작업이 비로소 시작되었다. 결국 극작가로서 허스튼의 이력에 대한 학자들의 관심이 있게 된 것은 비교적 최근의 일인 셈이다. 특히 1925년은 허스튼에게 생의 전환점이 된 해로, 허스튼은 할렘르네상스의 발상지인 뉴욕에 입성하여 직업작가의 삶을 시작했다. 또한 이 해에 허스튼은 흑인문예지 『오퍼튜니티』(*Opportunity*)가 개최한 제 1회 문예공모전에서 단막극 『창』(*Spears*)을 응모하여 가작(honorable mention)에 입선하면서 극작가로 이름을 처음 알리게 된다. 즉 『창』은 허스튼의 처녀 극작인 셈이다.

『창』은 허스튼의 첫 번째 극작이라는 점에서뿐만 아니라 아프리카에 대한 작가의 관심이 최초로 표출된 작품이라는 점에서도 의미가 크다. 이 극은 아프리카의 루알라바(Luallaba)라 불리는 가상의 부족 마을을 배경으로, 이곳 부족민들이 직면하는 정치·경제·종교를 비롯한 제 문화적 양상을 그린다. 아프리카에 대한 작가의 관심은 이 극 구석구석에 산재한 유·무형의 아프리카적인 것들(African things)에 대한 풍부하고 자세한 묘사에서 드러난다. 우선 유형의 아프리카적인 것들에는 하의(loin cloths)·머리띠(headdresses)·반지(circlets)·팔찌(bracelets)·발찌(anklets)·목걸이(necklets) 등의 복장과 장식물, 욋가지 벽(wattled walls)·궁전(palace)·사원(temple) 등의 건축물, 창(spears)·북(drums)·상아(ivory) 등의 사냥도구와 노획물이 포함된다. 아울러 무형의 아프리카적인 것들은 신정정치(theocracy)를 중심으로 형성된 권력과 계급구조, 수렵과 사냥을 중심으로 한 경제체제, 샤머니즘에 기초한 종교적 믿음을 포함한다. 유형적 자산(tangible property)은 각각 신정정치, 샤머니즘, 수렵과 사냥으로 구체화되는 부족의 정치·종교·경제 환경을 가시화하는 기능을 한다. 한편, 이러한 정치·경제·종교 환경들은 상호 혼융되어 아프리카적인 것들의 두 번째 영역에 해당하는 무형적 자산(intangible property)을 직조해 낸다. 나아가, 언급한 유·무형의 자산들은 상호 혼융하여 집단체험(collective experience)라는 아프리카적 자산의 또 다른 차원을 만들어낸다. 집단체험을 가장 잘 보여주는 것은 루알라바 부족민들이 기우제(rain-making) 의식의 일환으로 마을의 중앙에 세워진 토템막대(totem pole)을 중심으로 원무(circular dancing)을 추는 장면에서 가장 잘 드러난다. 샤만과 부족민 전원이 집단적으로 발산하는 광란의 춤(wild dance), 고음의 괴성(wails in high monotone), 북장단(drum beat) 등 일련의 의사소통 양상들은 "문화적 지식과 생존에 대한 확인"(evidence of cultural knowledge and survival)이다(Hill 127).

『창』의 도처에 산재한 유·무형의 아프리카적인 것들은 미국이라는 '이산'(diaspora)의 현장에 살고 있던 작가 허스튼의 아프리카적인 유산에 대한 초기 관심과, 한 번도 가보지 않은 아프리카라는 상상의 공간을 통해서나마 아프리칸-아메리칸으로서 자신의 이산 체험의 역사적·지리적 기원과 뿌리를 찾으려는 의식적 노력을 반영한다.

간과하지 말아야 할 것은 이곳 루알라바 부족은 온통 검은 피부의 사람들뿐이며, 그래서 이들의 눈에 비친 인류는 검다는 점이다. 검다는 것은 모두가 공유하는 정체성이기에 개인의 특질을 규정하는 표식이 될 수 없기 때문이다. 이들의 색 정체성은 서구 백인중심 시각이 빚어낸 타자로서 '컬러' 개념과 차원을 달리하는 공간에 위치한다. 이들의 색 정체성은 컬러로 규정되지 않으며, 굳이 표현하자면 비교가치가 아닌 절대가치로서의 컬러다. 이처럼 『창』에서 허스튼은 특정 컬러에 부여된 중심성을 해체한다. 극에서 소개되는 검은 피부의 사람들이란 비교우위나 차별에 근거해 분류된 인종이 아니라 그 자체로 "완전하고 복잡다변한 인류"다(Walker 85). 아프리카 부족민을 바라보는 작가의 시각은 미국 남부 흑인공동체에서 자랐던 작가 자신의 개인적 체험을 통해 몸에 베고 작가의 의식 저변에 똬리를 틀고 있던 절대가치로서 색 정체성에 대한 선험적 기억의 투사로 해석된다.[1]

앞서 언급했듯이, 『창』은 허스튼이 극작가로 첫 발을 내딛는 계기를 제공했다는 점에서 중요성을 지닌다. 이 극은 『오퍼튜니티』 문예공모전에 입선한 1925년 허스튼이 재학 중이던 워싱턴 디시(Washington D.C.) 소재 하워드대학교(Howard University)의 흑인 여학생클럽 '제타 파이베타'(Zeta Phi Beta)의 연감 『엑스레이』(*X-Ray*) 12월호에 게재되면서 처음 출판되었다.[2] 『창』의 출판은 극작가 허스튼의 탄생을 알리는 시상화석과 같은 지표로서 뿐만 아니라, 필자가 '하워드커넥션'(Howard Connection)이라 칭하는 보다 큰 맥락에 대한 관심을 촉구한다. 하워드커넥션은 허스튼의 『창』 집필기와 겹치는 1919년부터 1924년까지의 하워드대학교 재학시절, 그녀가 『오퍼튜니티』 문예공모전에 『창』으로 입선되면서 극작가로서 이름을 처음 알렸던 1924년, 그리고 이 극이 최초 출판된 1925년 12월에 이르는 6년에 걸친 기간을 포함한다.[3] 즉, 하워드커넥션은 극작가 허스튼 탄생의 출발점이었던 셈이다. 하워드커넥션에 대한 연구는 『창』의 출판 당시의 사회적 상황과 이에 맞물린 작가의 개인적 배경과의 연관 속에서 허스튼의 첫 극작 출판이 함의하는 개인적·사회적 의미–극작가로서 허스튼의 전환점이자 '뉴니그로'(New Negro) 작가의 탄생–를 규명하는 중대한 단초가 될 것이다. 이러한 취지에서 본 연구는 다음과 같은 목적을 지닌다. 첫째, 하워드커넥션이라는 맥락의 공시적(spatial-temporal) 위치를 정의한다. 둘째, 하워드대학교와 뉴욕으로 대표되는 상이한 시공간에서의 허스튼의 생애과 작가적 이력을 잇는 연결고리로서 하워드커넥션의 역할을 탐구한다. 셋째, 하워드커넥션의 결과물이자 이 커넥션과 향후 전개될 할렘의 뉴니그로 운동(New Negro Movement) 간의 만남이라는 또 다른 커넥션의 연결고리로서 『창』의 출판이 함의하는 '이중적' 역할을 고찰한다. 요약하면, 본 연구는 『창』의 출판을 기점으로 하워드커넥션의 맥락이 흑인문예부흥운동으로 알려진 1920년대 미국 할렘르네상스와 흑인 정체성 뿌리 찾기를 위한 뉴니그로 운동으로 이어지는 함수관계를 분석하면서 허스튼의 극문학을 뉴니그로 여성 극작가의 탄생으로 새롭게 자리매김하고자 한다.

2. 하워드커넥션

허스튼이 플로리다의 고향 마을 이튼빌(Eatonville)을 떠난 것은 1904년으로, 그녀 나이 13세 때였다.[4] 학자들은 그녀가 이튼빌을 떠난 계기로 어머니 루시 파츠 허스튼(Lucy Potts Hurston)의 죽음을 드는 데 이견이 없다. 그녀는 자녀들에게 정신적 조언자였다. 교육에 대한 열정과 신념이 컸던 그녀는 생전에 자녀들에게 교육의 기회를 놓치지 않도록 매진하라고 강조했다. 이러한 성품을 지닌 인물이었기에 어머니의 죽음은 어린 조라에게 커다란 충격과 상처로 다가왔다. 어머니를 잃은 상실감은 계모 마티 모지(Mattie Moge)와의 불화로 이어졌고, 결국 허스튼은 계모와의 다툼 끝에 집에서 쫓겨나 플로리다의 잭슨빌(Jacksonville)에 있는 기숙학교로 보내졌다. 이후 허스튼은 친구와 친척의 집을 전전하며 방랑자의 삶을 시작했다. 오랜 방랑 끝에 허스튼은 1917년 메릴랜드의 볼티모어에 정착해 그해 9월 모건 아카데미(Morgan Academy)에 입학하여 이듬해에 26세의 늦은 나이로 고등학교 과정을 마치게 된다.[5] 그해 6월, 허스튼은 다시 워싱턴 디시(Washington D.C.)로 이주해 1919년에 하워드대학교에 입학하였는데, 이것이 그녀의 작가 이력에 결정적인 계기가 된 하워드커넥션의 시작점이다. 허스튼은 식당여급, 손톱관리사, 핫도그장수로 일하면서 힘겨운 학업을 이어갔고, 휴학을 반복하던 끝에 1년 반 기간의 학사과정을 5년만인 1924년에 마칠 수 있었다. 하워드대학교 재학 중이던 1920년 1월 16일에는 캠퍼스 안에 흑인 여학생클럽(sorority) '제타파이베타'(Zeta Phi Beta)가 개관했다. 허스튼은 클럽의 회원이 되었고, 졸업 무렵인 1925년 클럽의 연감(yearbook)인 『엑스레이』 12월호에 자신의 첫 희곡 『창』을 게재하게 된다.[6] 이처럼 하워드커넥션은 허스튼의 첫 극작의 출판이라는 중대한 사건을 포함한다.

허스튼의 생애에 하워드커넥션이 갖는 의미는 실로 다양하다. 허스튼이 재학하던 시절 하워드대학교는 "흑인 교육의 최고봉"(the capstone of Negro Education)이자 "흑인 여학생클럽의 발상지"(mecca for black sororities)로 여겨졌다(Hemenway 18). 일례로, 1908년에 하워드대학교 캠퍼스 안에 유치한 '알파카파알파'(Alpha Kappa Alpha)는 미국 최초의 흑인 여학생클럽이었다. 1913년에는 또 다른 흑인 여학생클럽 '델타시그마테타'(Delta Sigma Theta)가 하워드대학교에 개관하였다. 이러한 전례들을 젖혀두고라도, 1920년 제타파이베타의 개관은 그 자체로 특별한 의미가 있었다. 기존 흑인 여학생클럽들의 가치와 교리를 답습하기보다는 "전통적 흑인여성 연합을 뛰어넘는 새로운 조직체 창설을 추구"한다는 명분과 함께,[7] 제타파이베타는 최고 수준의 과학·문학·문화·교육 프로그

〈그림 41〉 하워드대학교 본관 (1900년경). 출처: 위키피디아

〈그림 42〉 하워드대학교 미술수업 광경 (1936–7년경). 출처: 미국 국가기록관리청

램을 통해 여성의 사회참여와 동맹을 강화하고 궁극적으로 '더욱 뛰어난 여성'(Finer Womanhood)을 구현한다는 설립취지를 표방하였다.

흑인 교육의 요람이자 흑인 여학생클럽의 메카로서, 하워드대학교는 '흑인'과 '여성'을 결합한 흑인 교육과 계몽의 새로운 기준을 제시했다. 아울러, 제타파이베타 클럽을 캠퍼스 안에 유치함으로써 하워드대학교는 교육과 재능을 겸비한 전인적 인격체이자 인력으로서 흑인여성 양성이라는 새로운 사회적 요구에 응했던 것이다. 제타파이베타의 설립은 새로운 흑인 혹은 '뉴니그로' 여성에 대한 사회적 요구의 상징이자, 이러한 요구에 대한 교육계의 현실적 반응이었다. 또한 허스튼이 이 클럽에 가입했다는 것은 이러한 사회적 요구에 대한 그녀의 의식적이고 자발적인 동참을 의미하는 것이었다.

사실, 허스튼의 교육에 대한 열정은 이튼빌에서의 유년시절에 이미 싹 트고 있었다. 앞서 언급했듯, 허스튼의 어머니 루시는 교육의 신봉자였다. 루시는 농사일에 매달려야 했던 남부 흑인들의 희망 없는 삶으로부터 자녀들을 구해낼 유일한 수단을 교육이라고 생각했다. 그녀의 교육에 대한 믿음은 생전에 그녀가 자녀들에게 강조하고 주입시켰던 "태양을 향한 도약"(jump at the sun) 정신으로 요약된다(Bordelon 16). 허스튼은 자서전적 수필 『먼짓길 여정』(*Dust Tracks on a Road*, 1942)에서 "우리는 태양에 도달하지 못할지 모르지만, 최소한 땅에서 떨어질 수 있다"(We might not land on the sun, but at least we would get off the ground, 13)고 말함으로써 태양을 향한 도약 정신에 대한 나름의 이해를 피력한다. 허스튼이 모친의 죽음 이후 긴 방황 생활을 접고 하워드대학교에 자진 입학하여 '고등' 교육의 기회를 쟁취한 것은, 생전에 루시가 강조한 태양을 향한 도약 정신을 몸소 실천한 것이라 말할 수 있다. 이런 점에서, 허스튼이 맺은 하워드대학교와의 첫 인연은 허스튼의 과거와 현재의 만남에 다름 아니다. 다르게 표현하면, 허스튼의 생애에 있어 하워드대학교와의 인연은 교육에 대한 그녀의 믿음과 기대가 실천으로 싹튼 최초의 계기였다.

다른 측면으로, 하워드커넥션은 허스튼이 자신의 문학적 재능을 최초 발견하고 표출하게 되는 기회이자 이후 직업작가로서 성장의 발판이 되었다는 점에서 큰 의의를 지닌다. 하워드대학교 재학 시절 허스튼은 문학클럽 '스타일러스'(Stylus)에 가입한다. 그리고 이 문학클럽에서 발간하는 동명 문예잡지 『스타일러스』(*Stylus*) 1921년 5월호에 자신의 첫 단편소설 「존 레딩 바다로 가다」(John Redding Goes to Sea)와 시 「밤」(O Night)을 발표하면서 허스튼은 작가로서 두각을 나타내기 시작했다. 이 시기 허스튼이 문학적 재량을 발휘한 또 다른 공간은 주간 뉴스잡지 『니그로 월드』(*Negro World*)였다.[8] 1922년 허스튼은 이 잡지에 「여행의 끝」(Journey's End), 「밤」(Night), 「열정」(Passion) 등 자작시를 연속으로 발표했다. 이와 같은 학창 시절의 창작활동은 허스튼에게 작가로서의 미래를 실현시킬 중대한 기회를 선사했는데, 그것은 얼레인 리로이 로크(Alain Leroy Locke)와의 첫 인연이었다. 로크는 당시 하워드대학교의 철학과 교수이자 문학클럽 스타일러스를 창설한 장본인이기도 했다. 그는 매년 문예공모전을 열어 문학적 재능이 있는 학생들을 선발하여 이들에게만 클럽의 회원 자격을 부여했다. 그와 클럽의 관심사는 희곡, 소설, 시 등의 문학 장르를 통해 "시골 흑인 민초들의 삶"(folk life of rural black people)을 진솔하게 표현하고 그려내 데에 있었다(Hemenway 19). 클럽에 입단하면서 허스튼은 로크와 인연을 맺게 되었고, 그는 장래에 허스튼이 흑인 민초의 삶을 극화하는 '흑인 포크 드라마'(black folk drama)라는 새로운 장르의 개념을 구상하고 구현하는데 지대한 영향을 끼치게 된다.

하워드 재학 중 허스튼이 맺은 또 하나의 중요한 문학적 커넥션은 흑인문예잡지 『오퍼튜니티』(*Opportunity*)와의 인연이다.[9] 허스튼은 이

잡지가 주최한 1924년도 문예공모전에 단편소설 「빛에 젖어」(Drenched in Light) 원고를 제출했는데, 이는 그녀가 태양 가까이 한 발짝 더 도약하게 되는 기회가 되었다. 이 단편소설에 깊은 호감을 갖게 된 『오퍼튜니티』의 편집장 찰스 존슨(Charles S. Johnson)이 허스튼을 뉴욕으로 건너와 직업작가로 데뷔할 수 있도록 힘을 실어준 것이었다. 그리고 1925년 1월 첫째 주 허스트은 졸업 직후 뉴욕으로 이주하여 할렘르네상스의 본산인 이곳에 정착하게 된다. 하워드대학교 입학이 태양을 향한 허스튼의 첫 번째 도약이었다면, 견습생 시절의 문학적 재능과 미래의 직업작가로서 이력 간의 연결고리인 하워드커넥션은 허스튼에게 있어 더 높이 뛰어오르기 위한 2의 도약대가 되어 주었다. 이제 도약의 착지점은 할렘르네상스와 뉴니그로 운동의 열기로 뜨거운 뉴욕이라는 더 눈부신 태양이었다.

3. 뉴니그로 논쟁

앞서 논의한 통시적(diachronic) 맥락과 더불어, 6년에 걸친 하워드커넥션(1919-1925)은 『창』의 집필과 맞물려 있는 공시적(synchronic) 맥락 또한 제공한다. 즉 하워드커넥션은 하워드대학교에서 허스튼의 문예 견습기, 당시 캠퍼스 안팎에서 일었던 문화적·사회적 변화, 마지막으로 이러한 사회적 분위기 속에 위치하는 허스튼의 개인적·사회적 위치를 설명하는 것이다.

특히 1920은 여러 면에서 의미가 크다. 이 해는 1차 세계대전(1914-1918)을 마감하는 새로운 십년의 출발점이었다. 1920년대의 시작과 함께, 미국은 전시경제 체제에서 내수경제 체제로 돌아서게 된다. 전후에 여전히 남아있던 불황이 점차 회복세를 보이면서, 1920년대는 '활력의 20년대'(Roaring Twenties)라는 닉네임에 걸맞게 경제적 번영에 대한 미국 시민의 기대감을 한층 끌어올렸다.[10] 아울러, 1920년 8월 26일 미국헌법 19조 수정안에 의해 여성의 투표권을 합법화됨으로써 미국은 여권신장이라는 새로운 국면을 맞이했다. 이처럼, 1920년 "빅토리아 시대에서 현대로의 전환기"(a time of transition from Victorian to modern culture)라는 학자들의 표현대로 새로운 시대로의 전환을 알리고 있었다(Spurlock and Magistro ix). 경제적·사회적 변화와 함께 혹은 그 결과로, 1920년대는 동시대 미국 여성들의 삶과 사회적 지위를 모양 지을 새로운 문화의 도래와 형성을 목격하게 된다. 특히 '플래퍼족'(the flappers)으로 대변되는 새로운 여성층의 등장과 그들의 라이프스타일은 경제·사회·문화 영역에 걸친 광범위한 변화들을 반영한다.

〈그림 43〉 플래퍼족 차림의 여배우(1927년). 출처: 미국국회도서관

1920년대의 경제적 번영으로 인해 중산층 가정의 수가 증가했고, 형편이 나아지면서 중산층 가정은 자녀들을 대학에 진학시키는 일도 빈번하게 이루어졌다. 중산층 성년기 여성들은 빅토리아 시대(1837-1901)의 보편 가치인 결혼·양육·살림이라는 전통적 여성 역할보다 일과 학업이라는 새로운 가치에 매료되었다. 앞서 언급한 '플래퍼족'은 이처럼 중산층 출신의 여대생과 취업하여 생산 활동에 종사하는 여성을 통칭한다. 이들은 '클로슈'(cloche)라 불리는 종 모양(bell-shaped) 모자, 짧은 치마, 화장, 실크스타킹, 산뜻하게 쳐올린 단발머리, 길게 늘

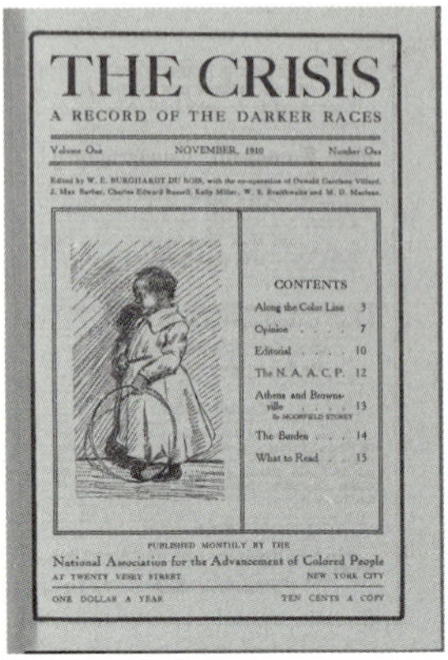

〈그림 44〉『크라이시스』 창간호 (1910년 11월). 출처: 미국국회도서관

어뜨린 목걸이로 요약되는 소위 '플래퍼 룩'(flapper look) 패션스타일을 유행시켰다. 플래퍼족의 패션코드는 결혼과 양육 의무로부터 독립된 생활에 대한 과시이자, 이 '열혈청춘'(flaming youth)들이 선택한 '독신'(single)이라는 새로운 삶의 방식에 대한 자존감의 표시였다(Kallen 17; Spurlock and Maggistro 55).[11] 이들의 화려하고 자유로운 삶의 방식은 경제적·사회적 독립이라는 측면으로도 설명된다. 그들은 남성들처럼 직장과 정규적인 수입이 있었기에 부모로부터 경제적으로 독립할 수 있었고, 자동차를 소유할 수도 있었다. 자가용은 '샤프롱'(chaperone)이라 불리는 보호자를 대동하지 않고도 사교모임에 나가는 것을 가능케 했다.[12] 자가용은 젊은 연인들의 데이트 장소가 되기도 했고, 종종 여러 연인들을 한 장소로 집결시켜 파티를 벌이기 위한 유용한 수단이기도 했다. 젊은 여성들은 그들만의 공간에 모여서 춤추고, 담배 태우며, 전화로 남자친구를 초대하는 등 그들만의 사교문화를 형성했다(Kallen 28). 요약하면, 플래퍼족은 1920년대 젊은 여성들의 새로운 문화와 세련된 취향은 물론, 이러한 문화와 취향을 누릴 수 있게 해준 경제적 능력, 그리고 그 결과가 낳은 그들의 사회적 독립을 반영한다.

하워드커넥션 시기는 또한 '뉴니그로'로 일컬어지는 새로운 흑인 정체성과 자의식이 싹트고 성장하는 과정을 목도하기도 했다. 사실 '뉴니그로'의 개념과 용어는 1920년대 이전에 이미 존재하고 있었다. 1895년 6월 28일자 『클리블랜드 가제트』(*Cleveland Gazette*)의 한 사설에 처음 등장했을 당시 이 용어는 "남북전쟁 이후로 등장한 교육·계급·

재력을 가진 새로운 흑인층"(a new class of blacks with education, class, and money that had arisen since the Civil War)을 의미했다(Wintz 31). 이후 이 용어에 대한 다양한 개념정의와 해석들이 속속 등장했다. 일례로, 알렉산더 크럼웰(Alexander Crumwell)은 뉴니그로 개념의 핵심은 '자립'(self-help) 정신에 있다고 보았다. 19세기 말 흑인사회에 큰 반향을 일으켰던 크럼웰의 자립 이데올로기는 백인중심 사회에서 생존하기 위해 흑인이 취했던 전략의 소극성과 방어적 태도를 반영한다. 이와 반대로, 프레더릭 더글러스(Frederick Douglass)는 인종차별과 인권탄압에 맞선 '항거와 정치선동'을 옹호하고 이것이 뉴니그로가 지향할 방향임을 강조했다. 1890년 중반, 부커 워싱턴(Booker T. Washington)은 '자립' 이데올로기를 다시 끌어들여 흑백분리주의를 수용함으로써, "점진주의, 화해, 중산층의 미덕, 인종적 단결"에 기초한 '부커파'(Bookerite school) 보수주의를 결성했다(Wintz 40). 한편, 보수파는 두보이스(W.E.B. Du Bois)가 이끄는 급진파의 공격에 직면했다. 두보이스는 반 부커파 세력 결집을 주도하면서 보수파의 와해를 촉진시켰다. 그는 '자립' 이데올로기와 흑백분리주의 수용 등 구파의 방어적이고 소극적인 정책을 강하게 비판하면서, 흑인의 권리 쟁취를 위한 가장 확실한 방법은 항거뿐이라고 주장했다.

급진파 흑인들은 종종 마르크스주의자를 자처하면서 미국 경제·사회 질서의 급진적 변혁을 요구했다. 『크라이시스』(*The Crisis*, 1910)와 『메신저』(*The Messenger*, 1917)는 급진주의 뉴니그로의 입장과 정강을 대변하는 대표적 잡지였다. 특히 1919년에서 허스튼의 하워드커넥션의 시작점과 일치하는 1920년 사이, 이 잡지들은 뉴니그로 급진주의를 옹호하는 논평과 기고문을 연일 게재했다. 『메신저』의 창간자 필립 랜돌프(A. Philip Randolph)는 1919년 사설 「새로운 군중, 뉴니그로」("A New Crowd-A New Negro")에서 뉴니그로를 "젊은 흑인 급진주의자들"(young Negro radicals)로 규정했다.

> '새로운 군중'은 교육받고, 급진적이며, 두려움 없는 젊은이로 구성되어야 한다. '젊은 흑인' 급진주의자들이 언론, 학교, 정치, 노동을 통제해야 한다. '새로운 군중'의 입단 조건은 다음과 같다: 능력, 급진주의, 진지함 ... '새로운 군중'은 타협하지 않는다. 이들의 전술은 방어적이지 않고 공격적이다.
>
> [T]he New Crowd must be composed of young who are educated, radical and fearless. Young Negro radicals must control the press, church, schools, politics and labor. The condition for joining the New Crowd are: ability, radicalism and sincerity ... The New Crowd is uncompromising. Its tactics are not defensive but offensive. (Huggins 20 재인용)

1920년 9월 『메신저』의 또 다른 사설은 "뉴니그로, 그는 누구인가?"라는 질문을 던지면서, 뉴니그로의 정치·경제·사회적 목표를 명시했다. 이 글은, 뉴니그로가 "보편적 참정권"(universal suffrage)를 지지하고, "노동에 대한 정당한 대가"(full product of his toil)를 요구하며, 인종·계급간 결혼을 허용하는 "완전하고 분명한 사회 평등"(absolute and unequivocal social equality)을 지지한다고 피력했다. 이 세 가지 목표를 위한 실천방안으로 이 글은 급진주의, 노동조합, 교육, 그리고 실질적 자기방어책을 제시했다(Huggins 23-24 재인용).

두보이스는 1910년 전미흑인지위향상협회(National Association for the Advancement of Colored People, NAACP) 창설에 견인차 역할을 했고, 협회의 공식 기관지인 『크라이시스』의 편집장으로 활동했다. 그는 1934년 협회 위원직과 잡지 편집장직에서 사임할 때까지 중산층 흑인들과 진보성향 백인들에게 막강한 지도력과 영향력을 행사했다. 그는 『크라이시스』를 흑인의 인권을 지지하는 대표적인 급진파 대변지로 키워냈다. 1920년 1월의 사설에서, 그는 강제적인 흑백분리 정책을 대대적으로 비난했다.

> 세상이 사람 대 사람으로 만나게 하라. 모두에게 절대 정의를 부여하라. 민주주의를 모두에게 확장하고 모든 사람이 개개인의 능력과 가치에 응당한 대우를 받게 하라. 백인들이 중국과 우간다에서 최고의 위치에 오를 수 있는 것을 가능케 하라. 그리고 흑인들이 영국과 텍사스에서 최고 영예에 오를 수 있는 것을 가능케 하라.
>
> Let the world meet as men with men. Give utter justice to all, Extend Democracy to all and treat all men according to their individual desert. Let it be possible for whites to rise to the highest position in China and Uganda and blacks to the highest honors in England and Texas. ("Race Pride" 107)

진보적 투쟁을 위한 구체적 실천방안으로, 두보이스는 뉴니그로서의 자부심과 함께 과격하고 급진적인 태도를 강조했다. 그의 이러한 어조는 1920년 2월 『뉴리퍼블릭』(*The New Republic*)에 실린 논평 「검다는 것에 대해」("On Being Black")에서 재차 강조되었다. 여기서 두보이스는 "당신이 영혼을 잃고 있는 이유는 당신이 싸울 용기 없는 겁쟁이기 때문"(you are losing your own soul ... because you are a coward and dare not fight!)이라고 강변했다(Huggins 212-13 재인용).

〈그림 45〉『뉴니그로』 초판 (1925년). 위키피디아

1920년대 전반기가 새로운 세기의 흑인으로서 뉴니그에 대한 정의가 시도된 시기였다면, 1925년을 기점으로 상

기한 뉴니그로의 정의는 대대적인 수정 및 재조정 작업에 들어가게 된다. 소위 2세대 뉴니그로라 불리는 이러한 움직임을 주동한 대표 인물은 다름 아닌 얼레인 로크, 즉 허스튼의 하워드대학교의 철학과 교수이자 문예잡지 『스타일러스』의 편집장으로 허스튼의 문학적 재능을 최초 발굴한 바로 그 인물이었다. 1925년, 로크는 동시대 흑인 작가들의 시, 소설, 수필 등을 한데 모아 엮은 『뉴니그로』(*New Negro*)를 출간했다. 이 책의 권두언에서 로크는 이전 두보이스 급진파가 강조한 정치적 노선과 입장을 철저히 무시한 가운데 '뉴니그로'의 개념을 다시 정의했다.

뉴니그로 재정의 작업은 크게 세 가지 측면에서 수행되었다. 첫째, 그는 "근본적으로 변화한 흑인들"(a fundamental changed Negro)에 대한 인식 필요성을 강조함으로써 두보이스파가 지지한 급진주의의 한계를 지적한다(8).

> 20년 전 급진적 지도자들이 인종적 자존심과 인종적 자의식을 논하고, 인종적 단결의 당위성을 촉구했을 때, 그들이 한 치도 예상치 못한 것이 있다. 파도치듯 밀려들어와 이제 각성된 지도층으로 펴져있는 돌발적인 감정이 그것이다 ... 미국의 지성은 흑인이 근본적으로 변화했음을 인식해야 한다 ... 물론 사려있는 흑인들이 세계적 추세에 따라 다소 좌파로 전향했으며, 급진적이고 진보적인 운동에 동참하는 무리가 증가하고 있다. 그러나 근본적으로 작금의 흑인들은 인종 문제에 대해 급진적이지만 다른 문제들에 대해서는 보수적이다. 즉, 그들은 진정한 급진파라기보다는 "강요된 급진파"인 것이다. 압박과 불의가 더해지면, 우상파괴적인 생각과 동기는 불가피하게 증가할 것이다. 할렘의 망상적 급진주의는 내일 치유할 수 있는 수위로 커지기 전에 오늘 일말의 민주주의를 요구한다.

> When the radical leaders of twenty years ago spoke of developing race-pride and stimulating race-consciousness, and of the desirability of race solidarity, they could not in any accurate degree have anticipated the abrupt feeling that has surged up and now pervades the awakened centers ... The American mind must reckon with a fundamentally changed Negro. ... Of course, the thinking Negro has shifted a little toward the left with the world-trend, and there is an increasing group who affiliate with radical and liberal movements. But fundamentally for the present the Negro is radical on race matters, conservative on others, in other words, a "forced radical" ... rather than a genuine radical. Yet under further pressure and injustice iconoclastic thought and motives will inevitably increase. Harlem's quixotic radicalisms call for their ounce of democracy to-day lest to-morrow they be beyond cure. (*New Negro* 7-8, 11)

둘째, 로크는 두보이스가 언급한 '흑백차별'에 대처하는 방법에 있어 변화 필요성을 강조했다. 두보이스는 1903년도 에세이 모음집 『흑인 민중의 영혼』(*The Souls of Black Folk*)에서 흑백차별 혹은 "검은 피부와 흰 피부 사이의 관계"(the relation of the darker to the lighter races)는 20세기 최대의 문제일 것이라 예상했다(16). 반면 로크는 이전의 뉴니그로가 보였던 인종차별에 대한 의식과 이를 부인하고 감추려는 노력은 오로지 악의와 원한을 낳을 뿐이며, 이는 결과적으로 뉴니그로의 정신적 격리를 부추길 뿐이라고 주장했다. 즉, 두보이스가 인종차별의 존재를 애써 부인하고 무시하려 했다면, 로크는 인종차별의 존재를 떳떳이 밝히는 것이 뉴니그로의 진실한 자기표현이고 이것이 진정 인종차별을 뛰어넘는 길이라 역설했다.

뉴니그로는 미국 문화에 도래할 새로운 민주주의의 선구자로서 이 모든 것에 예민하게 반응한다. 그는 새로운 사회적 이해를 위해 일익을 담당하고 있다. 그러나 이해받고자 하는 욕망 자체만으로는 사려있는 흑인지성들의 철통같이 닫힌 문을 열기에 결코 충분치 않을 것이다. 냉대 받을 가능성 혹은 선심을 구걸하는 것처럼 여겨질 가능성은 여전히 많다. 중요한 것은 더 충실하고 진실한 자기표현, 즉 사회적 차별이 자신을 정신적으로 격시키도록 그리고 경직된 태도가 자신의 삶을 옥죄도록 허용했다고 하는 깨달음의 필요성이었다. 그래서 지식인들이 인종차별 위에 세웠던 "앙심의 벽"이 행복하게 무너져왔다.

> To all of this the New Negro is keenly responsive as an augury of a new democracy in American culture. He is contributing his share to the new social understanding. But the desire to be understood would never in itself have been sufficient to have opened so completely the protectively closed portals of the thinking Negro's mind. There is still too much possibility of being snubbed or patronized for that. It was rather necessity for fuller, truer self-expression, the realization of the unwisdom of allowing social discrimination to segregate him mentally, and a counter-attitude to cramp and fetter his own living--and so the "spite-wall" that the intellectuals built over the "color-line" has happily been taken down. (*New Negro* 9-10)

셋째, 과격파 뉴니그로가 지난날 미국 문화에 민주주의를 꽃피운 업적을 인정하는 한편, 로크는 뉴니그로가 전념해야 할 대안적 목적을 제시했다. 과거의 목적이 의견, 강령, '외적 삶'(outer life)이었다면, 새로운 목적은 감정, 마음가짐, '내적 삶'(inner life)이어야 한다고 로크는 주장했다.

작금의 흑인들은 부득이 그들이 떠안은 목적들에 통제를 받으며 나아가고 있다. 이 목적들이란 무엇인가? 흑인의 외적 삶의 목적들은 이미 행복하게 샘솟아 결국 완성되었다. 외적 삶의 목적들이란 다름 아닌 미국의 제도와 민주주의의 이상들인 것이다. 내적 삶의 목적들은 아직 형성 과정에 있는 바, 현재 군중의 새로운 심리는 의견보다는 감정, 강령보다는 마음가짐에 더 가까운 것이다. (New Negro 9-10)

The Negro to-day is inevitably moving toward under the control largely of his own objectives. What are these objectives? Those of his outer life are happily already well and finally formulated, for they are none other than the ideals of American institutions and democracy. Those of his inner life are yet in process of formation, for the new psychology at present is more of a consensus of feeling than of opinion, of attitude rather than program. (*New Negro* 9-10)

네이선 허긴스(Nathan Irvin Huggins)는 할렘르네상스가 로크의 『뉴니그로』 출간과 함께 시작한다고 주장한다(45). 윈츠(Cary Wintz) 역시 같은 견해를 피력한다. 그는 1924년 3월 21일 시빅클럽 만찬(Civic Club dinner),[13] 1926년 11월 『파이어!!』(*Fire!!*)[14] 출판과 함께 『뉴니그로』 출간을 할렘르네상스의 공식 출범을 알리는 사건으로 평가한다(80-86). 모든 견해를 종합할 때, 할렘르네상스의 시작은 당대의 '새로운' 현상과 맞물려 있었으며, 이 새로운 현상이란 다름 아닌 새로운 뉴니그로 세대의 형성 필요성과 현실화를 포함한다.

제타파이베타 여학생클럽은 전술한 경제적·문화적·사회적 변화를 아우르는 문화사적 맥락 속에서 문을 열었다. 때문에 제타파이베타의 창립은 사회 변화에 직면한 당시 젊은 흑인 여성들의 입장과 반응, 그리고 변화에 발맞추려는 그들의 대처 의지를 반영한다. 창립일인 1920년 1월 16일은 사회의 거울이 되고자 하는 클럽의 소명의식의 출발뿐 아니라, 이 소명의식을 가능케 한 1920년대의 시작을 알리는 해라는 점에서도 의미가 크다. 물론 제타파이베타의 일차적 필요성은 백인 여학생클럽 가입에 거절된 흑인 여학생들을 수용하기 위한 것이었다. 그러나 이 여학생클럽의 설립은 갖는 보다 궁극적인 필요성은 캠퍼스 바깥의 새로운 환경에 대처할 능력을 지닌 새로운 흑인 여성 육성하는 일이었다. 여기서 제타파이베타의 창립일자는 다시 한 번 주목을 요한다. 1920년 이 여학생클럽의 탄생은 두보이스가 주도한 급진파 1세대 뉴니그로의 등장과 함께 한다. 즉, 허스튼을 포함한 제타파이베타의 구성원들은 다름 아닌 시대의 요구에 동참한 '뉴니그로 여성들'(New Negro Women)이었던 것이다. 이런 점에서 허스튼의 하워드커넥션은 뉴니그로 운동이 뉴욕 할렘르네상스에 의해 독점된 것이 아님을, 즉 뉴욕의 전유물이 아님을 시사한다. 워싱턴 디시의 하워드대학교 안에서도 뉴니그로 운동은 분명 싹을 틔우고 있었던 것이다. 아울러, 허스튼의 하워드커넥션이 마감되는 1925년은 로크로 대변되는 2세대 뉴니그로의 도래를 예견과 함께, 하워드대학교 출신 허스튼의 뉴욕 입성이 상징하는 시공을 달리 하는 두 뉴니그로 세대의 조우를 예견하고 있었던 것이다.

4. 나가며

앞서 살펴보았듯이, 하워드커넥션은 허스튼의 하워드대학교 입학 시점인 1919년에 시작하여 그녀의 졸업과 함께 1924년 공식적으로 종료된 6년의 기간을 일컫는다. 한편, 하워드커넥션은 허스튼의 척 극작

『창』이 제타파이베타의 연감 『엑스레이』에 게재된 1925년 12월까지 확장된다. 하워드커넥션은 공시적(diachronic)과 통시적(synchronic) 사관이라는 두 가지 연결고리 혹은 맥락을 설명한다. 우선, 하워드커넥션은 허스튼의 이튼빌 유년기, 하워드대학교의 작가 견습기, 뉴욕에서 직업작가 데뷔 시기라는 시간적·공간적 세계를 잇는 연결고리를 함의한다. 두 번째, 하워드커넥션은 『창』의 집필과 맞물린 다층위적 사회 현상들 간의 연결고리를 설명한다. 층위를 이루는 사건들은 1920년대 초반 플래퍼족 현상으로 대변되는 새로운 여성과 여권신장에 대한 사회적 요구, 같은 뉴욕 할렘르네상스의 뉴니그로 운동을 중심으로 한 흑인의 자기정체성 정립 요구, 이러한 요구에 대한 흑인 교육계의 반응으로서 1920년대 하워드대학교 흑인 여학생클럽 제타파이베타의 설립, 마지막으로 예술가이자 '뉴니그로 여성'으로서 허스튼의 개인적·사회적 위치와 소명의식으로 요약된다.

특히 주목할 것은 『창』의 출판이 갖는 '중간자'(in-between) 위치와 성격이다. 이 극이 하워드대학교의 『엑스레이』에 게재될 당시 허스튼은 이미 뉴욕에 정착해서 직업작가의 길을 걷고 있었다. 허스튼의 과거 견습작가 시절과 현재 직업작가로서의 삶에 동시에 관여하면서, 『창』은 허스튼의 두 세계 즉 하워드와 뉴욕의 만남을 엮어내는 연결고리가 된다. 이런 중간자적 시공간에 위치함으로써 『창』은 이중적 의미와 역할을 체화한다. 즉, 『창』은 하워드커넥션이라는 연결고리의 산물이자, 이 체화하는 연결고리의 산물인 동시에, 하워드커넥션과 향후 뉴욕의 직업작가로서 허스튼이 맺게 될 또 다른 관계들 간의 연결고리가 된다.

무엇보다 중요한 것은, 『창』의 출판이 뉴니그로와 관련된 두 개의 다른 국면들의 접합점을 설명한다는 점이다. 하워드대학교 시절 허스튼은 1920년대 초반 새로운 흑인 여성에 대한 사회적 요구를 목격했고 제타파이베타의 일원으로서 그녀 자신 '뉴니그로 여성'이 된다. 이후 할렘르네상스의 아성인 뉴욕에 입성한 그녀는 로크가 역설한 2세대 뉴니그로 정신의 세례를 받고 할렘의 뉴니그로 작가로 거듭난다. 하워드 시절의 허스튼이 '외적 삶'을 지향하는 뉴니그로라면, 뉴욕의 허스튼은 '내적 삶'을 지향하는 뉴니그로인 것이다. 이처럼, 시공간을 달리하는 뉴니그로의 두 국면 간 만남을 연결하면서, 『창』은 허스튼의 최초 극작이라는 개인적 중요성 뿐만 아니라 '뉴니그로 여성 극작가'의 탄생을 알리는 보다 큰 문학적·문화사적 의미를 지닌다.

미주

1) 허스튼은 미국 남부 플로리다의 흑인공동사회(all-black community)인 이튼빌(Eatonville)에서 유년시절을 보냈다. 이러한 유년의 체험은 훗날 허스튼의 문학 여정에 중요한 글감과 소재 및 캐릭터들을 제공하였으며, 특히 "서민적 유머"(folksy humor)와 "능란한 말솜씨"(shrewd oratorical skill)로 요약되는 허스튼의 강인한 내러티브 전략의 원천이 되었다(Peters xiv). 결과적으로 그녀의 작품에 등장하는 이튼빌 주민들은 하나같이 백인과 백인의 시선이 부재한 가운데 강인한 생존의지와 활력을 선보이며, 이러한 면모는 그들의 그칠 줄 모르는 입담과 말씨름으로 표출된다.

2) 『창』의 출판연도에 대한 이견이 있어왔다. 허스튼 학자 대부분은 이 극이 『엑스레이』에 게재된 것이 1926년이라고 진술한다. 바바라 스파이스맨(Barbara Speisman)은 이 극을 소개한 『엑스레이』가 1925년 판이라는 새로운 가능성을 제시한다. 1998년도 『서든 쿼털리』(*The Southern Quarterly*)에 게재한 논문에서 스파이스맨은 와이어트 휴스턴 데이(Wyatt Houston Day)라는 고서 수입가의 증언을 토대로 이 극이 1925년도 『엑스레이』에 게재된 사실을 확인하고 있다(35). 혼란스러운 것은 스파이스맨의 논문이 실린 『서던 쿼털리』에 『창』의 원고 또한 소개되고 있으며, 여기에서 이 극이 1926년도 『엑스레이』에 처음 게재되었다고 명기되고 있는 점이다. 최근에 출간된 허스튼 희곡 선집 『루아바바에서 포크 컨트리까지』(*From Luababa to Polk Country*, 2005)의 편집자 콜(Jean Lee Cole)과 미첼(Charles Mitchell)은 1998년도 스파이스맨의 논문을 선집의 머리글로 소개함으로써 이 극이 1925년에 처음 출판되었다는 스파이스맨의 주장에 힘을 싣는다. 필자 역시 스파이스맨과 허스튼 희곡 선집 편집자의 견해를 따라 『창』의 출판연도를 1925년으로 규정한다.

3) '하워드커넥션'이라는 용어는 1991년 글라스만(Steve Glassman)과 시이델(Kathryn Lee Seidel)이 편집하여 출간한 『플로리다의 조라 닐 허스튼』(*Zora Neale Hurston in Florida*)에 등장한 용어 "플로리다커넥션"(Florida Connection)에서 착안한 것이다. 플로리다에서 활동하는 허스튼 학자들의 논문을 엮어 모은 이 책은 허스튼의 문학과 플로리다 지역의 상관성을 탐구한다. 특히 이 책에 실린 워렌 칼슨(Warren J. Carson)의 논문 「극작가 허스튼: 플로리다 커넥션」("Hurston as Dramatist: The Florida Connection")은 필자가 착안한 '하워드커넥션'이라는 용어의 직접적인 출처가 되었다.

4) 이튼빌을 떠날 당시 허스튼의 나이에 대해 논란이 있어왔다. 허스튼의 전기를 집필한 헤멘웨이(Robert E. Hemenway)와 나티리(N. Y. Nathiri)는 허스튼이 9살의 나이에 모친의 임종을 맞고 직후에 이튼빌을 떠났다고 진술한다. 최근 파멜라 보델론(Pamela Bordelon)과 로버트 크로프트(Robert Croft)는 당시 허스튼의 나이가 13세였다고 새롭게 주장한다. 이러한 견해차는 허스튼의 출생연도에 대한 논란에서 직접 기인한 결과다.

허스튼에 대한 연구가 본격화되기 전까지 그녀는 1901년생인 것으로 알려져 왔다. 그러나 1900년도 인구조사 자료에 따르면 그녀는 1891년에 출생한 것으로 기록되어 있다. 헤멘웨이와 나티리의 주장은 또한 허스튼의 자전적 수필에서 자신이 9세 때 모친이 돌아가셨다는 언급에 바탕한 것이기도 한데, 결과적으로 허스튼의 기억이 잘못된 것으로 판명된 것이다. 보델론은 1891년을 허스튼의 출생연도로 적시하고, 결과적으로 허스튼이 이튼빌을 떠난 시점이 그의 나이 13세 때였다고 주장한다. 현재 보델론의 주장이 정설로 인정받고 있으며, 필자 역시 보델론의 견해를 따르고자 한다.

5) 이튼빌을 떠난 후부터 모건 아카데미에 입학하기까지 허스튼의 행적은 정확히 알려진 게 없다. 보델론(Pamela Bordelon)은 허스튼의 자전적 수필 『먼짓길 여정』(*Dust Tracks on a Road*, 1942)과 그 외 사진, 인구조사 자료에 기초하여 이 기간 동안 허스튼의 행적을 재구성해냈다. 내과의사인 큰오빠 로버트(Robert)가 결혼하여 분가하자, 허스튼은 큰오빠 집을 단속적으로 왕래하며 1915년경까지 여기서 기거했다. 그녀는 다시 집을 나와 18개월간 길버트와 설리번 극단(Gilbert and Sullivan Troupe)을 따라다니며 여배우의 허드렛일을 돕는다. 오랜 유랑생활 끝에 허스튼은 1917년 언니인 사라(Sarah)가 있는 메릴랜드 볼티모어에 정착하고, 여기에서 모건 아카데미에 입학하게 된다(Bordelon 7–9; Croft xxii–xxiii; Hemenway 17–18).

6) 허스튼은 『창』 이외에도 단편소설 「다리 아래서」(Under the Bridge)와 수필 「매력 십계명」(Ten Commandments of Charm)을 같은 『엑스레이』에 발표했는데, 이 세 편의 작품들은 이후 1998년 『서던 쿼털리』(*Southern Quarterly*) 36권 3호에 "허스튼의 세 작품: 소설, 수필, 극"(Three by Zora Neale Hurston: Story, Essay and Play)라는 제목으로 한데 묶여 소개되었다.

7) 관련 내용 및 인용문은 '제타파이베타' 공식 홈페이지(International Website of Zeta Phi Beta Sorority Inc.) 〈http://www.zphib1920.org〉를 참조한 것임.

8) 『니그로 월드』는 1914년 창설된 세계흑인증진협회(Universal Negro Improvement Association, UNIA)의 기관지로 1918년 마커스 가비(Marcus Garvey)에 의해 뉴욕 시에서 창간되었다. 이 잡지는 정기적으로 창간자인 가비의 사설, 시, 최신 기사와 논평, 미국과 해외 흑인들에 대한 소식을 실었다. 『니그로 월드』는 할렘르네상스를 대변하는 표상이자, 뉴욕에서 가장 편집이 잘 된 흑인 주간잡지로 평가 받는다(Wintz 147–9).

9) 『오퍼튜니티』는 인종차별을 없애고 특히 흑인과 다른 소수민족들의 경제적 사회적 권익을 도모하려는 취지로 1911년 결성된 자원봉사기관 미국도시연맹(National Urban League)에 의해 1923년에 창간되었다. 이 잡지는 재능 있는 할렘르네상스 흑인 작가들이 지면을 통해 자신의 목소리와 존재를 대중들, 특히 주류출판업자와 백인 독자들에게 알리는 기회가 되었다.

10) 1920년에서 1921년 사이 미국의 국민총생산(GNP)는 8.6퍼센트 하락했고, 실업률은 1920년에 5퍼센트, 1921년에 12퍼센트로 증가했다. 많은 수의 노동자가 근무시간 및 수당 감소에 직면했고, 비정규직으로 돌아섰으며, 심지어 임금체불을 당하는 노동자도 속출했다. 1922년 초반 제조업 노동자의 주당 평균 수당은 21달러에 불과했다. 그러나 1922년에 들어서면서 내수경제가 급속히 회복세를 보이기 시작했다. 1923년 말 실업률

이 2퍼센트로 떨어졌고, 이후 1929년까지 2퍼센트에서 5퍼센트 사이를 유지했다. 1922년 말 제조업 노동자 대부분이 다시 정규직으로 복직했고, 주당 평균 수당은 1925년에 24달러, 1929년에 25달러로 인상되었다. 아울러, 대부분의 공산품 가격이 안정적으로 유지되거나 인하되기까지 했다. 농산물 가격의 하락은 식료품과 의복 가격의 하락으로 이어졌다(Berkin, et al., 730-731).

11) '열혈청춘'(flaming youth)라는 말은 워너 파비언(Warner Fabian)의 1923년 베스트셀러 소설 『열혈청춘』(*Flaming Youth*)에서 기원한다. 이 소설은 당대 청년 문화와 "일은 잠시, 즐길 수 있을 때 즐기라"(duties could wait, pleasure was something tyou had to grab before it got away from you)라는 모토로 요약되는 플래퍼족들의 '카르페 디엠'(carpe diem: enjoy the present)적 철학을 그린다(Spurlock and Magistro 18). 1920년대 당시 성년기의 '신여성들'(new women)은 '열혈청춘'이라는 정체성을 포용함으로써 새로운 청년층을 형성했다.

12) 빅토리아 시대에는 결혼정년기의 젊은 여성이 사교모임에 나갈 때 '샤프롱'이라 불리는 보호자(주로 나이 많은 여성)를 대동하는 것이 관례였다.

13) 『오퍼튜니티』 편집장 찰스 존슨은 주류 출판계에 이 잡지의 출간을 알리고 홍보하기 위해 1924년 뉴욕 시 시빅클럽에서 성대한 만찬을 주최했다. 얼레인 로크가 사회를 맡은 이 자리에는 저명 출판업자와 잡지 편집인들 그리고 흑인 작가들이 한데 모여 성황을 이루었다. 시빅클럽 만찬 모임에서 제 1회 『오퍼튜니티』 문예공모전 입상자에 대한 수상식도 함께 거행되었으며, 여기에 『창』으로 입선한 허스튼도 참석했다.

14) 『파이어!!』는 할렘의 젊은 흑인 예술가들에 의해 1926년 11월에 창간되었다. 허스튼을 비롯해 랭스턴 휴스(Langston Hughes), 월러스 써먼(Wallace Thurman), 그웬돌린 베넷(Gwendolyn Bennett), 존 데이비스(John D. Davis), 브루스 뉴겐트(Bruce Nugent), 아론 더글라스(Aron Douglass) 등이 창간에 참여했다. 『파이어!!』는 써먼이 강조했듯이 "순수한 예술적 의도와 목적"(purely artistic in intent and conception)을 지향하는 문예지에 대한 필요성에서 만들어졌다(Henderson 151 재인용). 이에 따라 『파이어!!』는 "젊은 아프리칸-아메리칸 작가의 대변지"(mouthpiece 랙 younger African American writers)로 그들에게 "정치선전 없는 예술적 자유"(aesthetic freedom free of propaganda)를 부여한다는 창간목적을 지녔다(Croft 46).

인용 문헌

·Berkin, Carol, et al. *Making America: A History of the United States*. Boston: Houghton Mifflin, 1999.

·Bordelon, Pamela. *Go Gator and Muddy the Water: Writings by Zora Neale Hurston from the Federal Writers Project*. New York: Norton, 1999.

·Carson, Warren J. "Hurston as Dramatist: The Florida Connection." *Zora in Florida*. Ed. Steve Glassman and Kathryn Lee Seidel. Orlando: U of Central Florida P, 1991.

·Cole, Jean Lee and Charles Mitchell, eds. *From Luababa to Polk County: Zora Neale Hurston Plays at the Library of Congress*. Baltimore: Apprentice House, 2005.

·Croft, Robert W. *Zora Neale Hurston Companion*. Gainesville: UP of Florida, 2002.

·Du Bois, W. E. B. *The Souls of Black Folk*. 1903. New York: Vintage, 1990.

·____. "On Being Black." *The New Republic* (February 18, 1920).

·____. "Race Pride." *The Crisis* 19 (January 1920): 107.

·Hemenway, Robert E. *Zora Neale Hurston: A Literary Biography*. Urbana: U of Illinois P, 1977.

·Henderson, Mae Gwendolyn. "Portrait of Wallace Thurman." *The Harlem Renaissance Remembered*. Ed. Arna Bontemps. New York: Dodd, Mead, 1972.

·Hill, Lynda Marion. *Social Rituals and the Verbal Art of Zora Neale Hurston*. Washington, D.C.: Howard UP, 1996.

·Holt, Elvin. Zora *Neale Hurston and the Politics of Race: A Study of Selected Nonfictional Works*. Ph.D. Dissertation. Lexington: U of Kentucky, 1983.

·Hurston, Zora Neale. *Dust Tracks on a Road. New York:* Harper Perennial, 1996.

·Huggins, Nathan Irvin, ed. Voices from the Harlem Renaissance. New York & Oxford: Oxford UP, 1995.

·Kallen, Stuart A., ed. *The Roaring Twenties*. San Diego: Greenhaven, 2002.

·Locke, Alain, ed. *The New Negro*. 1925. New York: Touchstone, 1997.

·Nathiri, N. Y., ed. *Zora! A Woman and Her Community*. Orlando: Sentinel Communications, 1991.

·Neal, Larry. "A Profile: Zora Neale Hurston." *Souther Exposure* 1 (Winter 1974).

·Peters, Pearlie Mae Fisher. *The Assertive Woman in Zora Neale Hurston's Fiction, Folklore, and Drama*. New York: Garland, 1998.

·Pondrom, Cyrena N. "The Role of Myth in Hurston's *Their Eyes Were Watching God*." *American Literature* 58 (1986): 182–202.

·Speisman, Barbara. "From 'Spears' to *The Great Day*: Zora Neale Hurston's Vision of a Real Negro Theatre." Southern Quarterly 36.3 (1998): 34–46.

·Spurlock, John C. and Cynthia A. Magistro, *New and Improved: The Transformation of American Women's Emotional Culture*. New York: New York UP, 1998.

·Walker, Alice, ed. *I Love Myself When I Am Laughing... and Then Again When I Am Looking Mean and Impressive: A Zora Neale Hurston Reader*. New York: Feminist Press, 1979.

·Wintz, Cary D. *Black Culture and the Harlem Renaissance*. Houston: Rice UP, 1988.

Copyrights

Thornton Wilder,
The Happy Journey to Trenton and Camden (1931)

이 글은 2011년 10월 전남대학교에서 열린 한국현대영미드라마학회 가을학술대회에서 발표되고, 『미국학논집』 43집 3호(2011년)에 게재된 논문 「미국의 억척어멈과 극복의 알레고리: 『트렌튼과 캠덴으로의 즐거운 여행』」을 다듬어 정리한 것이다.

〈그림 46〉 새뮤얼 프렌치 출판사본 표지 (1962년).
출처: 아마존닷컴

1930년대 경제대공황과 억척어멈:

쏜튼 와일더, 『트렌튼과 캠덴으로의 즐거운 여행』

1. 들어가며

〈그림 47〉 무료배식을 기다리는 실업자들 (1931년 시카고). 출처: 미국 국가기록관리청

1930년대 미국은 대공황(the Great Depression)이라는 국가적 위기를 맞았다. 1929년 10월 월가(Wall Street)의 주식시장 붕괴로 시작한 경제 불황은 대규모 임금삭감과 실직의 장기화로 이어졌고 봉급자와 일용직 노동자가 밀집된 중하층(lower-middle class) 가정에 특히 큰 타격을 주었다. 시민들은 급기야 '미국적 신조'(American creed)의 근본 가치들–민주주의와 자본주의(democracy and capitalism), 기회 균등(equality of opportunity), 노동의 대가(reward for hard work), 아메리칸 드림(American dream)–에 의문

을 제기하기에 이르렀다(Gorn, Roberts, and Bilhartz 224). 1930년대는 극작가 쏜튼 와일더(Thornton Wilder, 1897-1975)의 문학 여정에 있어서도 의미가 각별하다. 이 시기를 기점으로 와일더는 소설 집필에서 극 집필로 관심을 돌렸다. 아울러 그는 이전의 관심사였던 이국적이고 낭만적인 장면들과 작별하고 "미국적 기질"(American temperament)과 "자국의 삶"(life at home)을 탐구하며 내용과 주제의 전환을 모색했다(Goldstein 73). 문체에도 변화의 조짐이 감지되었는데, 1930년대에 들어 그의 글에는 이전의 풍자적 어조와 삐딱한 시선 대신 절제되고 호의적인 태도가 표출되기 시작했다. 1931년도 희곡집에 수록된 『트렌튼과 캠덴으로의 즐거운 여행』(*The Happy Journey to Trenton and Camden*)은 대공황이라는 시대적 상황과 와일더의 상기한 문학적 변화의 최초 성과물이라는 점에서 의미가 크다.[1] 현재를 배경으로 보통 사람들의 특별할 것 없는 일상을 그리는 이 극은 와일더의 문학 이력을 통해 "일상회화체의 첫 시도"(first attempt at a colloquial style)로 여겨진다(Burbank 64).

『즐거운 여행』은 뉴저지 주 뉴어크(Newark)에 사는 커비 가족(the Kirby family)이 겪는 하루 동안의 자동차 여행을 다룬 단막극이다. 경제적·심리적으로 힘든 시기이지만 가족에게서 위축된 모습은 찾아볼 수 없다. 오히려 이들은 시종일관 유쾌하고 따스한 가족애를 선보인다. 뉴어크를 출발해 트렌튼을 거쳐 캠덴에 이르는 뉴저지 종단여행 중 가족은 차창 밖에 펼쳐지는 미국 동부의 풍광을 목격한다. 당시 대중문화와 소비패턴을 반영하는 상품광고, 건국의 역사를 간직한 유적지, 이러한 풍물을 향유하는 서민들의 모습을 포함한 일련의 광경은 하나같이 일상의 밝고 활기찬 단면들이다. 여행 중 특히 부각되는 것은 일가의 안주인 케이트 커비(Kate Kirby)의 역할이다. 그녀는 특유의 엄격함과 다정함을 적절히 조절하면서 가족의 갈등을 지혜롭게 해결한다. 이러한 역할을 묵묵하고 담대하게 수행하는 그녀의 모습은

'미국의 억척어멈'(American Mother Courage) 상을 제시하며, 이 여성상을 통해 작가는 "현재에 대한 불안과 미래에 대한 확신이 중첩된 미국적 삶의 특이성을 제공"한다(Postlewait 134). 주목할 점은 이 여성상이 시대적 맥락 속에서 갖는 의미다. 당시 미국이 처한 물질적·정신적 위기 상황을 감안할 때, 역경에 슬기롭게 대처하는 어머니의 모습이 당시 관객으로부터 큰 공감을 얻었으리라는 것이다. 본 논문은 『즐거운 여행』에서 케이트가 체화하는 억척어멈상이 일상·역사·종교 층위에서 시대가 요구하는 시민 모델로 정당화되고, 궁극적으로 극복의 알레고리를 전하는 원형적 모성(archetypal motherhood)으로 거듭나고 있음을 밝힌다.

2. 미국의 억척어멈 여성상

『즐거운 여행』은 크게 여행준비, 여행, 목적지 도착의 세 부분으로 구성된다. 여행준비로 분주한 가족의 묘사에서 구성원의 성격과 기질이 드러난다. 가장 엘머 커비(Elmer Kirby)는 세탁소 운전사로, 그가 일주일간 휴가를 받아 가족여행을 떠나게 된 것이다. 딸 캐롤라인 커비(Caroline Kirby)는 친한 이웃에게조차 낯을 가리는 수줍음 많은 소녀다. 막둥이 아서 커비(Arthur Kirby)는 여행준비는 아랑곳없이 구슬치기에 여념이 없는 전형적인 개구쟁이 소년이다. 도입부에서부터 가장 시선을 끄는 인물은 가장의 아내이자 아이들의 '엄마'(Ma)인 케이트다. 외출준비로 바쁜 와중에도 그녀는 자녀를 훈육함에 있어 엄격함을 잃지 않는다.

엄마: 캐롤라인 커비, 얼굴에 뭔 짓을 한 게지?

캐롤라인: (부인하며 당혹스러운 듯) 암껏두요.
엄마: 얼굴에 뭘 발랐다만 봐, 혼날 줄 알어.
캐롤라인: 아네요, 엄마, 바르긴요. (고개 숙이며) 비벼서 빨개진 것 뿐예요. 고등학교 여자애들은 어디 나갈 때 다 그러는 걸요.
엄마: 그런 어리석은 짓은 첨 본다. 엘머, 당신은 왜 늑장이에요?
엘머: (늘 단조로운 음성에, 안경 너머를 항상 다소 걱정스레 바라보며) 차고에 있었어, 마지막으로 찰리한테 차 점검 좀 받느라고, 케이트.
엄마: 잘 했어요. 중간에 멈추기라도 하면 낭패죠. 자 이제 출발하죠.

MA: Caroline Kirby, what you done to your cheeks?
CAROLINE: (*defiant-abashed*) Nothin'.
MA: If you've put anything on 'em, I'll slap you.
CAROLINE: No, ma, of course I haven't. (*hanging her head*) I just rubbed'm to make'm red. All the girls do that at High School when they're goin' places.
MA: Such silliness I never saw. Elmer, what kep' you?
ELMER: (*always even-voiced and always looking out a little anxiously through his spectacles*) I just went to the garage and had Charlie give a last look at it, Kate.
MA: I'm glad you did. I wouldn't like to have no breakdown miles from anywhere. Now we can start. (92-93)

딸의 품행을 단호하게 지적하는 모습에서 케이트의 자녀교육에 대한 자신감이 묻어난다. 그녀의 당찬 모습은 남편을 대할 때에도 예외가 없다. 그녀는 엘머에게 늑장부린 이유를 스스럼없이 묻고 정당한 이유에 대해선 칭찬을 아끼지 않는다. 케이트는 가정의 실질적 통솔자로서, 여행준비 상황을 점검하고 출발여부를 최종 결정하는 비중 있는 인물로 부각된다. 이처럼 극은 남성을 주도하는, 혹은 최소한 남성과 대등한 위치에 있는 여성상을 제시한다. 케이트와 엘머의 관계에서 부각되는 것은 '남편의 아내'라는 종속성보다 '동료'라는 수평성이다.

케이트는 극 전개에 있어서도 주도적 역할을 한다. 그녀는 이웃과 안부를 나누면서 "결혼해 켐덴에 사는 딸 뷸라를 보러"(to see my married daughter, Beulah, in Camden) 간다며 여행의 목적을 알린데 이어, "출가한 딸이 얼마 전 심하게 앓았다"(My married daughter was downright sick a while ago)고 부언하며 딸을 방문하는 이유를 밝힌다(91). 도입부에서 케이트의 이러한 언급은 극의 향방을 제시하는 동시에, 장녀 뷸라 커비(Beulah Kirby)의 존재에 대한 관객의 궁금증을 촉발하는 장치가 된다. 극 중반부에 케이트는 한 번 더 뷸라에 대해 언급하는데, "그 애가 큰 수술을 마치고 막 퇴원했다"(She's just got out of bed after a big sorta operation)는 것이다(105). 이는 뷸라와 관련된 숨겨진 가족사에 대해 추가 단서를 제공하면서 관객의 궁금증을 증폭시킨다. 이처럼 케이트는 가정의 리더이자, 극 전개를 이끄는 주동인물(protagonist) 역할을 동시에 수행한다.

일행이 캠덴에 도착해서야 밝혀지는 사실이지만, 뷸라에게는 자식 잃은 아픔이 있다. 임신 중 사산한 아기를 꺼내는 수술을 받은 후 몸조리 중인 그녀는 친정식구의 방문을 맞는다. 가족 모두가 뷸라에게 위안이 되겠지만, 특히 케이트는 딸의 아픔을 보듬고 그녀를 정신적 치유의 길로 이끄는 일에 주도적 역할을 한다. 다른 가족들이 안부인사 후 극 중간에 사라지는 등 주변인물에 머무는 반면, 케이트는 끝까지 뷸라의 곁을 지킨다.

> 엄마: 이제 남자들은 YMCA로 갔다가 한 시간쯤 뒤에 오세요.
> 뷸라: (아버지가 운전대로 돌아가자, 거리로 나가 그의 곁에 서

서) 이 길로 쭉 가세요, 아빠, 금방 찾을 거예요. ... (돌연 아버지에게 입을 맞추고 집 계단으로 돌아간다. 엘머와 아서는 작별의 손짓을 하며 사라진다.) ... 캐롤라인, 뒤뜰에 가면 깜짝 놀랄 게 있단다. ... (캐롤라인 달려 나간다. 뷸라와 엄마는 천천히 이층으로 올라간다.) ...
엄마: (뷸라 곁에 앉는다.) 이제 내 딸 얼굴 좀 보자꾸나.

MA: You men go over to the Y and come back in about an hour.
BEULAH: (*as her father returns to the wheel, stands out in the street beside him*) Go straight along, pa, you can't miss it. ... (*She kisses him abruptly and goes back to the house steps. Elmer and Arthur go off waving their goodbyes.*) ... Caroline, there's a surprise for you in the back yard. ... (*Caroline runs off stage. Beulah and Ma gradually go upstairs.*) ...
MA: (*she sits down beside her*) Now let me look at my girl. (107-109)

단둘이 남은 모녀는 깊은 대화를 잇는다. 뷸라는 아기의 죽음으로 응어리진 슬픔을 터뜨리고, 케이트는 관조적인 태도로 딸을 다독인다. 인생선배로서 케이트가 주는 조언은, 죽은 자만큼 산 자의 몫도 중하다는 것이다. 죽음과 이별의 아픔을 극복하는 힘은 살아갈 나날에 대한 애정이며, 이것이 바로 엄마가 딸에게 전하는 치유의 지혜다. 케이트에게도 손녀의 죽음은 큰 아픔이겠지만, 치유의 지혜를 익히 터득한 그녀는 딸에게 눈물을 보이지 않는다. 그녀는 몰래 눈물을 훔쳐내고 태연하게 산 자의 몫인 일상의 소소한 고민–저녁으로 무엇을 먹어야 할 것인가–으로 화제를 돌린다.

뷸라: (머리를 어머니 어깨에 묻고 흐느끼며) 무서웠어요, 엄마.

무서웠어요. 그 애는 단 몇 분도 살지 못했어요, 엄마. 정말 무서웠어요.
엄마: (멀리 응시하며). 하느님의 뜻이란다, 얘야. 다 하느님의 뜻이야. 그 이유는 모른단다. 우린 그저 살아갈 뿐이란다, 아가야, 우리 몫을 다하면서 말이야. (불현듯 손등으로 얼굴을 닦아낸다.) 그나저나, 오늘밤 사내들에게 뭐를 먹어야 하나?

BEULAH: (*puts her head on her mother's shoulder and weeps*) It was awful, mama. It was awful. She didn't even live a few minutes, mama. It was awful.
MA: (*looking far away*) God thought best, dear. God thought best. We don't understand why. We just go on, honey, doin' our business. (*Then almost abruptly—passing the back of her hand across her cheek.*) Well, now, what are we giving the men to eat tonight? (109)

대화에서 주목할 점은, 케이트와 뷸라의 공감이 단순한 모녀관계 차원을 넘어선다는 것이다. 출산 경험을 공유하는 어머니로서 둘은 동지가 되고, 선배 어머니는 후배 어머니인 딸에게 치유의 지혜를 전수하는 스승이 된다. 케이트는 '살아갈 나날에 대한 애정'으로 요약되는 치유의 지혜를 재차 강조하는데 그것은 '가족애'의 형태로 구체화된다. 치유의 과정을 겪은 뷸라는 어머니처럼 산 자의 몫인 일상의 소소한 고민으로 관심을 돌린다. 이 시점에서 그녀에게 무엇보다 중한 것은 내일 아침 식탁에 오를 햄과 계란이다.

엄마: 가족에게 사랑받은 것처럼 좋은 게 어디 있누.–난 이제 아래층에 가서 닭이 익었는지 봐야겠다. 넌 여기서 잠시 누워 있거라, 눈도 좀 붙이고.–가게 문 닫기 전에 아침거리는 모두 챙

겨두었니?

뷸라: 당연하죠, 엄마! 햄과 계란 말씀이죠.

MA: There's nothin' like being liked by your family.—Now I'm going downstairs to look at the chicken. You stretch out here for a minute and shut your eyes.—Have you got everything laid in for breakfast before the shops close?

BEULAH: Oh, you know! Ham and eggs. (110)

이처럼 극을 관통하는 주제는 일상과 가족애에 대한 찬미이다. 케이트는 두 화두를 끄집어내고 전개하는 일을 주도한다. 그녀는 남편에겐 격 없는 친구, 아이들에겐 엄한 선생님, 여성 동지에겐 인생 선배이자 삶의 스승으로 다양한 역할을 수행한다. 그녀는 우정·교육·치유로 대표되는 일상의 주요 순간에 개입해 가족문제의 해결사로 나선다. 그녀의 리더십의 원동력은 '억척스러움'이다. 케이트는 독일 극작가 베르톨트 브레히트(Bertolt Brecht, 1898-1956)의 '억척어멈'(mother courage) 안나 피얼링(Anna Fierling)를 연상시키면서도 그녀와 차별된다. 안나가 자식의 죽음을 뒤로 한 채 이윤창출이라는 현실 문제에 천착하는 비정하고 모진 어멈이라면, 케이트는 산 자의 아픔을 보듬는 사려 깊고 따뜻한 어멈이다. 안나의 억척스러움이 삶의 목적과 수단이 전도된 자본주의의 몰인정과 탐욕에서 비롯한 것이라면, 케이트의 억척스러움은 가족의 상처를 치유함으로써 삶을 도모하려는 인간애에서 비롯한다. 케이트는 안나와 차별되는 미국의 억척어멈상을 체화한다.

3. 억척어멈의 일상성

『즐거운 여행』에서 와일더는 미국의 억척어멈상을 구현함에 있어 케이트를 우상화하기보다 '실제적인'(down-to-earth) 삶의 일부로 위치시킴으로써 상기한 여성상의 현실적 진정성(authenticity in reality)을 확보한다. 여행 중 커비 가족의 대화에는 대중문화와 소비패턴 등 당대 사회상을 반영하는 풍물들이 연속적으로 등장하는데, 이들은 극의 배경인 1930년대 미국인들이 향유했던 일상의 소비재다. 특히 빈번히 언급되는 피복, 숙박, 식품 등 제 분야의 상품광고와 선전문구들은 당대 소비재의 다양성과 함께 번창일로에 있던 광고 산업의 현주소를 시사한다. 마을을 벗어나자마자 아서는 차창 밖으로 광고판을 발견한다.

> 아서: "멋쟁이를 위한 웨버 앤드 헤일브로너 신사복." 엄마, 나도 나중에 저 옷 한 벌 사주면 안 돼요?
> 엄마: 좋은 성적으로 졸업하면 아버지가 졸업선물로 주실 지도 모르지.
>
> ARTHUR: "Weber and Heilbronner Suits for Well-dressed Men." Ma, can I have one of them some day?
> MA: If you graduate with good marks perhaps your father'll let you have one for graduation. (95)

'웨버 앤드 헤일브로너'는 1909년부터 1979년까지 동부를 거점으로 성업한 신사복메이커다. 당대 중산층 남성의 필수 휴대품으로 인기가 높았던 이 모자 브랜드는 극의 배경인 1930년대 미국인에게 친숙한 이름이었다. 상품광고와 선전문구들은 커비 자녀들의 눈을 끊임없이 자극하고, 아이들은 광고판을 만날 때마다 부모에게 호기심 어린 질문을 던진다.

> 캐롤라인: 엄마, "방 삼백 욕실 삼백" 저게 무슨 말이에요?

아서: "밀러네 스파게티: 가족의 인기메뉴." 엄마, 스파게티 한번 해 먹죠? ...

캐롤라인: (몸짓으로) 냠냠. 저 위에 그림 너무 먹음직스러워. 엄마, 집에 가면 좀 만들어 줄래요?

엄마: (냉담하게) "경영진은 제안을 항상 기쁘게 받아들입니다. 고객이 기뻐하는 그날까지." (가족 모두가 재미있어 한다. 아이들은 웃음을 터뜨린다. 엘머도 웃는다. 엄마는 점잖음을 유지한다.)

CAROLINE: Ma, why do they say "Three Hundred Rooms Three Hundred Baths"?

ARTHUR: "Miller's Spaghetti: The Family's Favorite Dish." Ma, why don't you ever have spaghetti? ...

CAROLINE: (*with gesture*) Yum-yum. It looks wonderful up there. Ma, make some when we get home?

MA: (*dryly*) "The management is always happy to receive suggestions. We aim to please." (*The whole family finds this exquisitely funny. The children scream with laughter. Even Elmer smiles. Ma remains modest.*) (96)

스파게티 광고는 조리가 간편한 편의식품에 대한 대중의 기호를 반영한다. 또한 '가족의 인기메뉴'라는 슬로건과 '먹음직스런' 포스터는, 소비자의 구매욕을 자극하기 위한 광고문구와 디자인이 양산되던 당시 상황을 반영한다. 실제로 1930년대 대중잡지에는 시간과 비용 절감을 표방한 편의식품 광고 일색이었다. '반 캠프 돼지고기 콩 조림'(Van Camp's Pork and Beans)의 "휴가를 떠나세요, 오후 내내"(Take a vacation, all afternoon)라는 문구(*Life*, 1937년 7월), '프레스코 아메리칸 스파게티'(Fresco American Spaghetti)의 "더 싸고 더 맛있는 스파게티"(better spaghetti for less money)라는 문구(*Good Housekeeping*, 1936년 4월)가 대표적인 예다. 커비 일가 아이들을 매료시킨 광고들은 사실 도로변의 광고탑에 내걸린 것들이다. 도로 광고탑은 특히 자동차 여행객을 겨냥한 것으로, 이는 가정의 높아진 자가용 의존도를 반영한다. 자가용의 보급은 장거리 가족 여행의 빈도를 높였고 그에 따라 숙박업도 호황을 이루었는데, 대화 중 언급되는 '방 삼백 욕실 삼백'이라는 숙박업소 광고는 이러한 생활패턴의 변화를 반영한다.[2] 또한 스파게티를 해달라는 아이들의 요청에 대한 답변으로 케이트가 사용한 표현은 보험사 등 서비스업체의 고객유치 홍보문구를 패러디한 것이다. 이처럼 가족의 대화는 당시 대중에게 일상의 유행어처럼 친숙해진 광고문구들로 가득하다.

〈그림 48〉 '반 캠프' 통조림 상표 라벨 (1900년경부터 사용). 출처: 위키피디아

가족의 대화에서 두드러지는 것은, 유쾌함 속에서도 자녀 훈육에 엄격을 기하는 케이트의 태도다. 그녀는 양복을 사달라는 아들에게 성적이라는 조건을 내걸어 '정당한 보상'의 가치를 가르치고, 스파게티를 해달라는 딸의 요청을 유머 있게 수락하면서도 진중함을 유지한다. 케이트는 자녀들의 기대에 부응하는 동시에, 이를 인성 교육의 기회로 연계시키는 훈육의 달인으로 비친다. 케이트의 훈육 태도는 신문배달을 하겠다는 아들에게 응대하는 모습에서 더욱 잘 드러난다.

> 엄마: 안 돼요. 내 아들이 새벽 네 시에 일어나는 일은 없을 거다. 하느님이 정해놓으신 취침시간을 어기면서까지 말이야.
> 아서: (뿌루퉁해서) 칫! 엄만 만날 하느님 타령이야. 오늘 아침에 또 그분 편지를 받으신 모양이네요. (엄마 격분하여 일어선다.)

> 엄마: 엘머, 당장 차 세워요. 이런 말을 하는 사람하고는 한 발자국도 더 갈 수 없어요. 아서, 차에서 내려라. 엘머, 얘한테 1달러 쥐어줘요. 혼자 뉴어크로 돌아가든지 하겠죠. 난 저 애하고 못 가요.

> MA: No, sir. No son of mine is going to get up at four-thirty and miss the sleep God meant him to have.
> ARTHUR: (*sullenly*) Hhm! Ma's always talking about God. I guess she got a letter from him this morning. (*Ma rises, outraged.*)
> MA: Elmer, stop that automobile this minute. I don't go another step with anybody that says things like that. Arthur, you get out of this car. Elmer, you give him another dollar bill. He can go back to Newark, by himself. I don't want him. (98)

엄마와 뒷좌석에 앉아있던 아서는 사건 이후 누이와 자리를 바꿔 앞자리로 쫓겨난다. 의기소침해 있던 아서는 결국 엄마에게 용서를 빈다. 반성하는 아들의 모습에 케이트는 예의 자상한 어머니로 돌아와 그를 용서한다.

> 아서: 엄마, 잘못했어요. 아까 한 말 죄송해요. (그는 눈물을 터뜨리며 그녀의 팔꿈치에 머리를 묻는다.)
> 엄마: 됐어요, 됐어. 누구나 가끔은 나쁜 말을 하잖니. 네가 그런 뜻으로 한 말 아니란 거 엄만 다 알아. (그는 아까보다 더 격하게 훌쩍인다.) 어허, 이제 그만!. 용서한다니까, 아서... (그녀는 속삭인다.) 네가 천성이 착한 아이란 걸 우린 다 알고 있단다, 아서. (캐롤라인도 울기 시작한다. 엄마는 돌연 흡족해져 생기발랄하다.) 세상에, 이렇게 좋은 날 왜 다들 울고 그래. ... 이처럼 착한 애들이 또 어디 있을까. 얘들아, 핫도그 다 젖겠다.

다들 꼭꼭 씹어 먹도록.—자, 엘머, 앞으로 가!

ARTHUR: Ma, I'm sorry. I'm sorry for what I said. (He bursts into tears and puts his forehead against her elbow.)
MA: There. There. We all say wicked things at times. I know you didn't mean it like it sounded. (*He weeps still more violently than before.*) Why, now, now! I forgive you, Arthur... (She whispers.) You're a good boy at heart, Arthur, and we all know it. (*Caroline starts to cry too. Ma is suddenly joyously alive and happy.*) Sakes alive, it's too nice a day for us all to be cryin'. ... I never saw such children. Your hot dogs are all getting wet. Now chew them fine, everybody.—All right, Elmer, forward march. (102-103)

케이트는 잘못에 엄격하지만, 진심어린 반성에 대해선 한없이 자상한 어머니다. 아서가 반성할 줄 아는 아이로 성장한 것은 엄격한 훈육 이면의 자상한 모성에 대한 그의 믿음이 있기에 가능한 일이다. 즉, 엄마에 대한 신뢰가 있기에 아서는 엄격한 훈육을 기꺼이 받아들이는 것이다. 이 과정에서 부각되는 것은 케이트의 리더십이다. 자녀의 훌륭한 교사이자 조언자로서 그녀의 리더십은 가정 전체 영역으로 확장된다. 자녀와의 갈등 국면을 멋지게 해결한 케이트는 가족의 지휘관으로서 대원들을 통솔하여 삶의 또 다른 전장을 향해 '앞으로 가'라고 독려한다.

이어지는 여정 속에서 당대 미국 사회상을 엿볼 수 있는 일상의 풍물들이 추가적으로 가족의 대화에 끼어든다. 아서가 목요일마다 배달하는 『새터데이 이브닝 포스트』(*Saturday Evening Post*)는 1821년 창간된 미국 최대 유통망을 지닌 주간잡지로, 화가 노먼 로크웰(Norman Rockwell, 1894-1978)의 표지 삽화로도 유명세를 떨쳤다. 불라를 꼭 닮은 여배우를 광고모델로 내세운 '체스터필드 담배'(Chesterfield Cigarette)는 20세기 전

〈그림 49〉『새터데이 이브닝 포스트』(1921년 6월 4일). 출처: 위키피디아

〈그림 50〉 A&P 가게 진열대 모습 (1936년 3월 맨해튼). 출처: 뉴욕공립도서관

반 최고 인지도를 자랑하던 상표로, 상표를 내건 라디오쇼 〈체스터필드 시간〉(Chesterfield Hour)을 통해 일반에게 친숙한 이름이었다("Music" 1939). 케이트가 하느님을 욕되게 하는 자들의 소굴에 비유한 '스피키지'(speak-easy)는 금주령(Prohibition, 1920-1933)기에 성행한 불법주점으로, 극이 집필된 1931년경 대중에게 익숙한 일상사였다. 커비 일가 남자들이 묵을 '기독청년회'(YMCA) 회관과 이들이 여행 중 만난 정비소 청년이 속한 가톨릭 단체 '콜럼버스기사단'(Knights of Columbus)에 대한 언급은, 신·구 종교의 다양성을 말해준다. 종착지인 캠덴에 진입한 커비 가족이 뷸라의 집으로 가는 길에 발견한 '에이 앤드 피'(A&P) 슈퍼마켓은 1930년대에 전국 체인망을 가진 미국 최대 소매상으로, "지금의 맥도날드와 구글만큼 유명한" 당대 "미국의 아이콘"이었다(Kansas 2010; Spector 2010).

엄격함과 다정함이라는 케이트의 두 면모는 자동차 여행길에 끊임없이 출몰하는 일상의 풍물 속에 녹아든다. 모성과 일상성의 혼융은 케이트가 표출하는 억척어멈 이미지를 친근한 '일상의 어머니'(everyday mother)로 각인시키는 효과를 낳는다. 그녀는 자녀교육이라는 큰 계획을 견지하는 한편, 더 시급한 현실의 문제–자녀의 성적, 수면, 건강

등-를 고민하는 어느 엄마와 다를 바 없는 평범한 여성인 것이다. 이처럼 엄격한 훈육자 케이트가 체화하는 억척스러움은 극을 지배하는 일상성으로 수렴되어짐으로써 현실적 진정성을 얻는다.

4. 억척어멈의 역사적 정당성

여행 중반부, 커비 가족은 트렌튼에 진입한다. 유서 깊은 로렌스빌 스쿨(Lawrenceville School)[3]을 지난 이들을 맞는 것은 독립전쟁 격전지 트렌튼에 간직된 영웅 워싱턴(George Washington, 1731-1799) 장군에 대한 기억이다.

> 엄마: 이제 트렌튼이 시작되는구나.
> 캐롤라인: 아빠, 조지 워싱턴이 델라웨어 강을 넘은 곳이 여기 어디였어요. 트렌튼 근방이요, 엄마. 그는 전쟁의 선봉, 평화의 기수, 국민의 마음에 최고의 영웅이었노라.
> 엄마: (스치는 경관을 바라보며, 차분히 교훈조로) 그의 가장 훌륭한 점은, 절대 거짓말을 안 했다는 것이지. (그러자 아이들은 시선을 떨군다. 침묵이 감돈다.)
>
> MA: Now, it's beginning to be Trenton.
> CAROLINE: Papa, it was near here that George Washington crossed the Delaware. It was near Trenton, mama. He was first in war and first in peace, and first in the hearts of his countrymen.
> MA: (*surveying the passing world, serene and didactic*) Well, the thing about him best was that he never told a lie. (*The children are duly cast down. There is a pause.*) (103)

〈그림 51〉 1달러 지폐 속의 조지 워싱턴. 출처: 위키피디아

독립전쟁 당시 전세가 불리한 가운데 워싱턴은 1776년 12월 25일 독립군을 이끌고 델라웨어 강을 건너 트렌튼에 주둔한 영국군을 기습했다. 독립군의 사기를 높여 전세를 역전하는 계기가 되었던 이 사건은, 엠마누엘 로이체(Emmanuel Leutze)의 기록화 〈'델라웨어 강을 건너는 워싱턴'〉(Washington Crossing the Delaware, 1851)을 통해 지금도 칭송된다. 캐롤라인은 이 역사적 장소에 간직된 기억을 현재 시점으로 불러낸다. 그녀가 워싱턴을 칭송하여 말한 "전쟁의 선봉, 평화의 기수, 국민의 마음에 최고의 영웅"이라는 표현은 사실 1799년 워싱턴의 장례식 연설에서 그에게 바쳐진 송시의 일부다. 1930년대 소녀가 130여 년 전의 시구를 인용하는 순간, 트렌튼은 과거와 현재가 교차하고, 건국의 아버지와 후손이 조우하며, 독립을 향한 염원과 세계 최강국으로서의 자부심이 혼융되는 '만남'의 장이 된다. 이처럼 건국의 정신은 역사와 기억을 통해, 그리고 트렌튼이라는 실재하는 일상과의 조우를 통해 현재에 면면히 이어진다.

과거와 현재를 교차시킴으로써 일상의 가치를 장구한 역사의 중추에 놓으려는 와일더의 시도는, 그가 청년시절 로마유적 발굴 체험에서 터득한 "과거는 현재 삶을 떠받치는 힘"(the past is a sustaining force in present life)이며 "현재는 끝없는 연속체의 일부일 뿐"(the present itself is only a segment of an endless continuum)이라는 역사인식에 근간한다(Goldstein 1). 역사에 대한 작가의 통찰은 극작을 통해 "일상의 자질구

레함"(countless unimportant details of our daily life)과 "시간, 사회사, 종교사상에 대한 방대한 조망"(great perspectives of time, social history, and current religious ideas) 간의 '관계'를 밝히는 작업으로 이어지며(Wilder, "Preface"; Bawer 507-8 재인용), 명멸하는 "개개 삶의 특수성"(particulars of individual lives)을 관통하는 "인간성에 대한 포괄적 진리"(sweeping abstract truths about humanity)에 대한 탐구로 귀결된다(Bawer 508). 와일더의 역사인식과 문학적 실천은 향후 그의 문학여정의 주요 화두인 "인간 활동에 꼭 필요한 것으로서 영원성"(eternity as all-important to the activities of man) 개념의 모태가 된다(Goldstein 2).

딸이 불러낸 워싱턴에 대한 기억을 엄마 케이트가 잇는다. 캐롤라인이 인용한 시구는 영웅에 대한 일종의 우상적 표현이다. 또한 이 시구는 영웅의 장례식 송시로 쓰였음을 감안할 때 다분히 감상적(sentimental)인 느낌마저 전한다. 반면, 케이트가 기억하는 워싱턴은 그의 영웅적 풍모나 그를 잃은 슬픔과 거리가 멀다. 그녀의 기억에 워싱턴의 가장 훌륭한 점은 '거짓말을 안 했다는 것'이다. 이 말을 전하는 케이트의 어조는 '차분하며'(serene) '교훈적'(didactic)이다. 딸이 역사적 위인에 대한 '낭만적' 우상화에 빠져있다면, 엄마는 역사를 관조하는 가운데 '실생활의' 교훈을 읽어내고 이를 담담하게 훈수한다. 케이트의 만족감은 자녀의 반응 뒤에 이어지는 한 동안의 침묵에서 묻어난다. 침묵이 전하는 뜻은 가르침과 배움에 대한 무언의 확신, 그것을 구지 말로 확인하려들지 않는 인생 선배의 성숙함, 무엇보다 확인하지 않아도 다 아는 어머니의 지혜로움이다.

미국의 억척어멈상을 일상에서 발견하는 역사의 흔적과 교차시키는 와일더의 시도는, 당대 미국이 처한 난관을 이겨낼 '용맹한' 시민에 대한 시대적 요구를 역사적 당위성으로 연계시키는 효과를 발한다. 대공황의 위기는 한편으로 미국 사회에 사고방식의 전환을 요구했다. 이에 대해 지식인과 예술계가 누구보다 민감하게 반응했는데, 이들은 불리한 작업 여건 속에서 "사회에 도움이 되어야 한다는 책임"을 통감하고 이를 창작에 연결시켰다(Gorn, Roberts, and Bilhartz 224). 그들이 추구한 문학의 유용성 방향은 물질적·정신적 공황에 빠진 국민들에게 "힘이 되는 것"이었으며, 이는 때로는 좌절하고 때로는 승리하면서 "매일의 일상과 투쟁하는 보통 사람들"에 대한 묘사로 구체화되었다(Gorn, Robert, and Bilhartz 225). 인물묘사에서 강조되는 부분은 좌절과 승리라는 결과보다 묵묵히 운명을 개척하는 과정이었으며, 이 '개척' 과정에서 미국 시민들은 희망의 빛을 보았다. 와일더의 여성상은 식자층의 '사회적 유용성'에 대한 사명감과 이의 실천으로 그들이 천착한 문학적 인물–일상과 투쟁하며 운명을 개척하는 보통 사람–창조 노력의 구체적 표출 방향이라 하겠다. 이런 이유로 케이트가 체화하는 억척어멈상은 시대가 요구하는 미국 시민의 모델로서 의미를 갖는다. 여기에 국가의 운명이 달린 역사적 사건과 인물에 대한 기억을 교차시킴으로써, 와일더는 상기한 여성상에 대한 시대적 요구에 역사적 정당성을 확보한다. 특히 워싱턴의 '국부'(founding father) 이미지와 트렌튼 전투 개시일인 크리스마스가 상징하는 '부활과 재생'의 이미지가 겹쳐지면서, 케이트는 한 가정의 어머니를 넘어서 조국의 미래를 개척해 갈 '국모'(founding mother)의 이미지를 체화하기까지 한다.

한편, 역사적 기억에 대해 모녀의 태도가 충돌하는 지점에서 작가의 의도가 읽혀진다. 와일더는 시민 모델로서 억척어멈상의 시대적 요구에 대해 역사적 정당성을 촉구하는 한편, 이 여성상에 대한 우상화가 초래할 감상성(sentimentality)의 위험을 피한다. 낭만적 감상성에 대한 반감은 작가 자신이 강조했던 바다. 일례로, 와일더는 비평가 알렉산더 울코트(Alexander Woolcott, 1887-1943)에게 보낸 편지에서 『우리 읍내』(*Our Town*, 1938)의 뉴욕 초연에 대해 큰 실망감을 표했는데, 지나치게 '감상적'인 연출이 원작의 의도를 훼손했다는 것이 이유였다.

> 어제 낮 공연 때 객석에 코훌쩍임과 흐느낌의 폭풍이 일었네. ... 내가 이 극을 쓴 의도는 그게 아니네. 시간, 사회사, 종교사상에 대한 방대한 조망 속에서 인간 삶의 소소함을 담담하게 말하고자 했는데 말이야.
>
> At the matinee yesterday there were storms of nose-blowing and sobs. ... The subject of the play I wrote is: the trivial details of human life in reference to a vast prospective of time, of social history and of religious ideas. (Weales 122 재인용)

제럴드 윌즈(Gerald Weales)의 지적대로, 와일더는 극중 인물들을 "평가자가 아닌 관찰자의 입장에서"(more observational than judgemental) 바라보며, 자연 이들의 대화에 작가의 사사로운 감정이 개입되지 않기에 극의 어조는 "감상적이지도 풍자적이지도 않은"(neither sentimental nor satirical) 것이다(123). 넌스(Stephen Nuns)는 와일더가 "결코 감상주의자가 아니"(never a sentimentalist)라 단언하는데, 그에 따르면 와일더 스스로가 자기 작품이 "가능한 무미건조하게"(in the driest possible way) 공연될 때 가장 잘 이해된다고 말하곤 했다는 것이다(26). 이는 『즐거운 여행』의 주동인물 케이트의 경우도 예외가 아니다. 그녀도 인간이기에 삶의 애환과 슬픔을 지니겠지만, 그녀의 특별한 능력은 이러한 감정에 휘몰리지 않고 즉각 평정심을 되찾는 순발력이다. 지난날의 일로 감상적 연민에 빠지기엔 앞에 남은 일들이 그녀에겐 더 시급하고 중한 것이다. 케이트의 이러한 면모는 장례식 행렬과 마주치는 장면에서 뚜렷이 드러난다.

> 엄마: 어머, 엘머, 당신네 조합지부원의 장례식 같아요. 휘장 보여요? 엘리자베스지부 같은데. (엘머 끄덕인다. 엄마 한숨지으며 혀를 찬다. 모두 몸을 내밀고 말없이 장례식을 바라본다. 분위기 엄숙해진다. 잠시 후, 엄마는 꿈을 꾸듯 말을 잇는다.) 우린 그 애가 나갔던 전쟁을 여전히 잊지 못하지. 우리 착한 해롤드를 잊지 못해. 나라를 위해 목숨을 바쳤어, 우린 그걸 잊어선 안 돼. (그녀는 눈가에서 흘러내리는 눈물을 손가락으로 닦아낸다. 잠시 휴지.) ... (자기연민에 빠지지 않고.) 자, 얘들아 엄만 "준비완료"다. 승객 여러분들도 "준비완료" 되셨길 바래요.

> MA: Why, Elmer, I do believe that's a lodge-brother of yours. See the banner? I suppose this is the Elizabeth branch. (*Elmer nods. Ma sighs: Tchk—tchk—tchk. They all lean forward and watch the funeral in silence, growing momentarily more solemnized. After a pause, Ma continues almost dreamily.*) Well, we haven't forgotten the one that he went on, have we? We haven't forgotten our good Harold. He gave his life for his country, we mustn't forget that. (*She passes her finger from the corner of her eye across her cheek. There is another pause.*) ... (*without self-pity*) Well I'm "ready," children. I hope everybody in this car is "ready." (95)

위 대화에서 커비 일가의 또 다른 아픈 가족사가 밝혀지는데, 그것은 장남 해롤드 커비(Harold)가 전사했다는 사실이다. 뷸라처럼 케이트도 자식 잃은 슬픔을 간직한 어머니였던 것이다. 그러나 케이트는 자기연민에 빠지지 않고, 남은 가족과 함께 할 삶의 여정을 씩씩하게 진두지휘한다. 고대 영웅이 존재의 고귀함과 비극적 운명의 숭고함으로 감동을 준다면, 케이트는 존재의 평범함과 친근한 일상에서 느끼는 소박한 공감을 통해 관객의 마음을 울린다. 국가의 탄생을 알린 '국부'

워싱턴의 역사적 정통성을 이으며 국가의 운명을 새로 개척할 '국모' 이미지로 거듭난 케이트이지만, 그녀의 영웅성은 우상화나 낭만적 감상성과 거리가 먼 일상성으로 수렴된다. 이러한 결과는 일상의 가치를 역사 흐름의 중추에 놓음으로써 일상의 소소함에서 인간의 보편적 가치를 발견하려는 작가의 의도에서 비롯한다. 인류사의 거대한 연속체 속에서 개인의 삶은 스쳐가는 일부에 불과하나, 또한 그 삶은 과거를 발판으로 현재를 떠받고 다시 미래로 흐름을 이어주는 중대함을 갖는다. 과거는 현재에서 의미를 찾고, 현재는 과거를 통해 의미를 입증한다. 케이트가 체화하는 억척어멈상은 시대가 요구하는 시민 모델로 의미를 가지며, 이 현실적 모델에 대한 시대적 요구는 미국사의 단편과 기억을 통해 정당성을 확보한다.

5. 억척어멈의 보편성

〈그림 52〉『에러벳 데일리 해럴드』(*Everett Daily Herald*) 신문배달소년들 (1929년 워싱턴). 출처: 워싱턴대학교 도서관

와일더는 케이트의 억척어멈 이미지에 종교적 주제를 가미하는데, 이는 상기한 여성상에 대한 시대적 요구의 당위성을 관객의 보편 정서에 호소함으로써 강화하는 효과를 갖는다. 케이트는 시종일관 종교적 언행을 유지하는데, 자녀에게 품행을 교육하는 장면에서 특히 두드러진다. 여행에 앞서 아들에게 모자 착용을 단속시키면서 이를 어기

는 자를 '건달'에 비유한다든지("I don't go no journey with a hoodlum," 90), 딸에게 화장을 금하는("If you've put anything on 'em, I'll slap you," 92) 것은 케이트의 청교도적 태도를 보여주는 사례다. 신문배달 일로 아들과 실랑이하는 장면에서 케이트의 종교적 언행이 보다 직접적으로 표출된다. "하느님이 정해놓으신 취침시간"(the sleep God meant him to have)을 어길 수 없다는 이유로 신문배달을 만류하는 어머니에게, 아서는 "엄만 만날 하느님 타령"(Ma's always talking about God)이라며 대든다(98). 아들의 말대꾸에 격노한 케이트는 하느님을 욕되게 하는 세상을 불법주점과 나이트클럽에 비유하는데, 여기서 이 두 장소는 흡사 지옥과 같이 묘사된다.

> 엄마: 하느님은 날 위해 많은 일을 하셨다. 누구도 그런 분을 놀려선 안 돼. ... 하느님에 대해 그렇게 말하기 시작한다면 이 세상이 뭐가 되겠니. 정말 알고 싶구나! 세상은 온통 불법주점과 나이트클럽 같은 곳이 판을 칠거야. 우린 그런 세상에 살게 될 거야.
>
> MA: God has done a lot of things for me and I won't have him made fun of by anybody. ... Where'd we all be if I started talking about God like that, I'd like to know! We'd be in the speak-easies and night-clubs and places like that, that's where we'd be. (99)

위 장면에서 부각되는 것은 케이트의 신앙심뿐만 아니라, 종교적 언행에 묻어나는 절제(temperance)의 미덕이다. 불법주점과 나이트클럽은 신문배달처럼 '하느님이 허락하신 잠시간'을 빼앗는 반종교적 장소다. 또한 두 장소는 낭비와 방탕이라는 사회적·경제적·정신적 '무절제'의 위해성이 응축된 공간이다. 불법주점과 나이트클럽을 폄하하는 케

〈그림 53〉 1930년대 뉴욕시의 불법주점 '스피키지'였던 〈21클럽〉 (2006년 8월 현재). 출처: 위키피디아

이트의 태도는 물질·정신 영역을 아우르는 절제의 중요성을 함의하며, 이는 국가위기 상황에서 요구되는 시민의 윤리로 수렴되어져 관객의 보편적 공감을 이끌어낸다.

극중 종교적 주제와 연관된 보편 정서의 또 한 면은 인간애(humanism)다. 특히 케이트가 여행 중 만난 정비소 청년에게 표출하는 모성은 가족과 지역을 넘어선 보편성을 띤다. 객지를 떠돌며 누추한 종교시설에서 숙식을 해결하는 청년은 케이트에게 "야위어 보이고"(he looked kinda thin to me) 순간 그녀에게 드는 생각은 고향에 있는 청년의 어머니를 대신해 "며칠간이라도 좀 해먹였으면 좋겠다"(I'd like to feed him up for a few days)는 것이다(101). 이러한 보편적 모성은 앞서 언급한 케이트의 '국모' 이미지의 또 다른 표출 방식으로 볼 수 있다. 정비소 청년을 향한 케이트의 인간애는 실은 그 이전, 길 잃은 개에게 이미 표출되고 있다. 집을 떠난 청년의 경우처럼, 이 길짐승은 케이트의 눈에 "수척해 보이고"(looked kinda peaked to me) 순간 그녀에게 드는 생각은 "한 그릇 든든히 먹여야 한다"(needs a good honest bowl of leavings)는 것이다(97). 케이트의 인간애는 피조물 전체에 대한 사랑에서 비롯한 것임을 알 수 있다.

길 잃은 개에 대한 케이트의 관심과 애정은 '양치기 목동'이라는 성서적 모티프를 함의하며, 이는 극의 마지막 장면에서 유산의 아픔을 겪는 딸을 위로한 뒤 케이트가 부르는 찬송가 '양 아흔 아홉 마리는'(There were ninety and nine)의 내용에서 구체화된다.

> 엄마: "양 아흔 아홉 마리는 울안에 있으나
> 한 마리 양은 떨어져 길 잃고 헤매네.
> 산 높고 길은 험한데
> 목자를 멀리 떠났네..."
>
> MA: "There were ninety and nine that sagely lay
> In the shelter of the fold,
> But one was out on the hills away,
> Far off from the gates of gold..." (110)

성서 이야기가 인간사에 대한 알레고리로 읽혀질 수 있음을 감안하면, 찬송가 속 양치기 목동은 '어린양' 인간의 '목자'(shepard)인 하느님에 대한 은유이며, 세속적인 의미에서 가정을 건사하고 자식을 돌보는 어머니에 대한 은유이기도 하다. 이처럼 극의 마지막에 이르기까지 케이트의 억척어멈 이미지에 기독교적 주제와 일상성이 교차하는데, 이러한 장치는 상기한 여성상에 대한 시대적 요구와 당위성을 종교와 일상을 포괄하는 보편 정서로 끌어올리는 효과를 낳는다.

렉스 버뱅크(Rex Burbank)는 '일상과 보편성의 교차'라는 주제가 1930년대 이후 와일더의 극작 세계에 있어 중요한 화두임을 지적하면서, 상기한 주제가 최초 표출된 공간으로서 『즐거운 여행』이 수록된 1931년 희곡집의 중요성을 강조한다. 버뱅크는 이 희곡집을 통해 와일더가 일상에 깃든 보편적 관념, 특히 종교적·도덕적 가치를 긍정하고 있음을 주장한다.

> 그는 구체적인 행위와 그 안에 깃든 보편적 관념 모두를 그려내고자 했다 ... 그는 미국인의 일상에서 보편적인 종교적, 도덕적 가치의 존재를 처음으로 긍정하려고 한다. ... 그의 드라마 이론들은 이 극들을 집필하는 과정에서 완성된 것들인데, 상기한 이론들은 평범한 미국인의 삶이라는 소우주가 와일더가 칭한 "모든 것, 모든 곳, 모든 시간"과 이어져 있다고 하는 통찰력을 수용한다.

> He wanted to portray both the specific action and the universal idea imbedded in it ... he tries for the first time to affirm the presence of universal religious and moral values in the everyday lives of Americans. ... His theories of drama were worked out in the making of these plays, and they are ones that accommodate a vision in which the microcosm of ordinary American life is related to what he called "the All, the Everywhere, and the Always." (66)

와일더가 인터뷰에서 밝혔듯, 1931년 희곡집에 수록된 『즐거운 여행』 외 단막극 집필을 통해 그가 목적한 바는 "일상의 불투명한 문제를 투명하게 만들고"(make the opaque matters of everyday transparent) 여기에서 보편적인 "무엇을 발견하는"(discovering something) 것이었다(Tritsch 47). 와일더는 『즐거운 여행』에서 커비 가족의 우연한 일상사를 통해 보편적인 생의 의미를 탐구한다. 당대 미국의 경제적 위기 상황 역시 작가에게는 우연한 일상사였을 것이다. 커비 일가가 아픈 가족사를 극복하는 원동력이 좁게는 가족애 넓게는 인간애로 요약되는 삶의 보편적 가치였다면, 와일더는 이 성찰의 지혜를 통해 국난이라는 보다 큰 역경을 극복케 하는 '무엇을 발견할' 기회를 제공한다. 개인의 운명이 우연한 일상과 괴리될 수 없듯 개인의 집합체인 국가의 운명 역시 일상의 우연성과 떨어질 수 없기 때문이다.

> 내 생각에 진정 미국적인 것은 ... 개개의 우연한 사건이 갖는 중대함, 심지어 그 사건들에의 숨겨진 의미들에 대한 믿음이다. ... 자신이 세계의 운명과 영원히, 직접적으로, 그리고 의당 묶여 있다고 믿는 것이 미국인 각자에게 무엇을 의미하는지 생각해 보라. 이러한 믿음이 가장 단순한 관계들과 가장 사소한 사건들에 부여하는 의미야말로 모든 위업의 시작이 아닌가 생각한다. 모든 위대한 문화들은 이러한 경향을 거친다. 그것은 바로 목적과 변화, 운명과 우연성 간의 불가사의한 화합인 것이다.
>
> I believe that the real Americanism ... is belief in the significance and even in the concealed implications of every event. ... Just think of what it means to every American to believe himself permanently, directly, and responsibly bound to world destiny. The significance that this belief imparts to the simplest dealings and the simplest events seems to me the beginning of all great achievement. Such a trend precedes all great cultures. It is this magic unity of purpose and change, of destiny and accident. (Tritsch 45; Bryer 10 재인용)

간과할 수 없는 것은, 미국 사회에서 기독교는 '시민종교'(civil religion) 성격을 갖는다는 것이다. 유럽에서 기독교가 신·구 분쟁의 씨앗이었다면, '프로테스탄트'라는 동질성으로 시작한 미국 기독교는 파당성과 거리가 먼 보편 종교였다. 극중 언급되는 '기독청년회'와 가톨릭 단체

'콜럼버스기사단'이 파당으로보다는 다양성의 모습으로 비추어지는 것도 그 때문이다. 이러한 근거에서 케이트가 체화하는 기독교적 신념은 시민종교의 보편성을 확보한다. 그녀에게 종교적 믿음은 시민으로서 지켜야 할 생활신조 또는 신학자 윌 허버그(Will Herberg)가 말하는 "세속적 믿음"(a secular faith)으로서 "미국적 삶의 방식"(American way of life)이며, 이는 인간적 결함을 인정하는 가운데 최선을 모색하는 생활방식이다(228). 아울러 허버그는 미국 기독교의 시민종교 성격에서 "구제의 역사"(redemptive history)라는 미국사의 본질을 발견하고, 이를 "자유로운 모험"(adventure in freedom) 정신과 연결 짓는다(224). 그에 따르면, 구제의 역사는 역경에 구속되기보다 일상의 악조건에 도전해 자유를 쟁취하려는 모험 정신으로 설명되는데, 이것이 바로 미국인이 이해하는 "미국사의 궁극적 의미"(the ultimate meaning of American history)라는 것이다(224).

역사적 기억과 흔적의 경우와 마찬가지로 종교적 신념은 일상성이라는 측면과 맞닿는다. 여기에 역사와 종교의 교감이 덧대어짐으로써, 역사·종교·일상은 서로 교차하며 미국적 삶의 방식을 미래로 구동시키는 원동력이 된다. 삼자간의 구동 메커니즘 속에서 『즐거운 여행』의 케이트가 체화하는 억척어멈상은 국난의 현실이 요구하는 시민 모델을 제시하고, 구제의 역사에서 그 정당성을 입증 받으며, 절제의 미덕과 인간애라는 종교·세속을 아우르는 보편 정서를 통해 관객의 공감을 이끌어낸다.

6. 나가며

『즐거운 여행』에서 와일더는 1930년대 여성 캐릭터 케이트를 통해 미국적 억척어멈상을 제시하고, 일상·역사·종교의 층위에서 이 여성상에 대한 시대적 요구와 정당성을 피력한다. 엄격하고 다정한 어머니, 자상하고 이해심 많은 아내, 적극적이고 타협을 모르는 강건한 여성 케이트는, 대공황의 미국 사회가 요구하는 시민의 덕목을 체화한다. 한편, 이 여성상은 1930년대를 기점으로 과거와 미래의 중산층 여성상을 이어주는 과도기적 상태를 설명하기도 한다. 1차 세계대전 직후인 1920년대 미국은 전시경제에서 내수경제로 복귀하면서 경제적 활황을 누렸으며, 이는 중산층 여성의 대학진학률 증가로 이어졌다. 고학력 여성들은 결혼과 육아보다 취업과 경제자립을 통해 자유로운 라이프스타일을 추구하는 '플래퍼족'(the flappers)이라는 신여성 집단을 형성했는데, 이들은 1920년대 미국의 진보적 여성상을 대변한다.[4] 한편, 대공황과 2차 대전 직후인 1950년대 미국은 역사상 최장기 경제성장을 이루며 중산층 가정에게 경제적·정서적 안정과 풍요를 안겨주었다. 아서 밀러(Arthur Miller)의 『세일즈맨의 죽음』(*Death of a Salesman*, 1949)에서 보듯, 직장의 아버지와 집안의 어머니라는 전통적 성역할에 기초한 '화합'(togetherness)의 정신이 강조되면서 가부장적 가정의 현모양처가 이상적 여성상으로 부각된 것도 이 시기다. 두 대조적 여성상의 과도기적 성격인 케이트는, 1920년대 신여성의 독립적이고 진취적인 기질로 대공황의 힘든 시기를 이겨내고 1950년대 안정된 가정의 안주인의 위치에 서기까지 분투하는 1930년대의 강인한 어머니상을 제시한다.

아픈 가족사를 슬기롭게 극복해가는 한 가정의 이야기가 당대 미국이 처한 국가적 위기를 극복하는 힘으로 승화될 수 있다는 의미에서, 『즐거운 여행』은 '전사적'(warrior-like) 여성을 주인공으로 하고 권선징악과 해피엔딩의 플롯을 지닌 극복의 알레고리 성격을 띤다. 아울러, 극의 알레고리적 성격은 케이트가 체화하는 억척어멈 여성상을 시대적 요구에 대한 응답이자 초역사적인 원형적 이미지로 환원케 하는 힘이 된다. 다른 극중 인물들과 달리 케이트는 유일하게 개인의 이름이 아닌 '엄마'(Ma)라는 호칭으로 불린다는 사실은 이 인물의 원형적 이미지로의 환원 가능성을 방증한다. 케이트가 자식 잃은 딸을 위로하면서 '하느님의 뜻'이라고 말한 장면을 다시금 상기하자. '우린 이유를 알 수 없다'고 말하지만 그녀는 이미 그 답을 알고 있다. 그것은 프랭크 매길(Frank Magill)이 지적한 데로 피조물은 모두 나고 죽는다는, 어떤 것은 애초에 죽어 나오기도 한다는 "존재의 비결정성"(processive quality of existence)이라는 진리다. 인간은 신이 정해 놓은 생의 정답을 알 수 없기에, 생이 짧건 길건 모두 나름의 최선의 삶이라는 믿음을 지니고 살아야 한다는 것이다(Magill 2046). 삶과 죽음을 관통하는 신의 섭리 혹은 '하느님의 뜻'을 터득한 케이트는 살아갈 나날을 앞둔 이들에게 모성의 이름으로 이 오묘한 인생의 진리를 전한다. 그것은 자식 잃은 아픔을 지닌 딸에게 치유의 지혜로, 객지를 떠도는 정비소 청년에게 혈육을 넘어선 인간애로, 길 잃은 짐승에게 인류를 초월한 사랑으로 표출된다. 케이트가 전하는 인생의 진리와 모성은 죽은 자의 영역으로까지 확장되어 전사한 장남, 사산한 손녀, 고인이 된 남편의 직장 동료에 대한 추모와 기억으로 이어진다. 산 자와 죽은 자, 혈육과 인류를 초월한 모성을 전하는 케이트는 "영원한 엄마"(the Eternal Mother)의 위치에 서며(Magill 2046), 이 지점에서 그녀가 체화하는 억척어멈상은 극복의 알레고리 중심에 위치하는 원형적 모성(archetypal motherhood)으로 환원된다.

미주

1) 이후 본문에서 작품 제목을 『즐거운 여행』으로 표기한다. 희곡집에는 여섯 편의 단막극이 수록되었으며, 이들은 『기나긴 크리스마스 정찬』(*The Long Christmas Dinner*), 『프랑스 여왕들』(*Queens of France*), 『침대차 하이워사』(*Pullman Car Hiawatha*), 『사랑 그리고 그것을 치유하는 법』(*Love and How to Cure It*), 『책에서나 가능한 일들』(*Such Things Happen in Books*), 마지막으로 『즐거운 여행』이 실렸다.

2) 이러한 경향은 당시 자동차용품 광고에서도 확인된다. 예열이 불필요한 '포드'(Ford) 자동차 광고(*Good Housekeeping*, 1936년 4월), 재생고무를 사용하지 않는 '제너럴 타이어'(General Tire) 광고(*Life*, 1937년 8월), 엔진 성능을 향상시키는 '에틸 휘발유'(Ethyl Gasoline) 광고(*Better Homes and Gardens*, 1932년 3월), 엔진 때 제거제 '모빌오일'(Mobiloil) 광고(*Better Homes and Gardens*, 1936년 5월) 등이 그 예다.

3) 로렌스빌 스쿨은 1810년 개교한 미국 최고(最古) 명문 사립 고등학교로, 현재 국가 유적지(National Historic Landmark)로 지정되어 있다. 와일더는 대학 졸업 후 1928년까지 7년간 이곳에서 프랑스어 교사로 재직하기도 했다(Goldstein 8).

4) 플래퍼족에 대한 설명은 앞 장 〈1920년대 할렘르네상스와 뉴니그로: 조라 닐 허스튼, 『창』〉을 참고할 것.

인용 문헌

· Bawer, Bruce. "An Impersonal Passion: Thornton Wilder." *The Hudson Review* 61.3 (2008): 501–15.

· Bryer, Jackson R., ed. *Conversation with Thornton Wilder.* Jackson: UP of Mississippi, 1992.

· Burbank, Rex. *Thornton Wilder.* New Haven: Twayne, 1961.

· Goldstein, Malcolm. *The Art of Thornton Wilder.* Lincoln: U of Nebraska P, 1965.

· Gorn, Elliot J., Randy Roberts, and Terry D. Bilhartz. *Constructing the American Past: A Source Book of a People's History.* Vol. 2. 2nd ed. New York: HarperCollins, 1995.

· Herberg, Will. "Religion: A Secular Faith." *American Life, American People.* Vol. 2. Ed. Timothy J. Crimmins and Neil Larry Shumsky. San Diego: Harcourt Brace Jovanovich, 1988. 219–28.

· Kansas, Dave. "A&P Heading to the Checkout Counter." *Wall Street Journal* (December 10, 2010).

· Magill, Frank N., ed. *Critical Survey of Drama.* Book 5. Englewood Cliffs: Salem, 1985.

· "Music: New King." *Time* (November 27, 1939).

· Nuns, Stephen. "Never a Sentimentalist." *American Theatre* 14.3 (1997): 26.

· Postlewait, Thomas. "The Hieroglyphic Stage: American Theatre and Society, Post-Civil War to 1945." *The Cambridge History of American Theatre*, vol. II: 1870–1945. Ed. Don B. Wilmeth and Christopher Bigsby. Cambridge and New York: Cambridge UP, 1999. 107–95.

· Spector, Mike. "Everything You Need to Know About the A&P Bankruptcy." *Wall Street Journal* (December 13, 2010).

· Tritsch, Walther. "Thornton Wilder in Berlin." *The Living Age* 349 (1931): 44–47.

· Weales, Gerald. "A Writer to the End." *Sewanee Review* 118.1 (2010): 120–127.

· Wilder, Thornton. *The Happy Journey to Trenton and Camden.* 1931. *The Long*

Christmas Dinner and Other Plays in One Act. New York: Harper & Row, 1963.

· _______. "Preface to Our Town." *New York Times* (February 13, 1938).

Copyrights

〈그림 46〉 새뮤얼 프렌치 출판사본 표지 (1962년). 출처:아마존닷컴

– http://www.amazon.com/gp/customer-media/product-gallery/B000IQXI0K

〈그림 53〉 1930년대 뉴욕시의 불법주점 '스피키지'였던 〈21클럽〉(2006년 8월 현재). 출처:위키피디아

– http://en.wikipedia.org/wiki/File:21Club.JPG

색인

[ㄴ]

[ㄷ]

[ㅂ]

[ㅅ]

[ㅇ]

[ㅈ]

[ㅊ]

드라마에 비친 미국:
남북전쟁에서 경제대공황까지

초판 인쇄 2013년 7월 18일
초판 발행 2013년 7월 25일
지 은 이 박정만
발 행 인 박 철
발 행 처 한국외국어대학교 출판부
130-791 서울특별시 동대문구 이문로 107
전화 02)2173-2495~7
팩스 02)2173-3363
홈페이지 http://press.hufs.ac.kr
전자우편 press@hufs.ac.kr
출판등록 제6-6호(1969. 4. 30)
디자인·편집 디자인퍼브 02)2254-4308
인쇄·제본 현문자현 031)902-1424

ISBN 978-89-7464-849-7 03940 정가 16,000원
*잘못된 책은 교환하여 드립니다.

HUEBOOKs는 한국외국어대학교출판부의 인문학도서 Sub Brand이다. 한국외대의 영문명인 HUFS, 사람을 위하는 Humanism, 교육의 Education, 색조의 Hue의 다의적인 뜻으로 해석할 수 있으며, 인문학도서 출판에 대한 의지가 담겨있다.